해설된 표준 일본어교본 2

2

朴成媛 著 / 元英浩 註解

Ⅶ (주)진명출판사

책머리에

외국어 학습의 기본적인 태도는 항상 예습과 복습을 철저히 하는 일입니다. 이러한 뜻에서 著者는, 현재 日本語 學習 教材로 전국에서 널리 쓰이고 있는「標準 日本語教本(朴成媛 著)」의 내용을 보다 상세히 解說함으로써, 日本語 강의를 직접 듣는 분들의 예습과 복습은 물론, 日本語를 혼자 공부하는 분이나 강의를 들을 충분한 시간적 여유가 없는 분들의 자습에 도움을 주기 위하여 이 책을 엮어내게 된 것입니다.

따라서, 이 책 한 권으로 충분히 日本語를 공부할 수 있도록 다음과 같이 유의하여 엮었습니다.

1. 전체적인 내용의 구성은 〈교본의 본문〉〈한자 읽기〉〈본문 번역〉〈낱말 풀이〉 〈한자 풀이〉〈본문 해설〉〈연습 문제 · 해답〉편 순으로 분류 · 설명하였다.
2. 〈본문 해설〉은 基本文型에 역점을 두어 설명하였으며, 학습 효과를 높이기 위하여 例文을 풍부히 실었다.
3. 〈한자 읽기〉는 教本에 씌어 있는 漢字 중에서 대체로 읽기 어려운 것을 모두 열거해 놓았다.
4. 〈낱말 풀이〉는 새로 나온 낱말에 품사의 표시와 함께 간단하게 풀이를 붙였고 예문도 실었다.
5. 〈한자 풀이〉는 한자의 훈독과 음독을 달고 그 풀이를 간단하게 붙였다.
6. 본문 해설 중 참고 사항이나 구체적인 설명을 요하는 사항은 주 및 각주로 다루었다.

이상과 같이, 이 책은 教本을 根幹으로 하여 이에 자세한 해설을 덧붙였으므로, 여러분들이 日本語를 익히는 데 좋은 지침서가 되리라 믿어 마지 않습니다.

1988년 4월

註解者 씀

目　　次

第一課　月

　月は　丸い　玉のような　形を　して　います。けれども　月の　表面は　でこぼこです。月にも　山と　海が　あるのです。クレーターも　たくさん　あります。高く　もりあがった　ところが　山です。平らな　ところが　月の　海です。ぽこっと　へっこんで，穴のように　なって　いる　ところが　クレーターです。クレーターの　まわりは　もりあがって，山のように　なって　います。

　月の　上には　空気も　水も　ありません。ですから，獣も　鳥も　魚も　すむ　ことが　できません。

　人間が　月の　表面を　歩く　ときには　宇宙服を　着ます。目も　耳も　手も　宇宙服で　すっぽり　包みます。宇宙服は　空気が　つめこんで　あって，その　空気が　逃げないように　できて　います。また，月では　日なたは　とても　暑く，日陰は　とても　寒いのです。ですから，宇宙服は　暑さ，寒さが　人間に　伝わって　こないように　できて　います。

漢字읽기――――――――――
第一課（だいいっか）　丸い（まる）　玉（たま）　形（かたち）　表面（ひょうめん）　平ら（たい）　穴（あな）　空気（くうき）　獣（けもの）　人間（にんげん）　宇宙服（うちゅうふく）
日陰（ひかげ）　伝わる（った）

제1과　달

　달은 둥근 구슬과 같은 모양을 하고 있습니다. 그렇지만 달의 표면은 울퉁불퉁합니다. 달에도 산과 바다가 있습니다. 크레이터(달의 분화구)도 많습니다. 높이 솟아오른 곳이 산입니다. 평평한 곳이 달의 바다입니다. 움푹 패어서 구멍처럼 되어 있는 곳이 크레이터입니다. 크레이터의 주위는 솟아올라 산처럼 되어 있습니다.

달 위에는 공기도 물도 없읍니다. 그러므로 짐승도 새도 물고기도 살 수가 없읍니다.

인간이 달 표면을 걸을 때에는 우주복을 입읍니다. 눈도 귀도 손도 우주복으로 푹 쌉니다. 우주복은 공기가 가득 채워져 있고 그 공기가 빠지지 않게 되어 있읍니다. 또 달에서는 양지는 대단히 덥고 응달은 대단히 춥습니다. 그러므로 우주복은 더위, 추위가 인간에게 전해지지 않게 되어 있읍니다.

═날═말═풀═이═

たま (玉) : 명 구슬

かたち (形) : 명 꼴, 모양

ひょうめん (表面) : 명 표면

でこぼこだ : 형통 울퉁불퉁하다

クレーター (crater) : 명 크레이터, 달의 분화구

もりあがる : 자5 부풀어 오르다, 솟아 오르다

たい (平) らだ : 형통 평평하다

ぽこっと : 부 움푹

へっこむ : 자5 (움푹) 패다 (「へこむ」를 강조한 말)

あな (穴) : 명 구멍

まわり : 명 주위

くうき (空気) : 명 공기

けもの (獣) : 명 짐승

にんげん (人間) : 명 인간

うちゅうふく (宇宙服) : 명 우주복

すっぽり : 부 몽땅 덮는 모양. 푹

つつ (包) む : 타5 싸다, 포장하다

つめこむ : 타5 가득 처넣다, 채우다

ひなた : 명 양지, 양달

ひかげ (日陰) : 명 응달

つた (伝) わる : 자5 전해지다

▨한▨자▨풀▨이▨

第 { ダイ : 第一 (ダイイチ) 제일
     及第 (キュウダイ) 급제

課 { カ : 課業 (カギョウ) 과업
     日課 (ニッカ) 일과

面 { おも : 面影 (おもかげ) 모습
     おもて : 細面 (ほそおもて) 갸름한 얼굴
     つら : 面 (つら) 낯짝
     メン : 面会 (メンカイ) 면회

平 { たいらだ : 平 (たい) らだ 평평하다
     ひらたい : 平 (ひら) たい 평탄하다
     ヘイ : 平和 (ヘイワ) 평화

穴 { あな : 穴 (あな) 구멍
     ケツ : 穴居 (ケッキョ) 혈거
     墓穴 (ボケツ) 무덤

獣 { けもの : 獣 (けもの) 짐승
     ジュウ : 鳥獣 (チョウジュウ) 조수

宇
- ウ : 宇宙(ウチュウ) 우주
- 気宇(キウ) 기우

宙
- チュウ : 宙返(チュウがえ)り 공중
- 회전
- 宇宙(ウチュウ) 우주

陰
- かげ : 日陰(ひかげ) 응달
- 陰(かげ)る 그늘지다
- イン : 陰性(インセイ) 음성

| 해 설 |

■ 玉のような形

「체언＋の＋ような＋명사」의 꼴로 「～과 같은」의 뜻을 나타낸다.[1]

あなたのような人ははじめて見ました。

(당신과 같은 사람은 처음 보았습니다.)

次のような問題が起こると思います。

(다음과 같은 문제가 일어난다고 생각합니다.)

玉のような形をしているから丸いのです。

(구슬과 같은 모양을 하고 있으니 둥급니다.)

■ 「もりあがる」의 用例

もりあがった豊かな胸。(부풀어 오른 풍부한 가슴.)

筋肉がもりあがった腕。(근육이 불거져 나온 팔뚝.)

そこの土がもりあがっている。(그곳의 흙이 두두룩해져 있다.)

■ 穴のようになっている

「체언＋の＋ように」의 꼴로 「～과 같이, ～처럼」의 뜻을 나타낸다.[2]

あなたのように立派な先生になりたいです。

(당신처럼 훌륭한 선생님이 되고 싶습니다.)

氷のように冷たい手をしています。

(얼음처럼 찬 손을 하고 있습니다.)

韓国のように四季の変化のある国です。

(한국과 같이 사계의 변화가 있는 나라입니다.)

■ 「～も～も」의 꼴로 「～도~도」의 뜻. 같은 종류의 것을 나열하는 뜻을 나타낸다.

兄にも妹にも見せた。(형에게도 누이동생에게도 보였다.)

山も川も昔のままだ。(산도 강도 옛날 그대로다.)

---

1) 1권 36과 해설 참조.

2) 1권 36과 해설 참조.

海も山も人でいっぱいだ。(바다도 산도 사람으로 가득 차다.)

行きも帰りも歩いた。(갈 때도 돌아올 때도 걸었다.)

雨も降るし，風も吹く。(비도 오고 바람도 분다.)

■ す(住)む，す(棲)む……살다，(동물이) 서식하다.

　① わたしは以前横浜にすんでいたことがある。(나는 전에 横浜에 산 적이 있다.)

　　難民はすむ家もない。(난민은 들어가 살 집도 없다.)

　　この町にすんで10年になる。(이 거리에 산 지 10년이 된다.)

　② 水中にすむ虫。(물 속에 사는 벌레.)

　　高いこずえにすむ鳥。(높은 가지 끝에 서식하는 새.)

■ 「動詞의 運用形＋こむ」의 形으로 「안으로 들어오다〈가다〉，안으로 넣다」의 뜻
　을 나타낸다.

　　　持ちこむ (가지고 들어가다〈오다〉)

　　　書きこむ (써 넣다)

　　　飲みこむ (삼켜 넣다，삼키다)

　　　つめこむ (가득 채워 넣다)

■ 「できる」의 여러 가지 뜻

　　　用事ができる。(볼일이 생기다.)

　　　店が何軒もできる。(상점이 몇 채나 생기다.)

　　　したくができる。(준비가 다 되다.)

　　　日本語ができる。(일본어를 할 줄 안다.)

　　　運転ができる。(운전을 할 수 있다.)

　　　木でできている机。(나무로 만들어진 책상.)

　　　勉強のできる学生。(공부를 잘하는 학생.)

########### 연습문제 ###########

A 次の韓国語を日本語に訳しなさい。

1. 전기가 인간에게 전해지지 않도록 비닐(ビニール)로 싸 주십시오.

2. 뒷타이어(タイヤ)의 공기가 좀 빠졌으니(減る) 넣는 것이 좋습니다.

3. 바다는 잔잔하므로 멀리서 보면 평평한 것처럼 보입니다.

4. 여름에 모자를 쓰지 않고 양지에 오랜 시간 있는 것은 몸을 위해서 좋지 않습니다.

5. 집 앞에 높은 빌딩이 선 탓으로 뜰이 응달이 되고 말았읍니다.

B 次の言葉を使って，文章を作ってごらんなさい。

1. でこぼこ

2. ぽこっと　へっこむ

3. すっぽり　つつむ

4. もりあがる

◁ 解答 ▷

A

1. 電気が人間に伝わってこないようにビニールで包んでください。　2. 後ろのタイヤの空気が少し減っているから，入れたほうがいいです。　3. 海は静かだから遠くから見ると，平らなように見えます。　4. 夏，ぼうしをかぶらないで日なたに長い時間いることは，体のためによくありません。　5. 家の前に高いビルが立ったために，庭が日陰になってしまいました。

B

1. あのでこぼこな道を行くのは大変です。　2. ぽこっとへっこんだところへ水が流れて行きました。　3. 山が雪ですっぽり包まれました。　4. ここは土がもりあがったところです。

第二課　はだかの　王様

　　ある　国に，たいへん　おしゃれな　王様が　いました。　一時間ご
とに　服を　着かえると　いう　ありさまで，みんな　困って　いま
した。

　　ある　日，この　王様の　ところへ，ふたりの　男が　来て，「ふ
しぎな　服を　作って　さしあげましょう。　ばか者や　役に立たない
者には　決して　見えない，まことに　不思議な　服で　ございます。」
と　言いました。王様は，さっそく，その　服を　作らせる　ことに
しました。

　　ふたりは，王様から　たくさんの　お金を　もらって，仕事に　と
りかかりました。けれども，服を　作って　いる　かっこうを　して
いるだけで，実は，何も　作っては　いませんでした。

　　王様は，大臣や　役人を　やって，服の　できぐあいを　見させま
した。大臣も　役人も，ばか者とか　役に立たない　者とかと　思わ
れたく　ないので，見える　はずも　ないのに，見える　ふりを　し
ました。そして，王様には　みごとな　服だと　報告しました。　王
様も　見に　行きましたが，やっぱり　見えないのに　見える　ふりを
しました。服が　できあがったと　いうので，王様は　それを　着て
大行列を　しました。町の　人たちも　見えない　服を　きれいだ，す
てきだと　ほめました。が，ひとりの　子供が，「王様は　はだかだ。」
と　言いました。

　　王様も　だまされたと　気づきましたが，しかたなく　そのまま　行
列を　続けました。

漢字읽기

<ruby>王様<rt>おうさま</rt></ruby>　<ruby>者<rt>もの</rt></ruby>　<ruby>役<rt>やく</rt></ruby>に<ruby>立<rt>た</rt></ruby>つ　<ruby>決<rt>けっ</rt></ruby>して　<ruby>不思議<rt>ふしぎ</rt></ruby>　<ruby>実<rt>じつ</rt></ruby>は　<ruby>大臣<rt>だいじん</rt></ruby>　<ruby>役人<rt>やくにん</rt></ruby>　<ruby>報告<rt>ほうこく</rt></ruby>
<ruby>大行列<rt>だいぎょうれつ</rt></ruby>

제 2 과   발가숭이 임금님

어떤 나라에 대단히 멋쟁이 임금님이 있었읍니다. 한 시간마다 옷을 갈아입는다고 하는 상태여서 모두 곤란해 하고 있었읍니다.

어느 날 이 임금님한테 두 사나이가 와서 「불가사의한 옷을 만들어 드리지요. 바보나 쓸모없는 사람에게는 결코 보이지 않는, 참으로 이상한 옷입니다.」라고 말했읍니다. 임금님은 지체없이 그 옷을 만들게 하기로 했읍니다.

두 사람은 임금님으로부터 많은 돈을 받고 일을 착수했읍니다. 그렇지만 옷을 만들고 있는 모양을 하고 있을 뿐이고 실은 아무 것도 만들고 있지는 않았읍니다.

임금님은 장관이랑 관리를 보내어서 옷의 만듦새를 보게 했읍니다. 장관도 관리도 바보라든가 쓸모없는 자라고 생각되고 싶지 않았기 때문에 보일 리도 없는데 보이는 체를 했읍니다. 그리고 임금님에게는 훌륭한 옷이라고 보고했읍니다. 임금님도 보러 갔으나 역시 보이지 않는데 보이는 체를 했읍니다. 옷이 완성되었다고 하기에 임금님은 그것을 입고 대행렬을 했읍니다. 마을 사람들도 보이지 않는 옷을 아름답다, 멋지다 하고 칭찬했읍니다. 하지만, 한 어린이가 「임금님은 발가숭이다.」라고 말했읍니다.

임금님도 속은 줄을 알아차렸지만, 하는 수 없이 그대로 행렬을 계속했읍니다.

═낱═말═풀═이═

はだか (裸) : 몡 발가숭이, 알몸

おうさま (王様) : 몡 임금님

おしゃれだ : 형동 멋을 내다, 멋쟁이이다

～ごとに : 접미 ～마다 예 日ごとに (날마다)

ありさま : 몡 상태 (흔히 좋지 않은 사태가 예상될 때 쓰임)

ふしぎ (不思議) だ : 형동 이상하다, 불가사의하다

さしあげる : 타하1 드리다

ばかもの (者) : 몡 바보

やく (役) にた (立) つ : 쓸모가 있다, 도움이 되다

けっ (決) して : 부 결코

まことに : 부 참말로

さっそく : 부 즉시, 당장

とりかかる : 자5 착수하다

かっこう : 몡 모양

じつ (実) は : 부 실은

だいじん (大臣)：名 장관

やくにん (役人)：名 관리

～はずもない：～할 리도 없다　예 作るはずもない (만들 리도 없다)

～のに：助 ～한데, ～는데도　예 あるのにないと言う (있는데 없다고 한다)

～ふり：名 ～체　예 知らないふりをする (모른 체하다)

みごとだ：形動 훌륭하다, 멋지다

ほうこく (報告)：名 보고

やっぱり：副 역시

できあがる：自5 완성되다

だいぎょうれつ (大行列)：名 대행렬

すてきだ：形動 매우 근사하다, 아주 멋지다

が：接 그렇지만, 하지만

きづ (気付)く：自5 깨닫다, 알아차리

しかたなく：하는 수 없이

～まま：名 ～대로　예 そのまま (그대로)

ぎょうれつ (行列)：名 행렬

한자풀이

裸 {
はだか：裸 (はだか) 알몸
ラ：裸体 (ラタイ) 나체
}

王 {
オウ：王子 (オウジ) 왕자
　　帝王 (テイオウ) 제왕
}

決 {
きめる：決 (き)める 결정하다
きまる：決 (き)まる 결정되다
ケツ：決 (ケッ)して 결코
　　決意 (ケツイ) 결의
}

議 {
ギ：議論 (ギロン) 의논
　　異議 (イギ) 이의
}

臣 {
シン：臣下 (シンカ) 신하
ジン：大臣 (ダイジン) 장관
}

告 {
つげる：告 (つ)げる 고하다
コク：告白 (コクハク) 고백
}

列 {
レツ：列車 (レッシャ) 열차
　　陳列 (チンレツ) 진열
}

해 설

■ ～ごとに (接尾語) …「～まだ」의 뜻에 해당된다. 「動詞＋ごとに」일 때에는 連体形에 연결된다. 「ごとに」의 꼴로 많이 쓴다.

会う人ごとに「おはようございます」とあいさつする。

(만나는 사람마다 「안녕하세요?」하고 인사한다.)

ぼくは日曜日ごとに山へのぼります。

(나는 일요일마다 산에 오릅니다.)

子供は会うごとに大きくなっていました。

(어린이는 만날 때마다 커 있었습니다.)

■「さっそく」의 用例

さっそくお伺いします。(곧 찾아 뵙겠습니다.)

さっそく申し込んでおこう。(빨리 신청해 두자.)

ご注文の品はさっそくお届けいたします。(주문하신 물품은 즉시 보내드립니다.)

■ 仕事にとりかかりました

　「とりかかる」는 「~을 착수하다」라고 할 때에는 助詞 「を」를 취하지 않고 「に」를 취한다.

　　仕事にとりかかる。(일을 착수하다.)

　　工事にとりかかる。(공사를(에) 착수하다.)

■ 作っている……만들고 있는.

　「~ている, ~でいる」의 꼴로 「~하고 있다, ~해 있다」의 뜻을 나타낸다.

　　① 野球をしている。(야구를 하고 있다.)

　　　雨が降っている。(비가 오고 있다.)

　　　犬がほえている。(개가 짖고 있다.)

　　　ラジオを聞いている。(라디오를 듣고 있다.)

　　　この近くに住んでいる。(이 근처에 살고 있다.)

　　　何も知らないでいました。(아무것도 모르고 있었읍니다.)

　　② 窓があいている。(창이 열려 있다.)

　　　建物がかたむいている。(건물이 기울어져 있다.)

　　　雨が止んでいる。(비가 멎어 있다.)

■ ~とりかかりました……~착수했읍니다.

　「動詞의 連用形＋かかる」의 꼴로 「~하기 시작하다」의 뜻을 나타낸다.

　　練習にとりかかる。(연습하기 시작하다.)

　　勉強にとりかかった。(공부하기 시작했다.)

■ ~とか(助詞)

体言・用言 및 助動詞의 終止形에 連結한다.

　① 사물이나 동작・작용을 例示的으로 並列・列擧함을 나타낸다. 「~라든가」의 뜻.

　　毎日, 掃除とか洗濯とか食事のしたくとかに追われています。

　　(매일 청소라든가 세탁이라든가 식사 준비라든가로 쫓기고 있읍니다.)

　　休みにはテレビを見るとかラジオを聞くとかして, 時間をすごします。

　　(휴일에는 텔레비를 본다든가 라디오를 듣는다든가 해서 시간을 보내고 있읍니다.)

　　この品物については, いいとか悪いとかみんなちがったことを言っています。

(이 물건에 대해서는 좋다든가 나쁘다든가 모두 다른 말을 하고 있읍니다.)

　② 항상 「～とかいう」의 形으로 지금 잘 기억하고 있지 않다는 뜻을 나타낸다.

天気予報では, あしたは雪になるとかいう話です。

(일기 예보로는 내일 눈이 온다든가 하는 이야기입니다.)

はっきり覚えていませんが, 「春」とかいう小説がありました。

(확실히 기억하고 있지 않습니다만 「봄」이라든가 하는 소설이 있었읍니다.)

■ ～はずがない

「動詞의 連体形＋はずがない」의 形으로서 「～ 리가 없다」의 뜻을 나타낸다.[1]

わかるはずがない。(알 리가 없다.)

彼がそんなことをしたはずがない。(그가 그런 일을 했을 리가 없다.)

本当であるはずがない。(사실일 리가 없다.)

死ぬはずがありません。(죽을 리가 없읍니다.)

怒るはずはありません。(화낼 리는 없읍니다.)

■ ～のに (助詞)……어떤 사항으로부터 보통 예기하는 것과 반대의 일이 일어나는 뜻을 나타낸다. 「～한데, ～는데도」의 뜻이 된다. 用言의 連体形에 연결된다.

一時間も待っているのに, まだいらっしゃいません。

(한 시간이나 기다리고 있는데 아직 오시지 않습니다.)

田中さんは体が小さいのに, なかなか力があります。

(다나카 씨는 몸이 작은데, 상당히 힘이 있읍니다.)

彼は日本語が上手なのに, あまり日本語で話そうとしません。

(그는 일본어를 잘하는데도 그다지 일본어로 말하려고 하지 않습니다.)

学生なのに, 勉強しない。(학생인데도 공부하지 않는다.)

■ ～ふり (形式名詞)

사실은 그렇지 않은데 그렇게 보이는 듯한 모양을 한다는 뜻으로 「～체」의 뜻이 된다. 보통은 「ふりをする」의 꼴로 쓰인다.

悪者が親切なふりをする。(악자가 친절한 체한다.)

虫が死んだふりをしている。(곤충이 죽은 체하고 있다.)

---

1)　1권 39과 참조

ねむっているふりをしながら，人の話を聞いている。

(자고 있는 체하면서 남의 말을 듣고 있다.)

見て見ないふりをする。(보고도 못 본 체하다.)

知らないふりをした。(모르는 체하였다.)

少年たちはけんかのふりをして騒いでいる。

(아이들은 싸움하는 체하며 떠들고 있다.)

■ ～が……～이기는 하나, ～이지만.

「用言・助動詞의 終止形＋が」의 꼴로 앞뒤가 반대 관계임을 나타낸다.

つらいが，がまんしよう。(괴롭기는 하나 참자.)

からだは小さいが，心は大きい。(몸은 작지만 마음은 너그럽다.)

いい天気だが，風が冷たい。(좋은 날씨지만 바람이 차다.)

‖‖‖‖‖‖‖‖‖‖‖‖‖‖‖‖ 연습문제 ‖‖‖‖‖‖‖‖‖‖‖‖‖‖‖‖‖

Ⓐ 次の韓国語を日本語に訳しなさい。

1. 임금님은 언제 발가숭이란 것을 알아차렸읍니까?

2. 우리들은 사회를 위해서 유용한 인간이 되어야 한다.

3. 잠든 체하면서 남의 이야기를 듣고 있는 것은 좋지 않습니다.

4. 남을 속이려고 하다가 자기가 속았읍니다.

5. 이 양복을 입으면 대단히 멋쟁이가 됩니다.

Ⓑ 다음의 形容動詞들이 「ない・なる・た・そうだ(伝聞)・ようだ・ば」에 연결될 때의 活用形을 말해 보시오.

1. おしゃれだ

2. ふしぎだ

3. みごとだ

4. きれいだ

5. すてきだ

◁해답▷

Ⓐ

1. 王様はいつ裸だということに気がつきましたか。　2. 私たちは社会のために役に立つ人間にならなければならない。　3. ねむっているふりをしながら，人の話を聞いているのはよくないです。　4. 人をだまそうとして，自分がだまされました。　5. この洋服を着たら，たいへんおしゃれな人になります。

Ⓑ

1. おしゃれでない，おしゃれになる，おしゃれだった，おしゃれだそうだ，おしゃれなようだ，おしゃれならば

2. ふしぎでない，ふしぎになる，ふしぎだった，ふしぎだそうだ，ふしぎなようだ，ふしぎならば

3. みごとでない，みごとになる，みごとだった，みごとだそうだ，みごとなよう
   だ，みごとならば

4. きれいでない，きれいになる，きれいだった，きれいだそうだ，きれいなよう
   だ，きれいならば

5. すてきでない，すてきになる，すてきだった，すてきだそうだ，すてきなよ
   うだ，すてきならば

第三課　子供の　手品

　春休みの　日に，森の　中で　おおぜいの　子供たちが　遊んで　います。隠れん坊を　したり，　走ったり，　歌を　歌ったりして，　たいへん　喜んで　います。そこで　三平さんが　木の　箱の　上に　上がって　大きな　声で　みんなに　言いました。

　「おい，　おーい……不思議な　物を　見せたい，早く　集まって　来いよ。」

　二三分の　のちに　みんな　三平さんの　上がって　いた　箱の　まわりに　集まって　きました。

　三平さんは　「よく　見なさい。今　ここに　小さい　紙の　箱が　あります。中には　なんにも　入って　いないが，底から　白い　ちょうを　出して　見せます。」と　言いました。

　三平さんは　紙の　箱を　木の　箱の　上に　伏せました。その　紙の　箱の　底の　穴から，　中を　のぞきました。「出なさい，　出なさい，白い　ちょう。」「あれ，白いと　言ったのに，　黒いのが　出て　きました。　しかたが　ありません。」三平さんが　紙の　箱を　あけると，本当に　黒い　ちょうが　ひらひらと　出て　きました。みんな　びっくりしました。

　「今度こそ　白い　ちょうを　出すよ。」伏せた　紙の　箱の　底の　穴から，　中を　のぞいて　三平さんは　言いました。「出なさい，　出なさい，白い　ちょうちょう。」「あ，また　しまった，ちょうと　言ったのに　とんぼが　出て　きた。」箱を　あけると　とんぼが　出て　きました。

　「今度は　ちょうと　はちと　二つ　出して　見せる。」また　穴を

のぞいて「しまった，　ちょうが　せみに　なりました。」本当に　はち
と　せみが　飛び出しました。

　　「よろしい，　おしまいに　人間を　出します。」　これには　みんな
驚いて　逃げようと　思う　人も　ありました。けれども　箱を　ひ
っくりかえして　善太さんが　出て　きました。みんなが　笑い出し
ました。

　　善太さんは　箱の　下で　あけたての　できる　穴から　ちょうや
せみや　とんぼを　出したのです。

漢字読기————————

手品　森　隠れん坊　上がる　声　集まる　三平　底　伏せる　善太

제 3 과　어린이의 요술

　봄 방학 날에 수풀 속에서 많은 어린이들이 놀고 있읍니다. 숨바꼭질을 하기도
하고 달리기도 하고 노래를 부르기도 하며 대단히 즐거워하고 있읍니다.　그곳에
서 산페이 씨가 나무 상자 위에 올라가서 큰 소리로 모두에게 말했읍니다.
　「이봐, 이봐 …… 이상한 것을 보이고 싶어. 빨리 모여들어라.」
　2, 3분 후에 모두 산페이 씨가 올라가 있는 상자 주위에 모여들었읍니다.
　산페이 씨는「잘 보시오. 지금 여기에 작은 종이 상자가 있읍니다. 속에는 아
무것도 들어 있지 않은데, 밑바닥으로부터 흰 나비를 꺼내어 보이겠읍니다.」하
고 말했읍니다.
　산페이 씨는 종이 상자를 나무 상자 위에 엎어 놓았읍니다. 그 종이 상자 속의
구멍으로부터 안을 들여다보았읍니다. 「나오라, 나오라, 흰 나비.」「저런, 희다
고 했는데 검은 것이 나왔읍니다. 어쩔 수가 없읍니다.」산페이 씨가 종이 상자
를 여니 정말로 검은 나비가 훨훨 날아서 나왔읍니다. 모두 깜짝 놀랐읍니다.
　「이번이야말로 흰 나비를 끄집어 내겠어.」엎어 놓은 종이 상자 밑바닥의 구멍
으로부터 안을 들여다보고 산페이 씨는 말했읍니다. 「나오라, 나오라, 흰 나비.」
「아, 또 아차, 나비라고 했는데, 잠자리가 나왔다.」상자를 여니 잠자리가 나왔
읍니다.

「이번에는 나비와 벌 두 가지를 꺼내어 보이겠다.」 다시 구멍을 들여다보고, 「아차, 나비가 매미로 되었읍니다.」 정말로 벌과 매미가 뛰쳐나왔읍니다.

「좋아, 마지막으로 인간을 꺼내겠읍니다.」 이것에는 모두 놀라서 도망가려고 생각하는 사람도 있었읍니다. 그렇지만 상자를 뒤엎고 젠타 씨가 나왔읍니다. 모두가 웃기 시작했읍니다.

젠타 씨는 상자 밑에서 여닫기가 가능한 구멍으로부터 나비랑 매미랑 잠자리 등을 내보냈던 것입니다.

═낱═말═풀═이═

てじな (手品) : 圏 요술

もり (森) : 圏 수풀

かく (隠) れんぼう (坊) : 圏 숨바꼭질

うた (歌) : 圏 노래

うた (歌) う : 타5 노래부르다

よろこ (喜) ぶ : 타5 기뻐하다

あ (上) がる : 자5 오르다

こえ (声) : 圏 목소리

おい : 갑 이봐, 여봐

あつ (集) まる : 자5 모이다

こ (来) い : 오라 (「来る」의 命令形)

のち : 圏 후, 뒤 (시간적으로)

そこ (底) : 圏 밑바닥

ちょう : 圏 나비

ふ (伏) せる : 타하1 엎어놓다

のぞく : 타5 들여다보다, 엿보다

ひらひらと : 부 훨훨 (나비 등이 날아가는 모양)

~こそ : 조 ~야말로, ~만은 예 私こそよろしくおねがいします。(저야말로 잘 부탁합니다.)

しまった : 갑 실패하여 몹시 분할 때 쓰는 말. 아차, 아뿔싸

とんぼ : 圏 잠자리

はち : 圏 벌

せみ : 圏 매미

と (飛) びだ (出) す : 자5 뛰어나오다, 튀어나오다

おしまい : 圏 끝, 마지막 (「しまい (끝, 마지막)」의 공손한 말씨)   「다

ひっくりかえす : 타5 뒤엎다, 뒤집

わら (笑) いだ (出) す : 자5 웃기 시작하다

あけたて : 圏 여닫기

║한║자║풀║이║

森 {
もり : 森 (もり) 수풀
シン : 森林 (シンリン) 삼림
}

声 {
こえ : 声 (こえ) 목소리
こわ : 声色 (こわいろ) 음색
セイ : 声援 (セイエン) 성원
ジョウ : 大音声 (ダイオンジョウ) 큰소리
}

底 {
そこ : 底 (そこ) 밑바닥
テイ : 底流 (テイリュウ) 저류
}

集 {
あつまる : 集 (あつ) まる 모이다
あつめる : 集 (あつ) める 모으다
つどう : 集 (つど) う 모이다
シュウ : 集合 (シュウゴウ) 집합
}

伏 {
ふせる．伏(ふ)せる 엎어 놓다
ふす：伏(ふ)す 엎드리다
フク：伏線(フクセン) 복선
}

善 {
よい：善(よ)い 좋다
ゼン：善悪(ゼンアク) 선악
}

해 설

■ 〜たり 「活用語의 連用形＋たり」의 꼴로 동작·상태의 나열을 나타낸다.

泣いたりわらったり。(울다가 웃다가.)

背中を曲げたり伸したりする。(등을 구부렸다 폈다하다.)

勉強したりスポーツをしたりして忙しい。(공부도 하고 운동도 해서 바쁘다.)

このごろは暑かったり寒かったりして気候が不順です。

(요새는 더웠다 추웠다 해서 날씨가 불순합니다.)

■ 「あがる」의 여러 가지 뜻

二階へあがる。(이층으로 오르다.)

庭から部屋へあがる。(뜰에서 방으로 들어가다〈오르다〉.)

月給があがる。(월급이 오르다.)

値段があがる。(값이 오르다.)

雨があがる。(비가 그치다.)

試験のときあがる。(시험 때 얼다.)

費用は一万円であがる。(비용은 일만 엔으로 된다.)

ふろからあがる。(목욕탕에서 나오다.)

あすお宅へあがります。(내일 댁으로 가겠읍니다.)

ご飯をあがる。(진지를 잡수시다.)

■ 動詞의 命令形을 만드는 法

① 五段活用動詞는 基本形의 語尾「ウ段」을「エ段」으로 바꾸면 된다.

思う──→ 思え (생각하라)　　　行く──→ 行け (가라)

刺す──→ 刺せ (찔러라)　　　待つ──→ 待て (기다려라)

噛む──→ 噛め (씹어라)　　　入る──→ 入れ (들어가라)

② 上一段 및 下一段活用動詞는 基本形의 끝 語尾「る」를「ろ 또는 よ」로 바꾸어 놓으면 된다.

見る──→ {
見ろ
見よ (봐라)
}
　　　着る──→ {
着ろ
着よ (입어라)
}

始める──→ {
始めろ
始めよ (시작하라)
}
　　　やめる──→ {
やめろ
やめよ (그만둬라)
}

단, 「くれる」는 「くれ(달라, 줘)」라고 한다.

③ する ⟶ { せよ / しろ(해라) }   ④ 来る ⟶ 来い(오라)

■ ～こそ(助詞)······ 어떤 말에 붙어 특히 그 말을 강조할 경우에 사용한다. 「～야 말로」의 뜻이다.

今度こそ負けないよ。(이번이야말로 지지 않겠다.)

この問題こそ重要である。(이 문제야 말로 중요하다.)

これこそ本物だ。(이것이야말로 진짜다.)

こちらこそどうぞよろしくおねがいします。

(저야말로 잘 부탁합니다.)

あの建物こそ代表的な韓国の家屋です。

(저 건물이야말로 대표적인 한국 가옥입니다.)

■ ～だす······「動詞의 連用形＋だす」의 꼴로 「～하기 시작하다」의 뜻을 나타낸다.

歩きだす。(걷기 시작하다.)

降りだす。(내리기 시작하다.)

笑いだす。(웃기 시작하다.)

話しだす。(이야기 하기 시작하다.)

仕事をやりだす。(일을 하기 시작하다.)

|||||||||||||||||||| 연습문제 ||||||||||||||||||||

Ⓐ 次の韓国語を日本語に訳しなさい。

1. 어릴 때 한 번쯤은 누구나 숨바꼭질을 해 보았을 것이다.

2. 당신 양복은 주문(注文)한 날부터 일주일 후에 완성됩니다.

3. 지고 있던 시합을 최후에 뒤집어서 이겼답니다.

4. 나비가 훨훨 날아와서 꽃 위에 앉았읍니다.

5. 차를 운전하고 있을 때 어린이가 길에 뛰어나오면 깜짝 놀랍니다.

Ⓑ 본문을 읽고 다음 물음에 답을 쓰시오.

1. 子供たちは どこで 何を して 遊んで いますか。

2. 子供たちは どうして 三平さんの まわりに 集まりましたか。

3. 三平さんが 二度目に 出したのは 何でしたか。

4. 箱の 中から ちょうや せみや とんぼを 出したのは だれでしたか。

5. 子供たちは どうして みんなが 笑い出しましたか。

◁해답▷

A

1. 子供の時，一度ぐらいはだれでも隠れん坊をしてみただろう。　2. あなたの洋服は注文した日より一週間のちにできあがります。　3. 負けていた試合を最後にひっくりかえして勝ったそうです。　4. ちょうちょうがひらひらと飛んできて，花の上にとまりました。　5. 車を運転している時，子供がとおりに飛びだしてきたら，びっくりします。

B

1. 子供たちは森の中で隠れん坊をしたり，走ったり，歌を歌ったりして遊んでいます。　2. 子供たちは三平さんが不思議な物を見せたいと言ったので，三平さんのまわりに集まりました。　3. 三平さんが二度目に出したのは，とんぼでした。　4. 箱の中からちょうやせみやとんぼを出したのは，実は善太でした。　5. 子供たちは箱をひっくりかえして善太さんが出てきたので，笑い出しました。

第四課 銀貨や 銅貨は なぜ 丸いか

私たちが ふだん 使って いる 銀貨や 銅貨は, みんな 丸い 形を して いる。 銀貨や 銅貨が 丸いのは, 韓国だけでは ない。 では, なぜ 銀貨や 銅貨は 丸いのだろうか。

お金は, 物を 売ったり 買ったり する 時に, いつも 使う もので ある。 だから, できるだけ 取り扱いに 便利な 形が よい。

もし, お金の 形が 三角や 四角だったら, どうだろう。

そのような 形だと, 角が あって 手に 持ちにくいし, 数えるのにも 不便で ある。 財布に 入れたり 袋に 入れたり するのにも 入れにくい。 また, 入れ物が 傷みやすい。 その上, お金の端が 欠けたり 割れたり する 心配も 出て くる。

ところが 丸い 形だと, 取り扱いに たいへん 便利で ある。 また, お金が 傷む ことも, ずっと 少ない。

それで, お金は 丸い 形に 作られて いるので ある。

お金の 形は 初めから 丸かった わけでは ない。 昔の 中国では, 珍しい 貝がらが お金として 使われて いたと いう ことで ある。 その 証拠に, お金に 関係の ある 漢字を 見ると, 「金貨」の 「貨」, 「財産」の 「財」, 「売買」の 「買」,「旅費」の 「費」, 「貧困」の 「貧」, 「貿易」の 「貿」, 「貴重品」の 「貴」, 「資本」の「資」など, みんな 貝と いう 字が ついて いる。 また, くわや 刀のような 道具を 持って いて, それを, 欲しい 物と 交換して いたと いう ことで ある。 昔の 中国の お金が くわや 刀の 形を して いたのは, その ためで あると いわれて いる。 また, やりの 形を した お金を 使って いた 国も あった。

しかし，それらの お金は，使って いる うちに，だんだん 使い
にくい ことが 分かって きて，今のような 丸い 形に なった
ので ある。

漢字읽기—————

銀貨　銅貨　取り扱い　角　袋　傷む　端　欠ける　割れる　心配

少ない　中国　珍しい　貝　証拠　関係　金貨　財産　売買　旅費

貧困　貿易　貴重品　資本　刀　道具　交換

제 4 과   은화나 동화는 왜 둥근가?

우리들이 평상시 사용하고 있는 은화나 동화는 모두 둥근 꼴을 하고 있다. 은
화나 동화가 둥근 것은 한국만이 아니다. 그럼 왜 은화나 동화는 둥글까?

돈은 물건을 팔기도 하고 사기도 할 때에 늘 사용하는 것이다. 그러므로 가능
한 한 취급에 편리한 모양이 좋다.

만약 돈의 모양이 삼각이나 사각이었다면 어떨까?

그와 같은 모양이면 모난 귀퉁이가 있어 손에 들기 불편하고 세는 데에도 불편
하다. 지갑에 넣거나 주머니에 넣거나 하는 데에도 넣기 불편하다. 또 용기가 상
하기 쉽다. 게다가 돈의 끝이 이지러지거나 갈라지거나 할 염려도 생긴다.

그런데 둥근 모양이면 취급에 대단히 편리하다. 또 돈이 상하는 일도 훨씬 적다.

그래서 돈은 둥근 모양으로 만들어져 있는 것이다.

돈의 모양은 처음부터 둥글었던 것은 아니다. 옛날의 중국에서는 희귀한 조개
껍질이 돈으로서 사용되고 있었다는 이야기이다. 그 증거로 돈에 관계가 있는 한
자를 보면「금화」의「화」,「재산」의「재」,「매매」의「매」,「여비」의「비」,「빈곤」
의「빈」,「무역」의「무」,「귀중품」의「귀」,「자본」의「자」등 모두「패(貝)」라는
글자가 붙어 있다. 또 괭이나 칼과 같은 도구를 가지고 있다가 그것을 원하는 물
건과 교환하고 있었다는 이야기이다. 옛날의 중국 돈이 괭이나 칼 모양을 하고
있었던 것은 그 때문이라고 말하여지고 있다. 또 창 모양을 한 돈을 사용하고 있
었던 나라도 있었다.

그러나, 그들 돈은 사용하고 있는 동안에 점점 사용하기 불편하다는 것을 알게
되어 지금과 같은 둥근 모양이 된 것이다.

═낱═말═풀═이═

ぎんか (銀貨)：图 은화

どうか (銅貨)：图 동화

ふだん：图 평상시

～だろう：조동 ～이겠지, ～일 것이다
　例 雪が降るだろう。(눈이 올 것이다.)

～である：～이다　例 ぼくは学生である。
　(나는 학생이다.)

だから：접 그러므로

できるだけ：될 수 있는 대로, 가능한
　한(「できる＋だけ」의 꼴)

と(取)りあつか(扱)い：图 취급

～だったら：～였다면, ～였으면, ～이
　면(「断定의 助動詞「だ」의 連用形「だ
　っ」＋過去・完了의 助動詞「た」의 (仮
　定形「たら」의 꼴)　例 あなただった
　ら, どうしますか。(당신이라면 어떻
　게 하겠읍니까?)

そのような～：그와 같은 ～(「その＋よ
　うな」의 꼴)　例 そのような山(그와 같
　은 산)

かど (角)：图 모난 귀퉁이

ふくろ (袋)：图 주머니, 자루

い(入)れもの (物)：图 용기, 그릇

いた(傷)む：자5 상하다

そのうえ (上)：접 더구나, 게다가

はし (端)：图 끝, 선단

か(欠)ける：자하1 이그러지다, (있어
　야할 것이) 빠지다

わ(割)れる：자하1 깨지다, 갈라지다

しんぱい (心配)：图 근심, 걱정, 염려

ところが：접 그런데

すく(少)ない：형 적다

それで：접 그래서

～わけ：图 ～것, ～셈　例 弁解する
　わけではない(변명하는 것은 아니
　다)

ちゅうごく (中国)：图 중국

めずら(珍)しい：형 희귀하다, 진귀
　하다

かいがら (貝殻)：图 조개껍데기, 패각

しょうこ (証拠)：图 증거

かんけい (関係)：图 관계

きんか (金貨)：图 금화

ざいさん (財産)：图 재산

ばいばい (売買)：图 매매

りょひ (旅費)：图 여비

ひんこん (貧困)：图 빈곤

ぼうえき (貿易)：图 무역

きちょうひん (貴重品)：图 귀중품

しほん (資本)：图 자본

かい (貝)：图 조개

つく：자5 붙다

くわ：图 괭이

かたな (刀)：图 칼

どうぐ (道具)：图 도구

こうかん (交換)：图 교환

やり：图 창

～ら：접미 ～들　例 彼ら (그들)

うち：图 동안

だんだん：부 점점

‖‖‖‖ 한 ‖‖ 자 ‖‖ 풀 ‖‖ 이 ‖‖‖‖

貨 { カ：貨物 (カモツ) 화물
通貨 (ツウカ) 통화

銅 { ドウ：銅像 (ドウゾウ) 동상
青銅 (セイドウ) 청동

扱 { あつかう：扱 (あつか) う 다루다
客扱 (キャクあつかい) い
손님 접대

欠 { かける：欠 (か) ける 결여하다
かく：欠 (か) く 결하다
ケツ：欠乏 (ケツボウ) 결핍

割 { わる：割 (わ) る 나누다
わり：割合 (わりあい) 비율
われる：割 (わ) れる 깨지다
さく：割 (さ) く 찢다
カツ：割愛 (カツアイ) 할애

心 { こころ：心 (こころ) 마음
シン：心身 (シンシン) 심신

配 { くばる：配 (くば) る 배부하다
ハイ：配分 (ハイブン) 배분
心配 (シンパイ) 걱정

珍 { めずらしい：珍 (めずら) しい 진귀하
다
チン：珍客 (チンキャク) 진객

貝 { かい：貝 (かい) 조개
ほら貝 (がい) 소라고둥

証 { ショウ：証拠 (ショウコ) 증거
免許証 (メンキョショウ)
면허증

拠 { キョ：拠点 (キョテン) 거점
コ：証拠 (ショウコ) 증거

係 { かかり：係 (かかり) 담당
ケイ：関係 (カンケイ) 관계

産 { うむ：産 (う) む 낳다
うまれる：産 (う) まれる 태어나
다
うぶ：産毛 (うぶげ) 솜털
サン：産業 (サンギョウ) 산업

旅 { たび：旅 (たび) 여행
リョ：旅券 (リョケン) 여권

費 { ついやす：費 (つい) やす 소비하다
ついえる：費 (つい) える 줄다
ヒ：費用 (ヒヨウ) 비용

貿 { ボウ：貿易 (ボウエキ) 무역

貴 { たっとい：貴 (たっと) い 귀중하다
とうとい：貴 (とうと) い 소중하다
たっとぶ：貴 (たっと) ぶ 공경하다
とうとぶ：貴 (とうと) ぶ 존경하다
キ：貴重 (キチョウ) 귀중

資 { シ：資本 (シホン) 자본
物資 (ブッシ) 물자

刀 { かたな：刀 (かたな) 칼
トウ：短刀 (タントウ) 단도

換 { かえる：換 (か) える 바꾸다
かわる：換 (か) わる 바뀌다
カン：換気 (カンキ) 환기

해 설 ────────────

■ ～だろう (助動詞)

추측이나 예측을 나타낸다. 우리말의 「～ㄹ (을) 것이다, ～겠지」의 뜻이다.

「だろう」는 体言 또는 体言에 준하는 말, 形容動詞의 語幹, 形容詞의 終止形,

動詞의 終止形, 助動詞의 終止形 등에 연결된다.

　　　銀貨だろう(은화겠지)　　　　　どうだろうか(어떨까?)

　　　どこだろう[1] (어딜까?)　　　　静かだろう(조용할 것이다)

　　　珍しいだろう (희귀하겠지)　　使うだろう (사용할 것이다)

　　　読ませるだろう (읽힐 것이다)

「だろう」보다 공손한 말은 「でしょう」이다.

■ 持ちにくいし……들기 불편하고

「動詞의 連用形＋にくい」의 꼴로 形容詞를 만들며 「～하기 어렵다, ～하기 거북하다」의 뜻을 나타낸다.

　　　歩きにくい道。(걷기 어려운 길.)

　　　書きにくい。(쓰기 어렵다.)

　　　意味が分かりにくい。(의미를 이해하기 어렵다.)

　　　言いにくい。(말하기 거북하다.)

　　　扱いにくい男。(다루기 거북한 사나이.)

　　　読みにくい本。(읽기 거북한 책.)

■ ～である

助動詞 「だ(이다)」의 連用形 「で」＋補助動詞 「ある」의 꼴로서 斷定을 나타낸다. 즉, 우리말의 「～이다」의 뜻이다.

　　　銀貨も銅貨もお金である。(은화도 동화도 돈이다.)

　　　人間は考える動物である。(인간은 생각하는 동물이다.)

　　　あれは薬である。(저것은 약이다.)

「である」는 形容動詞의 語幹에 연결되어 쓰이기도 한다.

　　　ここは静かである。(여기는 조용하다.)

　　　私もりんごが好きである。(나도 사과를 좋아한다.)

■ 傷みやすい……상하기 쉽다.

「動詞의 連用形＋やすい」의 꼴로 「～하기 쉽다」의 뜻을 나타낸다.

　　　間違えやすい。(틀리기 쉽다.)

　　　わかりやすい。(알기 쉽다.)

　　　傷つきやすい少女。(상처입기 쉬운 소녀.)

---

1) 「どう」, 「どこ」 등과 같은 의문을 나타내는 말에 「だろう」가 연결될 때에는 助詞 「か」를 생략해서 말한다.

そういう人は事故を起しやすいものだ。(그런 사람은 사고를 내기 쉬운 법이다.)

■ ～わけ

「活用語의 連体形＋わけだ(です，ではない，ではありません)」의 꼴로 단정을 얼마간 부드럽게 하며 그렇게 될 것이라고 하는 기분을 덧붙이는 말이다. 「～わけだ」의 뜻은「～할 만도 하다, ～하게 됨도 당연하다(무리가 아니다)」이고, 「～わけではない」의 뜻은 「～것은 아니다」이다.

熱が四十度もあるのですから，苦しいわけです。

(열이 40도나 되므로 괴로운 것도 당연합니다.)

それなら笑うわけです。(그렇다면 웃을 만도 합니다.)

私があやしいというわけですね。(내가 수상하다는 셈이군요.)

たくさん働いたからといって，給料がふえるわけではない。

(일을 많이 했다고 해서 급료가 느는 것은 아니다.)

仕事がいやだというわけではありません。(일이 싫다는 것이 아닙니다.)

■ ～として (助詞)……① 「～(으)로서, ～의 입장에서」라는 뜻을 나타낸다.

医者としてできることはすべてしました。

(의사로서 가능한 일은 모두 했습니다.)

私は趣味として切手を集めています。

(나는 취미로서 우표를 모으고 있읍니다.)

日本人としては英語が上手です。

(일본인으로서는 영어를 잘합니다.)

② 「～として～ない」의 形으로 뒤에 否定이 따라, 「하나 남김 없이 모두」라는 뜻이 되어, 결국은 「～도 없다」가 된다.

一つとして満足に動くものがありません。

(하나도 만족하게 움직이는 것이 없읍니다.)

この問題は今までだれひとりとして解けた者がない。

(이 문제는 지금까지 그 누구 한 사람도 푼 자가 없다.)

■ ～ら (接尾語)

주로 사람을 나타내는 말에 붙어 복수를 나타낸다. 「～들」의 뜻이다.

ぼくら (우리들)　　　　　　彼ら (그들)

それら (그것들)　　　　　　これら (이들)

「注」「～ら」는 「～たち」와 비교하면 文章体이다. 또 존경의 기분을 나타내는 일이 「たち」에는 다소 느낄 수 있지만 「ら」에는 전혀 없다. 「ぼくら」, 「ぼ

くたち」·「子供ら」, 「子供たち」처럼 「たち」로 바꿀 수 있는 경우도 있지만 「彼ら, それら, われら(우리들)」 등은 「たち」로 바꿀 수 없다.

■ 分かってきて…알기 시작해서.

「～して＋くる」의 꼴로 「(차츰) ～하기 시작하다」의 뜻을 나타내다.

記憶がぼんやりしてくる。(기억이 점차 희미해지기 시작하다.)

このごろ太ってきた。(최근 살찌기 시작했다.)

雨が降ってきた。(비가 내리기 시작했다.

■ 「だんだん」의 用例

彼の容態がだんだん悪くなる。(그의 용태가 점점 나빠지다.)

人々はだんだんと立ち去った。(사람들은 한 사람씩 떠났다.)

だんだん近くなる。(점점 (차츰) 가까와지다.)

だんだん難しくなる。(점점 어려워지다.)

だんだんよくなる。(점점 좋아지다.)

|||||||||||||||||| 연습문제 ||||||||||||||||||

Ⓐ 次の韓国語を日本語に訳しなさい。

1. 평상시 운동을 하지 않는 사람이 갑자기 (急に) 운동을 하면 몸이 아프게 된다.

2. 만약 돈이란 것이 없었다고 한다면 대단히 곤란했을 것이다.

3. 1만엔짜리 지폐는 가지고 다니기에 도 지갑에 넣기에도 편리하다.

4. 옛날에는 진귀한 조개껍질이 돈으로 쓰여졌단다.

5. 우리들은 적은 자본으로 장사를 시작했다.

Ⓑ 次の ⬜ の中に適当な言葉を入れなさい。

1. お金は物を売ったり買ったりする時に、いつも使う ⬜ である。

2. 珍しい貝がらがお金として使われていたという ⬜ である。

3. お金の形は初めから丸かった ⬜ ではない。

4. 銀貨や銅貨が丸いのは韓国 ⬜ ではない。

5. 昔の中国のお金がくわや刀の形をしていたのは, その ⬜ であるといわれている。

◁ 해답 ▷

Ⓐ

1. ふだん運動をしていない人が急に運動をすると, 体が痛くなる。　2. もしお金というものがなかったとしたら, たいへん困っただろう。　3. 一万円札は持っ

て歩くのにも，財布に入れるのにも便利である。　4. 昔は珍しい貝殻がお金として使われていたそうだ。　5. 私たちはわずかの資本で商売をやりだした。

B

1. お金は物を売ったり買ったりする時に，いつも使う(もの)である。　2. 珍しい貝がらがお金として使われていたという(こと)である。　3. お金の形は初めから丸かった(わけ)ではない。　4. 銀貨や銅貨が丸いのは韓国(だけ)ではない。

5. 昔の中国のお金がくわや刀の形をしていたのは，その(ため)であるといわれている。

第五課　日　本　語

　私は　日本語を　九月の　初めから　習って，もう　四か月ばかり
に　なります。ほんの　普通の　ことだけは　話せますが，むずかし
い　ことは　まだ　言えません。毎週　五日　学校へ　行って，毎日
三時間ずつ　習います。

＊　　　＊　　　＊

田中　「あなたは　日本語が　お上手ですね。」

朴　　「いいえ，まだ　よく　できません。」

田中　「いつから　習って　いますか。」

朴　　「九月の　初めからです。」

田中　「四か月足らずですね。それにしては，よく　話せますね。」

朴　　「ほんの　普通の　ことだけです。少し　むずかしい　ことは
　　　言えません。」

田中　「字も　習って　いますか。」

朴　　「はい，片仮名に，平仮名に，漢字を　習いました。仮名は
　　　みんな　習いましたが，よく　知って　いる　漢字は　まだ　二
　　　百以下です。」

田中　「どこで　習って　いますか。」

朴　　「土曜と　日曜の　ほかは　毎日　三時間ずつ　日本語学校で
　　　勉強します。」

田中　「そうですか。それでは，どんどん　上手に　なりますね。」

朴　　「いいえ，早く　覚えられないので，困って　います。どう
　　　したら　うまく　話せるように　なるでしょうか。」

田中　「できるだけ，韓国語を　使わないで　日本語で　話を　する

ように　しなさい。　使わない　ナイフや　包丁が　さびて　し

まって　切れなく　なるのと　同じように　言葉も　たえず

使わないと　忘れて　しまいます。　本を　読むばかりでな

く，どんどん　話を　しなくては　いけません。　少しぐらい

まちがっても　かまいませんから　はずかしがらないで，　どん

どん　話す　ほうが　いいです。　そう　すれば，じきに　うま

く　なります。」

朴　「これからは，はずかしがらずに　話すように　しましょう。そ

れから，発音は　どうしたら　いいでしょう。」

田中　「口の　形や　舌の　位置に　気を　つける　ことが　一番　大

切です。そして，先生の　発音を　できるだけ　よく　まねる

ことが　必要です。」

朴　「ほんとうに　ありがとう　ございました。　できるだけ，やっ

て　みましょう。　私が　まちがいましたら，ぜひ　なおして

いただきたいです。」

漢字읽기────────

九月　初め　普通　毎週　五日　上手　四か月　足らず　字　片仮名　平仮名

漢字　以下　覚える　困る　使う　包丁　錆びる　切る　言葉　忘れる　恥ず

かしい　発音　形　舌　位置　大切　必要

제 5 과　일본어

　나는 일본어를 9월 초부터 배워서 이젠 4개월 가량 됩니다. 그저 보통 말만
은 할 수 있는데, 어려운 말은 아직 못 합니다. 매주 5일 학교에 가서 매일 세
시간씩 배웁니다.

＊　　　　＊　　　　＊

다나카　「당신은 일본어를 잘하시는군요.」

박　　　「아니오, 아직 잘 못 합니다.」

다나카 「언제부터 배우고 있읍니까?」

박   「9월 초부터입니다.」

다나카 「4개월이 채 안 되는군요. 그에 비하면 잘 말하고 있군요.」

박   「아주 보통 말뿐입니다. 좀 어려운 말은 못 합니다.」

다나카 「글자도 배우고 있읍니까?」

박   「예, 가타카나와 히라가나와 한자를 배웠읍니다. 가나는 모두 배웠는데, 잘 알고 있는 한자는 아직 2백 이하입니다.」

다나카 「어디서 배우고 있읍니까?」

박   「토요일과 일요일 외에는 매일 세 시간씩 일본어 학교에서 공부합니다.」

다나카 「그렇습니까? 그러면, 척척 잘 하게 되겠군요.」

박   「아니오, 빨리 외지 못해서 곤란을 겪고 있읍니다. 어떻게 하면 능숙하게 말할 수 있게 될까요?」

다나카 「될 수 있는 대로 한국어를 사용하지 말고 일본어로 말을 하도록 하세요. 사용하지 않는 나이프나 식칼이 녹슬어 버려 자를 수 없게 되는 것과 마찬가지로, 말도 끊임없이 사용하지 않으면 잊어버립니다. 책을 읽는 것만이 아니라, 자꾸 말을 하지 않으면 안 됩니다. 조금쯤 틀려도 상관없으니 부끄러워하지 말고 자꾸 말하는 것이 좋습니다. 그렇게 하면 곧 능숙하게 됩니다.」

박   「이제부터는 부끄러워하지 않고 말하도록 하지요. 그리고, 발음은 어떻게 하면 좋을까요?」

다나카 「입 모양이나 혀의 위치에 주의하는 것이 가장 중요합니다. 그리고, 선생님의 발음을 가능한 한 잘 모방하는 것이 필요합니다.」

박   「참으로 고마웠읍니다. 가능한 한 해 보지요. 내가 틀리거든 아무쪼록 고쳐 주었으면 합니다.」

═══낱═말═풀═이═══

ほんの : 연체 그저 명색뿐인

～たらず : 접미 ～에 미치지 못하는 정도 예 十人たらずでやりました(10명이 채 못되는 수로 했습니다.)

それにしては : 접 그것으로 치면, 그것에 비하면

どんどん : 부 ① 일이 순조롭게 진척되는 모양. 척척, 일사 천리로 ② 잇따르는 모양. 자꾸자꾸

おぼ(覚)える : 타하1 기억하다

こま(困)る : 자5 곤란하다, 난처하다

うまく : 부 잘, 능숙하게

できるだけ：될 수 있는 한

つか (使)う：타5 사용하다

ほうちょう (包丁)：명 식칼

さびる：자상1 녹슬다

き (切)れなくなる：잘라지지 않게 되다
（「切れる (잘라지다)」＋助動詞「ない」
＋「なる」의 꼴）

おな (同)じように：마찬가지로（「同じ」
＋助動詞「ように」의 꼴）

たえず：부 끊임없이

まちがう：자5 틀리다, 잘못되다

かまわない：상관없다（「かまう (상관하
다)」＋助動詞「ない」의 꼴）

はずかしがる：타5 부끄러워하다, 창
피해하다

じきに：부 곧, 금방, 바로

した (舌)：명 혀, 혀 모양의 것

き (気)をつける：주의하다

たいせつ (大切)だ：형동 중요하다, 귀
중하다

まねる：타하1 흉내내다, 모방하다

やる：타5 하다, 주다

▒▒▒ 한 ▒ 자 ▒ 풀 ▒ 이 ▒▒▒

片 ｛ かた：片手(かたて) 한 손
　　 ヘン：破片(ハヘン) 파편

仮 ｛ かりに：仮(かり)に 가령
　　 カ：仮定(カテイ) 가정
　　 ケ：仮病(ケビョウ) 꾀병

漢 ｛ カン：漢語(カンゴ) 한어
　　　　 門外漢(モンガイカン)
　　　　 문외한

発 ｛ ハツ：発明(ハツメイ) 발명
　　 ホツ：発作(ホッサ) 발작

舌 ｛ した：舌(した) 혀
　　 ゼツ：舌端(ゼッタン) 혀 끝

位 ｛ くらい：位(くらい) 지위
　　 イ：位置(イチ) 위치

해 설

本　動　詞	可　能　動　詞
話す(말하다)	話せる(말할 수 있다)
言う(말하다)	言える(말할 수 있다)
切る (자르다)	切れる (자를 수 있다)

■ ～たらず (接尾語)……数量이나 時間의 갈이를 나타내는 말에 붙어「～에 미치
지 못하는 정도」란 뜻을 나타낸다.

　　1時間(じかん)たらずで行けます。

　　(한 시간이 채 안 걸려서 갈 수 있읍니다.)

　　私(わたし)の家(うち)はここから100メートルたらずの所(ところ)です。

　　(우리 집은 여기서 100미터 채 안 되는 곳입니다.)

学校へ来た人は20人たらずでした。

(학교에 온 사람은 20명이 채 못 되었읍니다.)

■**片仮名に平仮名に漢字**……「가타카나에 히라가나에 한자」란 뜻으로 여기에서의 助詞「に」는 첨가됨을 나타낸다.

トーストにミルク(토스트에 밀크)

鉛筆にけしゴム (연필에 지우개)

兄弟は兄二人に妹一人です。

(형제는 형 두 사람에 누이동생 한 사람입니다.)

■**早く覚えられないので, 困っています。**……빨리 외지 못해서 곤란을 겪고 있읍니다.

「覚えられない」의「られる」는 可能을 나타내는 助動詞이다.[1]

■**うまく**……形容詞로서 基本形은「うまい」이다. 뜻은「① 잘하다, 능숙하다 ② 맛있다」등이다.

彼はテニスがうまい。(그는 테니스를 잘한다.)

日本語をうまく話す。(일본어를 능숙하게 말한다.)

このりんごはうまい。(이 사과는 맛있다.)

■**できるだけ**……「가능한 한, 될 수 있는 대로」의 뜻이다.

できるだけのことはしましょう。(할 수 있는 데까지는 하지요.)

できるだけはやく来てください。(가능한 한 빨리 와 주십시오.)

■**～と同じように**……～과 마찬가지로

母も父と同じように日本語が上手です。

(어머니도 아버지와 마찬가지로 일본어를 잘합니다.)

冬の次は春が来るのと同じように私の気持も変わりません。

(겨울 다음에는 봄이 오는 것과 마찬가지로 내 마음도 변치 않습니다.)

■**たえず**……끊임없이

たえず努力する人には勝てません。

(끊임없이 노력하는 사람에게는 이기지 못합니다.)

■**「わすれる」의 用例**

恩をわすれる。(은혜를 잊다.)

英語の単語をわすれる。(영어 단어를 잊다.)

約束の時間をわすれる。(약속 시간을 잊다.)

1) 1권 45과 해설 참조

時間のたつのをわすれる。(시간이 지나는 것을 잊다.)

帽子をわすれて来た。(모자를 잊고 왔다.)

初志をわすれず。(초지를 잊지 않다.)

片時もわすれない。(한 시도 잊지 않다.)

わすれられない人。(잊을 수 없는 사람)

■ ～ばかりでなく……「～뿐만 아니라」

私たちは英語ばかりでなく, 日本語もできます。

(우리들은 영어뿐만 아니라, 일본어도 합니다.)

牛乳は子供が飲むばかりでなく, コーヒーに入れたりバターをこしらえた

りします。

(우유는 어린이가 마실 뿐만 아니라, 커피에 넣기도 하고 버터를 만들기

도 합니다.)

■ かまいません……「상관없읍니다」의 뜻인데 이 말은 否定으로만 使用한다. 肯

定으로 쓰면 뜻이 달라진다. 이와 같이 否定으로만 使用하는 単語가 日本語에

는 많이 있다.

すまない (미안하다)	すみません (미안합니다)
いけない (안 된다)	いけません (안 됩니다)
かまわない (상관없다)	かまいません (상관없읍니다)

■ はずかしがらないで……부끄러워하지 말고.

「がら」의 基本形은 「がる」이다.

「形容詞・形容動詞의 語幹＋がる」의 형으로 5段活用動詞를 만든다. 뜻은

(～해)하다, (～하게)여기다.

不思議がる。(이상해 하다.)

寒がる。(추워하다.)

面白がっている。(재미있어 하고 있다.)

欲しがるだろうと思う。(갖고 싶어하리라 생각한다.)

■ なおしていただきたい……「고쳐 주었으면 한다」의 뜻인데 直訳하면 「고쳐 받

고 싶다」의 뜻이 된다.

즉, 「動詞의 連用形＋ていただきたい」의 형으로 「～해 주기를 바란다, ～해

주었으면 한다」의 뜻으로 사용한다.

説明していただきたいです。(설명해 주었으면 합니다.)

切っていただきたいと思います。(잘라 주었으면 하고 생각합니다.)

忘(わす)れていただきたいです。(잊어 주었으면 합니다.)

||||||||||||||||||| 연습문제 |||||||||||||||||||

Ⓐ 次の韓国語を日本語に訳しなさい。

1. 이 책을 10일 가량 빌리고 싶다고 생각하는데, 상관없을까요?

2. 여기 온 지 2년이 채 못 된다고 합니다.

3. 이 작문(作文)은 한자를 사용치 않

4. 나는 부끄러워서 많은 사람 앞에서는 말을 잘 못합니다.

고 히라가나만으로 쓰고 있습니다.

5. 책에 그려져 있는 그림을 모방하면, 잘 그릴 수 있을 것입니다.

Ⓑ 다음의 形容詞들이「ない・なる・て・た・ようだ・ば」에 연결될 때의 活用形을 말해 보시오.

1. はずかしい
2. うまい
3. むずかしい
4. つよい
5. かたい
6. あかるい
7. あさい
8. おもい
9. にくい
10. よい

◁해답▷

Ⓐ

1. この本を十日(とおか)ばかり借(か)りたいと思(おも)いますが、かまわないでしょうか。　2. ここへ来てから二年足(ねんた)らずだそうです。　3. この作文(さくぶん)は漢字(かんじ)を使(つか)わないで、平仮名(ひらがな)だけで書いています。　4. 私ははずかしくて、沢山(たくさん)の人(ひと)の前(まえ)ではよく話(はな)せません。
5. 本(ほん)に書いてある絵(え)をまねれば、よく書(か)けるでしょう。

Ⓑ

	──ない ──なる ──て	──た	──ようだ	──ば
1. はずかしい	はずかしく	はずかしかっ	はずかしい	はずかしけれ
2. うまい	うまく	うまかっ	うまい	うまけれ
3. むずかしい	むずかしく	むずかしかっ	むずかしい	むずかしけれ
4. つよい	つよく	つよかっ	つよい	つよけれ
5. かたい	かたく	かたかっ	かたい	かたけれ
6. あかるい	あかるく	あかるかっ	あかるい	あかるけれ
7. あさい	あさく	あさかっ	あさい	あさけれ
8. おもい	おもく	おもかっ	おもい	おもけれ
9. にくい	にくく	にくかっ	にくい	にくけれ
10. よい	よく	よかっ	よい	よけれ

第六課　ありの進む方向

　夏の暑い日，庭先などをありが列を作って歩いています。みなさんも死んだ虫をひきずって歩くありの群れを見たことがあるでしょう。

　えさを捜すありは食べ物を見つけて，また巣へ帰って行くのですが，その時いったい何を頼りにして動いているのでしょうか。ありには目がありますが，その目はあまりよく物を見分けることができません。でも，えさを捜したありはまちがいなく自分の巣へ帰って行くのです。

　ありは太陽の光を目印にして歩き回っているらしいのです。今まっすぐに歩いているありがいるとします。このありに太陽が見えないように，光を遮ります。そして，鏡に反射した光を反対側からありに当てると，光を受けたありはくるりと向きを変えて反対の方向へ進みはじめます。ありが太陽の光を目印にして歩いているのは，このようにして知ることができます。

　でも，ありは太陽の光だけを頼りにして，自分の進む方向を決めているのではないようです。列を作って進むありの群れから一匹だけつかまえて，列の近くに置きます。すると，列から離れたありはもとの列に戻って行きます。このありは仲間のにおいに引かれるらしいのです。においが分からないほど遠くに置くと，列から離れたありはありの群れと平行に進んで行きます。この時は太陽の光だけが頼りになっているのでしょう。曇った日，雨の降りだした日などはどうするのでしょう。こんな日でも空には光があって，それを頼りにありは進む方向を決めるらしいのです。

　ありばかりでなく，昆虫の性質をこんなふうにして一つずつ明らかにしていくのですが，まだまだ分からないことがたくさんあります。

漢字읽기―――――――――――

<ruby>庭<rt>にわ</rt></ruby><ruby>先<rt>さき</rt></ruby>　<ruby>列<rt>れつ</rt></ruby>　<ruby>虫<rt>むし</rt></ruby>　<ruby>群<rt>む</rt></ruby>れ　<ruby>捜<rt>さが</rt></ruby>す　<ruby>巣<rt>す</rt></ruby>　<ruby>頼<rt>たよ</rt></ruby>り　<ruby>動<rt>うご</rt></ruby>く　<ruby>太陽<rt>たいよう</rt></ruby>　<ruby>光<rt>ひかり</rt></ruby>　<ruby>目印<rt>めじるし</rt></ruby>
<ruby>遮<rt>さえぎ</rt></ruby>る　<ruby>鏡<rt>かがみ</rt></ruby>　<ruby>反射<rt>はんしゃ</rt></ruby>　<ruby>反対側<rt>はんたいがわ</rt></ruby>　<ruby>当<rt>あ</rt></ruby>てる　<ruby>向<rt>む</rt></ruby>き　<ruby>変<rt>か</rt></ruby>える　<ruby>方向<rt>ほうこう</rt></ruby>　<ruby>進<rt>すす</rt></ruby>む
<ruby>決<rt>き</rt></ruby>める　<ruby>仲間<rt>なかま</rt></ruby>　<ruby>平行<rt>へいこう</rt></ruby>　<ruby>昆虫<rt>こんちゅう</rt></ruby>　<ruby>性質<rt>せいしつ</rt></ruby>　<ruby>明<rt>あき</rt></ruby>らか

제 6 과   개미가 진행하는 방향

여름의 더운 날 앞마당 등을 개미가 열을 지어 다니고 있읍니다. 여러분도 죽은 벌레를 질질 끌고 다니는 개미 떼를 본 적이 있을 것입니다.

먹이를 찾는 개미는 먹을 것을 발견하고 다시 집으로 돌아가는데 그때 도대체 무엇을 의지삼아 움직이고 있는 것일까요? 개미에게는 눈이 있지만, 그 눈은 그다지 잘 물건을 가리지 못합니다. 하지만, 먹이를 찾은 개미는 틀림없이 자기 집으로 돌아갑니다.

개미는 태양 빛을 안표로 삼아 걸어다니고 있는 것 같습니다. 지금 곧게 걸어가고 있는 개미가 있다고 합시다. 이 개미에게 태양이 보이지 않도록 빛을 차단합니다. 그리고, 거울에 반사한 빛을 반대측으로부터 개미에게 보내면, 빛을 받은 개미는 홱 방향을 바꾸어 반대 방향으로 나아가기 시작합니다. 개미가 태양의 빛을 안표로 삼아 다니고 있는 것은 이와 같이 해서 알 수가 있습니다.

하지만, 개미는 태양의 빛만을 의지삼아 자기가 진행할 방향을 정하고 있는 것은 아닌 모양입니다. 열을 지어 나아가는 개미 떼로부터 한 마리만 붙잡아서 열 가까이에 놓습니다. 그러면, 열에서 떨어진 개미는 원래의 열로 되돌아갑니다. 이 개미는 동료의 냄새에 끌리는 것 같습니다. 냄새를 알지 못할 정도로 멀리 놓으면 열에서 떨어진 개미는 개미 떼와 평행으로 진행해 갑니다. 이때는 태양의 빛만이 의지가 되어 있는 것이겠지요. 흐린 날, 비가 내리기 시작하는 날 등은 어떻게 하는 것일까요? 이런 날이라도 하늘에는 빛이 있어서 그것을 의지하여 개미는 진행하는 방향을 정하는 것 같습니다.

개미만이 아니라 곤충의 성질을 이런 식으로 해서 하나씩 밝혀 나가는데 아직도 모르는 일이 많습니다.

═낱═말═풀═이═

あり : 명 개미

すす (進)む : 자5 나아가다, 진행하다

ほうこう (方向) : 명 방향

にわさき (庭先) : 명 (뜰에서 보아) 툇마루 쪽, 앞마당, 마당가

れつ (列) : 명 열

みなさん：名 여러분

むし (虫)：名 벌레, 곤충

ひきずる：他5 질질 끌다

む (群)れ：名 떼, 무리

えさ：名 모이

さが (捜)す：他5 찾다

す (巣)：名 (짐승의) 집, 둥지

いったい：副 도대체

たよ (頼)り：名 의지

たよ (頼)りにする：의지하다, 믿다

うご (動)く：自5 움직이다

みわ (見分)ける：他5 분별하다, 가리다

まちがいなく：틀림없이

たいよう (太陽)：名 태양

ひかり (光)：名 빛

めじるし (目印)：名 안표, 표적

めじるしにする：안표로 삼다

ある (歩)きまわ (回)る：自5 걸어다니다

まっすぐに：副 똑바로, 곧게

さえぎ (遮)る：他5 차단하다, 가로막다

かがみ (鏡)：名 거울

はんしゃ (反射)：名 반사

はんたいがわ (反対側)：名 반대측

あ (当)てる：他下1 (빛을) 비치다, (~에게) 보내다

う (受)ける：他下1 받다

くるりと：副 휙, 한 바퀴 뱅그르르

む (向)き：名 방향

か (変)える：他下1 바꾸다, 변하다

すす (進)みはじめる：나아가기 시작하다

き (決)める：他下1 정하다

つかまえる：他下1 붙잡다

はな (離)れる：自下1 떨어지다

もと：名 본래

なかま (仲間)：名 동료

ひ (引)かれる：自下1 끌리다

へいこう (平行)：名 평행

ふ (降)りだす：내리기 시작하다

こんちゅう (昆虫)：名 곤충

せいしつ (性質)：名 성질

ふう：名 식, 양식

あき (明)らかだ：形動 분명하다

まだまだ：副 아직도

ﬗﬗﬗ 한 자 풀 이 ﬗﬗﬗ

庭 {
にわ：庭 (にわ) 뜰
テイ：庭園 (テイエン) 정원
}

虫 {
むし：虫 (むし) 벌레
チュウ：虫類 (チュウルイ) 충류
}

巣 {
す：巣 (す) 짐승의 집
ソウ：営巣 (エイソウ) 영소
}

群 {
むれ：群 (む)れ 떼
むれる：群 (む)れる 떼를 짓다
むらがる：群 (むら)がる 떼지어 모이다
グン：群居 (グンキョ) 군거
}

印 {
しるし：印 (しるし) 표시
イン：印刷 (インサツ) 인쇄
}

進 {
すすむ：進(すす)む　나아가다
すすめる：進(すす)める　나아가게
　　　　하다
シン：進級(シンキュウ)　진급
}

仲 {
なか：仲(なか)　사이
チュウ：仲介(チュウカイ)　중개
}

遮 {
さえぎる：遮(さえぎ)る　차단하다
シャ：遮断(シャダン)　차단
}

昆 {
コン：昆虫(コンチュウ)　곤충
　　　昆布(コンブ)　다시마
}

射 {
いる：射(い)る　(활을) 쏘다
シャ：射撃(シャゲキ)　사격
}

性 {
セイ：性質(セイシツ)　성질
ショウ：性分(ショウブン)　성분
}

해 설

■ ～まわる

「動詞의 連用形＋まわる」의 形으로「～하고 다니다」의 뜻을 나타낸다.

歩きまわる (걸어 다니다)　　　　持ちまわる (들고 다니다)

飲みまわる (마시고 다니다)　　　ひっかきまわる (할퀴고 다니다)

■ ～とします

「～とする」또는「～とします」의 꼴로 어떤 사항을 가령 내세울 경우에 쓰
는 말로서「～라고 하자」또는「～라고 합시다」의 뜻을 나타낸다.

ここにお金が百万円あるとする。

(여기에 돈이 백만 엔 있다고 하자.)

あなたが私の妹だとします。

(당신이 내 누이동생이라고 합시다.)

■ ～はじめる

「動詞의 連用形＋はじめる」의 꼴로「～하기 시작하다」의 뜻을 나타낸다.

使いはじめる (사용하기 시작하다)

咲きはじめる (피기 시작하다)

進みはじめる (나아가기 시작하다)

■ らしい……～인 듯하다, ～인 것 같다.

「動詞・形容詞・助動詞의 終止形, 体言, 形容動詞의 語幹＋らしい」의　꼴로
추정의 뜻을 나타낸다.

どうやら遅いらしい。(아무래도 늦을 것 같다.)

雨になるらしい。(비가 올 것 같다.)

いくらたのんでもだめらしい。(아무리 부탁해도 안 될 것같다.)

■「まだまだ」의 用例

彼はまだまだ半人前だ。(그는 아직도 반 사람 몫이다.)

彼女はまだまだ若い。(그녀는 아직도 젊다.)

あの人は元気だからまだまだはたらける。(저 사람은 건강하므로 아직도
　　일할 수 있다.)

このことはまだまだ記憶に新しい。(이 일은 아직도 기억에 새롭다.)

まだまだおもしろいことがある。(아직도 재미있는 일이 있다.)

まだまだ来ない。(아직도 오지 않는다.)

|||||||||||||||||연습문제|||||||||||||||||

Ⓐ 次の韓国語を日本語に訳しなさい。

1. 당신은 도대체 무엇을 믿고 그렇게
　큰소리를 치십니까?

2. 모두 같은 모양을 하고 있으므로
　멀리서는 좀처럼 우리 애를 가려낼
　수가 없습니다.

3. 우리 집에 오려면 목욕탕을 안표

로 삼아 그 모퉁이를 도시오.

4. 냄새를 알 수 없을 만큼 멀리두면
　자기 열을 찾아가지 못합니다.

5. 그 동물은 떼를 이루어(成す) 사는
　성질을 가지고 있습니다.

Ⓑ 次の言葉を使って文章を作ってごらんなさい。

1. ひきずって歩く

2. まちがいない

3. 光を当てる

4. 光を受ける

5. くるりと向きを変える

◁解答▷

Ⓐ
1. あなたはいったい何をたよりにしてそんなに大きなことを言うのですか。　2.
みんな同じかっこうをしているので，遠くからではちょっとうちの子を見分ける
ことができません。　3. 私のうちへ来るには，おふろ屋を目印にして，その角
を曲がりなさい。　4. においが分からないほど遠くに置くと，自分の列をさがし
て行くことができません。　5. その動物は群れを成して住む性質を持っています。

Ⓑ
1. 疲れて足をひきずって歩いています。　2. あしたはまちがいなくお天気で
しょう。　3. この薬はあまり光を当てないでください。　4. あの草は光を受
けてどんどん大きくなって行きます。　5. 私が金さんと呼ぶと，金さんはくる
りと向きを変えて私の方へ来ました。

第七課　ぞうとさる

ぞうがさるに言いました。

「ぼくは，大きくて，力が強いよ。それに，ぼくは，鼻で何でもつかむことができる。」すると，さるが言いました。

「ぼくの手は，人間の手のように，何でもつかむことができるよ。それに，木のぼりだってうまい。」

どちらも「自分のほうがえらい。」といって，じまんしました。

そこで，「そんなら，むこうの山までかけっこをして，勝ったほうがえらいことにしよう。」と約束しました。

「ようい，ドン。」で，いっしょにかけだしました。

林のむこうは大きな川でした。

ぞうは，平気で川の中を歩いて行きました。さるは，小さなまるたに乗りました。そして，手で水をかいて，川を渡って行きました。

川のまん中まで来たとき，さるの乗っていたまるたが，くるりとひっくりかえりました。さるは，水の中に落ちてしまいました。すると，ぞうが長い鼻でさるをつかまえて自分のせなかにのせました。

川を渡ると，ぞうはさるをおろして，またどんどんかけて行きました。

いっしょうけんめいに走ったので，ぞうはおなかがぺこぺこになりました。

バナナの木がありました。

ぞうは長い鼻をのばして，バナナの実を取ろうとしました。

けれども，いくら鼻をふりまわしてもとどきません。

そこへ，さるがかけて来ました。さるはすぐにするすると木にのぼりました。

そして，

「ぞうさん，さっきのお礼です。」

といって，大きなバナナのふさを，いくつもおとしてやりました。

　ぞうは木の下で，さるは木の上で，バナナを食べました。おなかがいっぱいになってから，ぞうが言いました。

「さるさん，きみのほうが，ぼくよりえらいよ。」

　すると，さるが言いました。

「ぞうさんのほうがえらいよ。ぞうさんは，さっき，ぼくをたすけてくれたんだもの。」

　かけっこはやめることにしました。

　ぞうは，さるをせなかにのせて帰りました。

漢字読み――――――――――
象　猿　力　強い　人間　自分　偉い　自慢　勝つ　約束　用意　駆け出す
林　平気　搔く　渡る　落ちる　背中　乗せる　下ろす　駆ける　一生懸命
伸ばす　実　取る　振り回す　届く　登る　礼　君　助ける

제 7 과　코끼리와 원숭이

코끼리가 원숭이에게 말했읍니다.

「나는 크고 힘이 세. 게다가 나는 코로 무엇이든지 잡을 수 있어.」

그랬더니, 원숭이가 말했읍니다.

「내 손은 인간의 손과 같이 무엇이든지 잡을 수 있어. 게다가 나무타기도 잘한다.」

어느 쪽도 「자기 쪽이 훌륭하다.」고 하며 자랑했읍니다.

그래서, 「그러면, 맞은쪽 산까지 달리기를 해서 이긴 쪽이 훌륭한 것으로 하자」고 약속했읍니다.

「준비, 땅.」해서 함께 달리기 시작했읍니다.

숲 저쪽은 큰 강이었읍니다.

코끼리는 태연히 강 속을 걸어서 갔읍니다. 원숭이는 작은 통나무를 탔읍니다.

그리고 손으로 물을 헤치면서 강을 건너갔읍니다.

강 한가운데까지 왔을 때 원숭이가 타고 있던 통나무가 휙 뒤집혔읍니다. 원숭이는 물 속에 떨어져 버렸읍니다. 그랬더니, 코끼리가 긴 코로 원숭이를 붙잡아서 자기 등에 태웠읍니다.

강을 건너자 코끼리는 원숭이를 내리고, 다시 자꾸자꾸 달려갔읍니다. 아주 열심히 달렸기 때문에 코끼리는 배가 몹시 고프게 되었읍니다.

바나나 나무가 있었읍니다.

코끼리는 긴 코를 펴서 바나나 열매를 따려고 했읍니다.

그렇지만, 아무리 코를 휘둘러도 닿지 않습니다.

그곳에 원숭이가 뛰어왔읍니다. 원숭이는 곧 날렵히 나무에 기어올랐읍니다.

그리고,

「코끼리 씨 좀 전의 사례입니다.」

라고 말하고 큰 바나나 송이를 몇 송이나 떨어뜨려 주었읍니다.

코끼리는 나무 밑에서, 원숭이는 나무 위에서 바나나를 먹었읍니다. 배가 부르게 되고 나서 코끼리가 말했읍니다.

「원숭이 씨, 자네 쪽이 나보다 훌륭해.」

그랬더니 원숭이가 말했읍니다.

「코끼리 씨 쪽이 훌륭해요. 코끼리 씨는 아까 나를 도와주었는걸.」

달리기는 그만두기로 했읍니다.

코끼리는 원숭이를 등에 태우고 돌아갔읍니다.

═낱═말═풀═이═

ぞう (象) : 뗑 코끼리

さる (猿) : 뗑 원숭이

ぼく (僕) : 뗑 (남자의 자칭) 나

つかむ : 타5 잡다.

すると : 젭 그랬더니, 그러자

きのぼ (木登) り : 뗑 나무타기

～だって : 죄 ～라도, ～일지라도 예
　猿だって木から落ちる。(원숭이라도
　나무에서 떨어진다.)

うまい : 혱 잘하다, 능숙하다

えら (偉) い : 혱 훌륭하다, 용하다

じまん (自慢) : 뗑 자만

かけっこ : 뗑 달리기

か (勝) つ : 타5 이기다

ようい (用意) : 뗑 준비

ドン : 뿐 땅

か (駆) けだ (出) す : 자5 달리기 시작하다

はやし (林)：[명] 숲

へいき (平気)だ：[형동] 태연하다, 아무렇지도 않다

まるた：[명] 통나무

か (搔)く：[타5] (물을) 헤치다, 밀어 젖히다

わた (渡)る：[자5] 건너다

ひっくりかえる：[자5] 뒤집히다

お (落)ちる：[자상1] 떨어지다

つかまえる：[타하1] 붙잡다

せなか (背中)：[명] 등

の (乗)せる：[타하1] 태우다

お (下)ろす：[타5] 내리다

か (駆)ける：[자하1] 달리다

いっしょうけんめい (一生懸命)だ：
　[형동] 매우 열심히 하다

ぺこぺこ：[부] 배가 몹시 고픈 모양 [예]
　おなかがぺこぺこになる。(배가 몹시 고프게 되다.)

の (伸)ばす：[타5] 펴다

み (実)：[명] 열매

み (実)をとる：열매를 따다

いくら～ても：아무리 ～하여도 [예] い
　くら呼んでも来ない。(아무리 불러도 오지 않는다.)

ふ (振)りまわ (回)す：[타5] 휘두르다

とど (届)く：[자5] (뻗친 것이) 닿다

するすると：[부] 날렵히, 미끄러지듯

のぼ (登)る：[자5] 오르다

おれい (礼)：[명] 사례, 고맙다는 인사

ふさ：[명] 송이

お (落)とす：[타5] 떨어뜨리다

おなかがいっぱいになる：배가 부르게 되다

きみ (君)：[명] 자네 (남자 용어)

たす (助)ける：[타하1] 도와주다, 살리다

～もの：[조] ～한 걸 [예] たすけてくれた んだもの (도와 주었는 걸)

やめる：[타하1] 그만두다, 중지하다

〰〰〰 한 자 풀 이 〰〰〰

象 { ショウ：象徴 (ショウチョウ) 상징
　　 ゾウ：象 (ゾウ) 코끼리

猿 { さる：猿 (さる) 원숭이
　　 エン：犬猿 (ケンエン) 견원

力 { ちから：力 (ちから) 힘
　　 リョク：努力 (ドリョク) 노력
　　 リキ：力量 (リキリョウ) 역량

偉 { えらい：偉 (えら)い 훌륭하다
　　 イ：偉大 (イダイ) 위대

慢 { マン：慢性 (マンセイ) 만성
　　 タイマン：怠慢 (タイマン) 태만

束 { たば：束 (たば) 다발
　　 ソク：束縛 (ソクバク) 속박

駆 { かける：駆 (か)ける 달리다
　　 ク：駆使 (クシ) 구사

命 { いのち：命 (いのち) 목숨
　　 メイ：命令 (メイレイ) 명령
　　 ミョウ：寿命 (ジュミョウ) 수명

林 {
はやし：林(はやし) 숲
リン：林業(リンギョウ) 임업
}

掻 {
かく：掻(か)く 긁다
ソウ：掻痒(ソウヨウ) 소양, 가려움
}

背 {
せ：背中(せなか) 등
せい：背(せい) 키
そむく：背(そむ)く 거역하다
そむける：背(そむ)ける 외면하다
ハイ：背後(ハイゴ) 배후
}

懸 {
かける：懸(か)ける 내기하다
かかる：懸(か)かる 걸다
ケン：懸賞(ケンショウ) 현상
ケ：懸念(ケネン) 걱정
}

伸 {
のびる：伸(の)びる 퍼지다
のばす：伸(の)ばす 펴다
シン：伸縮(シンシュク) 신축
}

届 {
とどける：届(とど)ける 신고하다
とどく：届(とど)く 닿다
}

振 {
ふる：振(ふ)る 흔들다
ふるう：振(ふ)るう 털다
シン：振動(シンドウ) 진동
}

回 {
まわる：回(まわ)る 돌다
まわす：回(まわ)す 돌리다
カイ：回答(カイトウ) 회답
エ：回向(エコウ) 회향
}

登 {
のぼる：登(のぼ)る 오르다
トウ：登校(トウコウ) 등교
ト：登山(トザン) 등산
}

礼 {
レイ：礼儀(レイギ) 예의
ライ：礼拝(ライハイ) 예배
}

君 {
きみ：君(きみ) 너
クン：君主(クンシュ) 군주
}

助 {
たすける：助(たす)ける 살리다
たすかる：助(たす)かる 살아나다
すけ：助太刀(すけだち) 조력함
ジョ：助力(ジョリョク) 조력
}

해 설 ────────────────

■ ～だって[1] (助詞)……①「だって」 앞의 사람이나 사물이 특별한 것처럼 보이지만, 역시 다른 경우와 마찬가지로 예외가 아니라는 뜻을 나타낸다. 「～(이)라도, ～일지라도, ～도 또한, ～도 역시」 등의 뜻이 된다.

　　チャンピオンだって負けることがある。(챔피언이라도 지는 일이 있다.)
　　女だってかまいません。(여자라도 상관없읍니다.)
　　親にだって言えないこともある。(부모에게도 말할 수 없는 일이 있다.)
　　木のぼりだってうまい。(나무타기도 잘한다.)

　②관련이 있는 사항 중에서 몇 개인가 예를 들어 그 밖의 경우도 같다는 뜻을 나타낸다. 「～건～건, ～던～던」 등의 뜻이 된다.

---

　　1)「だって」는 会話体에서 많이 쓰인다.

あの人なら，英語だって日本語だってできます。

(저 사람이면 영어건 일본어건 합니다.)

大きいのだって小さいのだって味には変わりません。

(큰 것이든 작은 것이든 맛에는 변함없읍니다.)

③ 의문을 나타내는 말 또는 数量을 나타내는 말에 붙어 아래 말과 呼応하여 全面肯定 또는 全面否定을 나타낸다.「~든지, ~이라도, ~도」등의 뜻이 된다.

見たければいくらだって見せて上げます。

(보고 싶으면 얼마든지 보여 드리겠읍니다.)

どこにだってあるでしょう。(어디에라도 있을 것입니다.)

彼はいつだって家に居ません。(그는 언제든지 집에 없읍니다.)

一日だって休んだことはありません。(하루도 쉰 적은 없읍니다.)

あの人から1円だってもらったことはない。

(저 사람에게서 1엔도 받은 적은 없다.)

■ **えらいことにしよう**……「훌륭한 것으로 하자」의 뜻으로「用言의 連体形＋ことにしよう[2]」의 形으로「~한 걸로 하자, ~하기로 하자」의 뜻이 된다.

今までのことはなかった**ことにしよう**。

(지금까지의 일은 없었던 걸로 하자.)

あなたが私より強い**ことにしよう**。

(당신이 나보다 강한 걸로 하자.)

あなたもお金を出した**ことにしよう**。

(당신도 돈을 낸 걸로 하자.)

あした行く**ことにしよう**。(내일 가기로 하자.)

きょうはこれで終る**ことにしましょう**。

(오늘은 이것으로 끝내기로 합시다.)

■ **「ぺこぺこ」의 여러 가지 뜻**

① **ぺこぺこ**にへこむ。(오글쪼글하게 찌그러지다.)

ぺこぺこのボール。(오글쪼글해진 공.)

薄いトタン板が**ぺこぺこ**にへこんでいる。(엷은 함석판이 오글쪼글하게 찌그러져 있다.)

② おなかが**ぺこぺこ**だ。(배가 몹시 고프다.)

③ **ぺこぺこ**頭を下げる。(굽실굽실 머리를 조아리다.)

---

2) 1권 39과 및 46과 해설 참조.

上役にぺこぺこする。(상사에게 굽실거리다.)

警官にぺこぺこしていた。(경찰관에게 굽실거리고 있다.)

■ ～しまいました ……～버렸읍니다.

「助詞て＋しまう」의 꼴로 「～해 버리다, ～하고 말았다」의 뜻을 나타낸다.

いっきに読んでしまった。(단숨에 읽어 버렸다.)

すっかりあわててしまいました。(몹시 당황했읍니다.)

汽車が出てしまった。(기차가 떠나고 말았다.)

■ 実を取ろうとしました……「열매를 따려고 했읍니다」의 뜻. 「動詞의 未然形＋う(よう)とする³⁾」의 形으로 「～하려고 하다」의 뜻이 된다.

笑おうとしました。(웃으려고 했읍니다.)

渡ろうとしました。(건너려고 했읍니다.)

着ようとしました。(입으려고 했읍니다.)

やめようとしました。(그만두려고 했읍니다.)

■ いくら鼻をふりまわしても……「아무리 코를 휘둘러도」의 뜻으로 「いくら～ても」의 形으로 「아무리 ～하여도」의 뜻이 된다.

いくら本を読んでもみんな忘れてしまうんです。

(아무리 책을 읽어도 모두 잊어버립니다.)

いくら走っても大丈夫です。(아무리 달려도 염려없읍니다.)

いくら教えても分らないのはしかたがありません。

(아무리 가르쳐도 모르는 것은 어쩔 수 없읍니다.)

いくら足が早くても馬よりは遅いです。

(아무리 발이 빨라도 말보다는 늦습니다.)

■ おとしてやりました……떨어뜨려 주었읍니다.

「～てやる, ～でやる」의 꼴로 「～하여 주다」의 뜻을 나타내다.

私が行ってやる。(내가 가 주마.)

助けてやる。(도와 주다.)

金を貸してやる。「돈을 빌려 주다.)

書いてやる。(써 주다.)

話を聞かせてやる。(이야기를 들려주다.)

好きなようにさせてやれ。(좋아하는 대로 하게 해 주어라.)

本を読んでやった。(책을 읽어 주었다.)

---

3) 1권 46과 해설 참조.

■「すると」의 여러 가지 뜻

① 門をたたいた, すると娘が出て来た。

(문을 두드렸다, 그러자 아가씨가 나왔다.)

するとそこに警官が通りかかった。

(그러자 때마침 경찰관이 지나가고 있었다.)

② するときょうは休みかな。

(그렇다면 오늘은 쉬는 건가.)

■「より」의 用例

鉄より固い。(쇠보다 단단하다.)

山より高い。(산보다 높다.)

去年より寒い。(작년보다 춥다.)

私はあなたより若い。(나는 당신보다 젊다.)

■ たすけてくれたんだもの……「도와주었는걸, 살려 주었는걸」이란 뜻으로 「～もの」는 文의 끝에 붙는 助詞로서 不平・不満・遺憾 등의 뜻을 나타내고, 그렇게 한 이유를 설명하는 데 쓰여진다. 韓国語의 「～인걸」에 해당된다. 会話体로서 여자나 어린이가 많이 쓴다.

「どうして今度の旅行に行かないんだ。　だって, お金がないんだもの。」

(어째서 이번 여행을 가지 않느냐? 그렇지만 돈이 없는걸.)

前に行ったことがあるもの。(전에 간 적이 있는걸.)

これはぼくの一番大切なものですもの。

(이것은 나의 제일 중요한 것인걸요.)

だれだって知っているんですもの。(누구든지 알고 있는걸요.)

|||||||||||||||||| 연습문제 ||||||||||||||||||

A 다음의 動詞들이 「ない・う(よう)・ます・たい・て・た・でしょう・ば」에 연결될 때의 活用形을 말해 보시오.

1. あるく　　2. いう　　3. つかむ　　4. できる　　5. つかまえる

6. する　　7. 行く　　8. はしる　　9. わたる　　10. おちる

11. かつ　　12. のせる　　13. おろす　　14. のる　　15. のばす

16. とどく　　17. のぼる　　18. たすける　　19. やめる　　20. ある

B 次の韓国語を日本語に訳しなさい。

1. 아무리 불러도 대답을 하지 않습니다.　　　있겠지요.

2. 선생님도 인간인걸요, 틀리는 일도　　3. 외출하려고 하여 현관까지 나왔더

니 회사에 근무하고 있는 친구가 찾아왔읍니다.

4. 젊은 사람들이 산길을 척척 올라가

고 있읍니다.

5. 여러 가지로 비교를 해 보고 나서 이 사전을 사기로 했읍니다.

◁해답▷

A

활용형 기본형	種類	未然形 ―ない	未然形 ―う (よう)	連用形 ―ます ―たい	連用形 ―て ―た	終止形 ―でしょう	仮定形 ―ば
1. あるく	五段	あるか	あるこ	あるき	あるい	あるく	あるけ
2. いう	五段	いわ	いお	いい	いっ	いう	いえ
3. つかむ	五段	つかま	つかも	つかみ	つかん (でだ)	つかむ	つかめ
4. できる	上一段	でき	でき(よう)	でき	でき	できる	できれ
5. つかまえる	下一段	つかまえ	つかまえ(よう)	つかまえ	つかまえ	つかまえる	つかまえれ
6. する	変格	し	し(よう)	し	し	する	すれ
7. 行く	五段	行か	行こ	行き	行っ	行く	行け
8. はしる	五段	はしら	はしろ	はしり	はしっ	はしる	はしれ
9. わたる	五段	わたら	わたろ	わたり	わたっ	わたる	わたれ
10. おちる	上一段	おち	おち(よう)	おち	おち	おちる	おちれ
11. かつ	五段	かた	かと	かち	かっ	かつ	かて
12. のせる	下一段	のせ	のせ(よう)	のせ	のせ	のせる	のせれ
13. おろす	五段	おろさ	おろそ	おろし	おろし	おろす	おろせ
14. のる	五段	のら	のろ	のり	のっ	のる	のれ
15. のばす	五段	のばさ	のばそ	のばし	のばし	のばす	のばせ
16. とどく	五段	とどか	とどこ	とどき	とどい	とどく	とどけ
17. のぼる	五段	のぼら	のぼろ	のぼり	のぼっ	のぼる	のぼれ
18. たすける	下一段	たすけ	たすけ(よう)	たすけ	たすけ	たすける	たすけれ
19. やめる	下一段	やめ	やめ(よう)	やめ	やめ	やめる	やめれ
20. ある	五段	○	あろ	あり	あっ	ある	あれ

B

1. いくら呼んでも返事をしません。   **2.** 先生だって人間ですもの。 まちがうこともあるでしょう。圉「선생님도」…「先生も」라고 해도 되나, 強調의 느낌을 줄 경우에는 「も」보다는 「だって」를 쓴다고 보아야 할 것이다. 그러므로 「先生だって」라고 하는 것이 좋다.   **3.** でかけようとして, 玄関まで出て来たら, 会社につとめている

友達がたずねて来ました。　　**4.** 若い人たちが山道をどんどんのぼっています。

5. いろいろと比べてみてから，この字引を買うことにしたのです。☞「여러 가지로」…「いろいろと」와 같이 「と」를 붙이는 것이 좋다. 이 「と」는 副詞・의성어・의태어 등에 연결되어 連用修飾語의 役割을 한다.

第八課　買い物

I

　私は友だちにおくり物をしたいのですが，近所にいい店がないものですから，きのうの朝，地下鉄で銀座へ買い物に行きました。

　うちから五分ぐらい歩いて地下鉄の駅へ行くと，切符を売る窓口に人が二三人ならんでいました。私もそのうしろに立っていると，すぐに自分の番になりましたので，五千円さつを出して，「銀座一枚ください。」と言うと，駅員は「お気のどくさまですが，おつりがありません。」と答えたので「あ，こまかいのがあります。」と言って五百円を一つ出すと「大手町でおのりかえください。」と言いながら五百円を受け取って三百円のおつりと一しょにきっぷをくれました。

　私は改札口で切符にはさみを入れてもらって，プラットホームへ出ると，ホームにも人がならんでいましたので，一番人のすくない列に行ってならびました。

　まもなく電車がはいって来ましたが，ずいぶん込んでいて，なかなかこしかけられませんでした。しばらくつりかわにつかまっていると，ちょうど前にいた人が立ちましたので，やっとこしかけることができました。

　あたりを見回すと本や新聞を読んでいる人もいるし，目をつぶっている人や，つれの人と話している人もいます。

　窓の上の方にいろいろな広告が出ていたので，それを見ていましたが，乗り換えの駅に来たのでドアの方へ行って立っていると，電車がとまってドアがあきました。

　私はむこう側のホームに行って銀座行きに乗り，銀座駅に着いてホー

ムから出る時，切符をわたして外へ出ました。

II

　私はにぎやかな銀座通りを歩きながら，いろいろな店のショーウインドーを見ました。そしてある店へはいりました。

私　　　「靴下がほしいのですが，見せてくれませんか。」

店の人　「いらっしゃいませ。こちらにいろいろございます。どうぞごらんください。」

　店の人は靴下を何足も出して見せました。私はその中から一つえらんで聞きました。

私　　　「これは一足いくらですか。」

店の人　「それは三百二十円でございます。」

私　　　「ずいぶん高いですね。もっと安いのはありませんか。」

店の人　「そちらはアメリカ製ですから少しお高いのですが，こちらはずっとお安くて百八十円でございます。」

私　　　「もう少しちがった色のを見せてくださいませんか。」

店の人　「これはいかがですか。おねだんはあちらと同じでございます。」

私　　　「これは少し大きすぎます。この色でもう少し小さいのはありませんか。」

店の人　「その色でお小さいのはあいにく切らしておりますが……。」

　店の人は外のを出して私に見せながら，

店の人　「これはいかがでございますか。おねだんは百七十円ですが，色も大きさもちょうどよろしいのじゃないでしょうか。」

私　　　「そうですね。ではそれを三足ください。それからあの手袋はいくらですか。」

店の人　「七百円でございますが，もうそれだけしか残っておりません

ので，一割五分お引きして五百九十五円に致しておきます。」

私　　　「そうですか。それはなかなかよさそうですね。ではそれも頂

きましょう。」

店の人　「ありがとうございます。お包み致します。」

私　　　「これは贈り物ですから，別別にしてください。」

店の人　「かしこまりました。外に何か。」

私　　　「きょうはそれだけです。」

店の人　「そうでございますか。」

店の人は靴下と手袋の包みを私にわたしながら，

店の人　「お待たせいたしました。靴下が三足で五百十円，手袋が七百

円の一割五分引きの五百九十五円，合計千百五円ちょうだい致

します。」

私が五千円さつを渡すと三千八百九十五円のおつりと受取をくれました。

店の人　「毎度ありがとうございます。またどうぞ。」

私は「さようなら」と言ってその店を出ました。

漢字읽기——————

きんじょ　ちかてつ　ぎんざ　きっぷ　まどぐち　えきいん　おおてまち　うと　かいさつぐち
近所　地下鉄　銀座　切符　窓口　駅員　大手町　受け取る　改札口
れつ　こんで　みまわ　こうこく　のか　がわ　ぎんざどお　せい
列　込んで　見回す　広告　乗り換え　むこう側　銀座通り　アメリカ製
いちわりごぶ　いた　いただ　おくもの　べつべつ　ごうけい　わた　うけとり　まいど
一割五分　致し　頂き　贈り物　別別　合計　渡す　受取　毎度

제 8 과　물건사기

―

나는 친구에게 선물을 하고 싶은데, 근처에 좋은 상점이 없기 때문에, 어제 아침에 지하철로 긴자에 물건 사러 갔읍니다.

집에서 5분쯤 걸어서 지하철 역에 가니, 표를 파는 창구에 사람이 두 세명 줄서 있었읍니다. 나도 그 뒤에 서 있었더니 곧 내 차례가 되었으므로 5천엔 짜리 지폐를 내고 「긴자 한 장 주시오.」라고 하니, 역원은 「안됐읍니다만 거스름돈이 없읍니다.」고 대답했으므로 「아! 잔돈이 있읍니다.」고 말하고 5백엔을 하나 내자 「오테마치에서 갈아타십시오.」라고 말하면서 5백엔을 받고 3백엔의 거스름돈과 함께 표를 주었읍니다.

나는 개찰구에서 표를 개찰받고서 플랫폼에 나가니, 폼에도 사람이 줄 서 있었으므로 가장 사람이 적은 열에 가서 줄 섰읍니다.

이윽고 전차가 들어왔는데 사람이 퍽 많아서 좀처럼 앉을 수가 없었읍니다. 한참 동안 손잡이를 붙잡고 있었더니, 마침 앞에 있던 사람이 일어섰기 때문에 겨우 앉을 수가 있었읍니다.

주변을 둘러 보니 책이나 신문을 읽고 있는 사람도 있고, 눈을 감고 있는 사람이랑, 동행인과 이야기하고 있는 사람도 있읍니다.

창 위쪽에 여러 가지 광고가 나와 있어서 그것을 보고 있었는데, 갈아탈 역에 왔으므로 문 쪽으로 가서 서 있었더니 전차가 멈추어서 문이 열렸읍니다.

나는 맞은 쪽 폼에 가서 긴자행을 타고 긴자 역에 도착하여 폼에서 나올 때 표를 건네주고 밖으로 나왔읍니다.

二

나는 번화한 긴자 거리를 걸으면서 여러 가지 상점의 쇼윈도를 보았읍니다. 그리고 어떤 상점으로 들어갔읍니다.

나　「양말을 사고 싶은데, 보여 주지 않겠읍니까?」

점원　「어서 오십시오. 이쪽에 여러 가지 있읍니다. 어서 보십시오.」

점원은 양말을 몇 켤레나 꺼내서 보여 주었읍니다. 나는 그 중에서 하나 골라서 물었읍니다.

나　「이것은 한 켤레 얼마입니까?」

점원　「그것은 320엔입니다.」

나　「상당히 비싸군요. 더 싼 것은 없읍니까?

점원　「그것은 미국제이므로 좀 비쌉니다만, 이것은 훨씬 싸서 180엔입니다.」

나　「좀더 다른 색의 것을 보여 주시지 않겠읍니까?」

점원　「이것은 어떻습니까? 값은 저것과 같습니다.」

나　「이것은 좀 너무 큽니다. 이 색으로 좀더 작은 것은 없읍니까?」

점원　「그 색으로 작은 것은 공교롭게 품절입니다만….」

점원은 다른 것을 꺼내어 나에게 보여 주면서,

점원 「이것은 어떻습니까? 값은 170엔입니다만, 색도 크기도 꼭 알맞은 것이 아닐까요?」

나 「그렇군요. 그럼 그것을 세 켤레 주십시오. 그리고 저 장갑은 얼마입니까?」

점원 「700엔입니다만 이제 그것밖에 남아 있지 않으므로 1할 5푼 깎아서 595 엔으로 해 드리겠읍니다.」

나 「그렇습니까? 그것은 매우 좋을 것 같군요. 그러면 그것도 사겠읍니다.」

점원 「감사합니다. 싸 드리겠읍니다.」

나 「이것은 선물이니 따로따로 해 주십시오.」

점원 「말씀대로 하겠읍니다. 그밖에 또 뭔가.」

나 「오늘은 그것뿐입니다.」

점원 「그렇습니까?」

점원은 양말과 장갑을 싼 물건을 넘겨 주면서,

점원 「오래 기다리셨읍니다. 양말이 세 켤레로 510엔, 장갑이 7백엔을 1할 5 푼 할인한 595엔, 합계 1,105엔 받겠읍니다.」

내가 5천엔 짜리 지폐를 건네주자 3,895엔의 거스름돈과 영수증을 주었읍니다.

점원 「매번 감사합니다. 또 와 주십시오.」

나는 「안녕히 계십시오.」라고 말하고 그 상점을 나왔읍니다.

═낱═말═풀═이═

おく(贈)りもの(物) : 몡 선물

きんじょ(近所) : 몡 근처

じぶん(自分)のばん(番) : 자기 차례

き(気)のどく(毒)だ : 형동 가엾다, 폐를 끼쳐 미안스럽다

おつり : 몡 거스름돈

こま(細)かい : 형 잘다, 자세하다

こま(細)かいの : (여기서는) 잔돈

おおてまち(大手町) : 몡 東京에 있는 地名

の(乗)りか(換)える : 자하1 갈아타다

う(受)けと(取)る : 타5 받다

はさみをいれる : 차표를 찍다 (차표를 개찰〈검표〉하다)

まもなく : 부 이윽고, 멀지 않아

ずいぶん : 부 퍽, 매우

こ(込)む : 자5 붐비다, 혼잡하다

しばらく : 부 잠깐, 잠시

つりかわ : 몡 (전차나 버스 등에서 몸

을 가누기 위해 잡는) 가죽 손잡이

つかまる : [자5] 꽉 잡다, 붙잡다

やっと : [부] 겨우

あたり : [명] 부근, 주변

みまわ (見回)す : [타5] 둘러보다

つぶる : [타5] (눈을) 감다

つれ : [명] 동행인, 동반자

こうこく (広告) : [명] 광고

とまる : [자5] 멈추다

ぎんざゆ (銀座行)き : [명] 긴자행

わた (渡)す : [타5] 건네주다, 넘겨주다

にぎやかだ : [형동] 번화하다, 떠들썩하
　다

ぎんざどお (銀座通)り : [명] 긴자 거리

ございます : 있읍니다 (「あります」보다
　공손한 말)

えら (選)ぶ : [타5] 택하다

アメリカせい (製) : [명] 미국제

ちがったいろ : 다른 색

いかがですか : 어떻습니까

ねだん (値段) : [명] 값

おお (大)きすぎる : [자상1] 너무 크다

(「おおきい＋すぎる」의 꼴)

あいにく : [부] 공교롭게, 때마침

き (切)らす : [타5] 다 없애다

きらしております : 품절입니다

ぞん (存)じる : [타상1] ① 생각하다 (「思
　う」의 겸양어) ② 알다 (「知る」의 겸양
　어)

それだけしか : 그것 밖에 (「それしか」
　보다 강한 말)

おひきする : [타5] (값을) 깎다 (「ひく」
　의 겸양어)

よさそうですね : 좋을 것 같군요 (「よ
　い＋そうです＋ね」의 꼴)

おつつ (包) みいた (致) す : [타5] 싸다,
　포장하다 (「包む」의 겸양어)

べつべつ (別別)に : [부] 따로따로

つつ (包)み : [명] 싼 물건

おまたせいたしました : 오래 기다리셨
　읍니다 (상대방을 기다리게 해서 죄
　송하다는 뜻의 인사말)

うけとり (受取) : [명] 영수증

まいど (毎度) : [명] 매번, 번번이

╻╻╻╻╻╻ 한 자 풀 이 ╻╻╻╻╻╻

贈 { おくる : 贈(おく)る 선사하다
　　ゾウ : 贈与(ゾウヨ) 증여
　　ソウ : 寄贈(キソウ) 기증

地 { チ : 地下(チカ) 지하
　　ジ : 地面(ジメン) 지면

毒 { ドク : 毒薬(ドクヤク) 독약
　　　　　中毒(チュウドク) 중독

改 { あらためる : 改(あらた)める 고치
　　　　　다
　　あらたまる : 改(あらた)まる 고쳐
　　　　　지다
　　カイ : 改造(カイゾウ) 개조

込 { こむ : 込(こ)む 붐비다
　　こめる : 込(こ)める 집중시키다.

製 { セイ：製造(セイゾウ) 제조
        鉄製(テッセイ) 철제

値 { ね：値(ね) 값
      あたい：値(あたい) 값어치
      チ：価値(カチ) 가치

段 { ダン：段落(ダンラク) 단락
      手段(シュダン) 수단

計 { はかる：計(はか)る 재다
      はからう：計(はか)らう 조처하다
      ケイ：計算(ケイサン) 계산

| 해 설 |

■ **近所にいい店がないものですから**……근처에 좋은 상점이 없기 때문에

여기에 나온 「もの」는 形式名詞[1] 로서 「～ものだから 또는 ～ものですから」의 形으로 어떤 結果에 대한 原因이나 理由를 特히 強調하는 경우에 사용한다.

私が失礼なことを言ったものだから, あの人は帰ってしまった。

(내가 실례되는 말을 했기 때문에 그 사람은 돌아가 버렸다.)

急に寒くなったものですから, かぜをひいてしまいました。

(갑자기 추워졌기 때문에 감기가 들어 버렸습니다.)

時計がとまっていたものですから, おくれてきたのです。

(시계가 멈추어 있었기 때문에 늦게 왔습니다.)

■ **お気のどくさまですが**…안됐읍니다만, 미안합니다만

이 말은 상대의「뜻대로 해 드리지 못해서 미안하다」 또는 상대에게 「폐를 끼쳐서 미안하다」라고 말하는 경우에 쓴다.

「気の毒だ」는 「가엾다, 불쌍하다」의 뜻이다.

大変気のどくな生活をしています。(대단히 불쌍한 생활을 하고 있읍니다.)

気のどくにもとうとう父に死なれた。(불쌍하게도 결국 아버지가 죽었다.)

そんなことを言うのはあの人のために気のどくです。

(그런 말을 하는 것은 그 사람을 위해서 안됐읍니다.)

■ **おのりかえください。**…… 갈아타 주십시오

「お＋動詞의 連用形＋ください」로 形으로 「～해 주십시오」의 뜻이며「動詞의 連用形＋て＋ください」 하고 같은 뜻이나 이 形보다 공손한 말로 쓰인다.

お待ちください。(기다려 주십시오.)

お受け取りください。(받아 주십시오.)

お寄りください。(들러 주십시오.)

■ **つりかわにつかまる**……손잡이를 잡다

---

[1] 形式名詞란 名詞 중에서 実質的인 뜻을 가지고 있지 않기 때문에 그 뜻을 補充하는 語句가 항상 위에 없으면 使用할 수 없는 名詞를 말한다. 例：こと, ため, つもり, はず, ところ 등

「～을 잡다」는 「～につかまる」라고 하는 것에 注意할 것.

　　つりかわがないから, 私につかまりなさい.

　　（손잡이가 없으니 나를 잡으시오.）

■ ～もいるし～も 「～도 있고～도」의 뜻으로 상황을 열거할 때 쓰인다.
　　雨も降るし風も吹く。(비도 오고 바람도 분다.)

　　けしきもいいし, たべものもうまいし。(경치도 좋고 음식도 맛있고.)

■ ～行き……「～행, ～에 가는」의 뜻으로 「地名＋行き」의 形으로 쓴다.
　　釜山行きの汽車(부산행 기차)

　　どこ行きのバスですか。(어디로 가는 버스입니까?)

　　金浦行きです。(김포에 갑니다.)

■ ～通り……「～거리」의 뜻으로 「地名＋通り」의 形으로 쓴다.
　　銀座通り (긴자 거리)　　　　　　　明洞通り (명동 거리)

■ 「なか(中)」의 여러 가지 뜻
　　① 家のなかが見える。(집 안이 보인다.)

　　はこのなか。(상자 속.)

　　バッグのなかに入れる。(백 속에 넣다.)
　　会社のなかの事情にくわしい人。(회사 내부 사정에 밝은 사람.)

　　② なかほど。(중간 정도.)

　　なかをとる。(중간을 취하다.)

　　なかに立つ。(중간에 서다.)

　　③ 女をなかにして。(여자를 한가운데 두고.)

　　なかの指。(가운뎃 손가락.)

　　なかの兄。(중형.)

　　④ クラスのなかで一番できる。(클라스 안에서 제일 잘한다.)

　　大ぜいのなか。(많은 사람 가운데.)
　　男のなかの男。(사나이 중의 사나이.)

　　⑤ あらしのなかを行く。(폭풍 속을 가다.)

　　雨のなかを歩く。(빗 속을 걷다.)
　　吹雪のなかをやっと生還した。(눈보라 속에서 간신히 살아 돌아왔다.)

■ 大きすぎます ……너무 큽니다.
　　「～すぎる」의 形으로 「너무～하다, 지나치게～하다」의 뜻을 나타낸다.
　　①「形容詞의 語幹＋すぎる」
　　強すぎる (너무 강하다)

軽<ruby>かる</ruby>すぎる (너무 가볍다)

忙<ruby>いそが</ruby>しすぎる (너무 바쁘다)

②「形容動詞의 語幹＋すぎる」

にぎやかすぎる (너무 번화하다)

上手<ruby>じょうず</ruby>すぎる (너무 능숙하다)

丈夫<ruby>じょうぶ</ruby>すぎる (너무 튼튼하다)

③「動詞의 連用形＋すぎる」

飲<ruby>の</ruby>みすぎる (너무 마시다, 과음하다)

言<ruby>い</ruby>いすぎる (말이 지나치다, 과언하다)

■ **それだけしか**……「그것 밖에」의 뜻. 「～だけしか」의 形으로「～しか」를 强調한 말로서 否定이 뒤따른다.

日本語は日本でだけしか使<ruby>つか</ruby>われないことばです。

(일본어는 일본에서밖에 사용되지 않는 말입니다.)

■ **～そうだ (助動詞)**

「そうだ」는「그러한 모양이다, 그렇게 될 모양이다」라는 뜻을 가진다.

즉,「～일 것 같다, ～일 듯하다」의 뜻이다.

「そうだ」는 다음과 같은 말에 연결된다.

①動詞 및 動詞의 活用과 같은 助動詞의 連用形에

降<ruby>ふ</ruby>る ⟶ 降りそうだ (내릴 것 같다)

できる ⟶ できそうだ (할 수 있을 것 같다)

負<ruby>ま</ruby>ける ⟶ 負けそうだ (질 것 같다)

ほめられる ⟶ ほめられそうだ (칭찬 받을 것 같다)

②形容詞, 形容動詞 및 形容詞의 活用과 같은 助動詞의 語幹에

おもしろい ⟶ おもしろそうだ (재미있을 것 같다)

重<ruby>おも</ruby>い ⟶ 重そうだ (무거울 것 같다)

元気<ruby>げんき</ruby>だ ⟶ 元気そうだ (건강한 듯하다)

便利<ruby>べんり</ruby>だ ⟶ 便利そうだ (편리할 것 같다)

行<ruby>い</ruby>きたい ⟶ 行きたそうだ (가고 싶은 모양이다)

단,「ない」와「よい」는 語幹에「さ」를 붙여「そうだ」를 연결시킨다.

よい⟶ よさそうだ (좋을 것 같다)

ない⟶ なさそうだ (없을 것 같다)

※用 例

来年は日本へ行けそうです。

(내년에는 일본에 갈 수 있을 것 같습니다.)

ここには何もなさそうです。

(여기에는 아무것도 없을 것 같습니다.)

あの子供は強そうに見えます。

(저 어린이는 강할 것같이 보입니다.)

負けそうになったら, かわってあげます。

(지게 될 것 같으면 교대해 드리겠읍니다.)

妹さんが怒りそうな顔をしました。

(누이동생이 성낼 듯한 얼굴을 했읍니다.)

頭がよさそうな人だ。

(두뇌가 좋을 듯한 사람이다.)

雨が降りそうなら, 行くのをやめます。

(비가 올 것 같으면 가는 것을 그만두겠읍니다.)

③「～そうだ」의 否定은「～そうではない」라고 하지 않고「～そうもない」,「～そうにない」또는「～そうにもない」라고 한다.

ここにはありそうもない。

(여기에는 있을 것 같지도 않다.)

まだ生まれそうにありません。

(아직 태어날 것 같지 않습니다.)

あなたには勝ってそうにもありません。

(당신에게는 이길 것 같지도 않습니다.)

④「用言의 終止形＋そうだ(伝聞의 助動詞)」하고 틀리기 쉬우므로, 정확히 区分할 수 있도록 할 것.

帰れるそうです。(돌아갈 수 있답니다.)

帰れそうです。(돌아갈 수 있을 것 같습니다.)

忙しいそうです。(바쁘답니다.)

忙しそうです。(바쁠 것 같습니다.)

きれいだそうです。(깨끗하답니다. 예쁘답니다.)

きれいそうです。(깨끗할 것 같습니다. 예쁠 것 같습니다.)

■「どうぞ」의 여러 가지 뜻

① どうぞお受け取りください。(부디 받아주십시오.)

どうぞよろしく。(아무쪼록 잘 부탁합니다.)

② どうぞ合格しますように。(어떻게든 합격하도록.)

どうぞして全快させたい。(어떻게든 해서 완쾌시키고 싶다.)

③ どうぞこれをお使いください。(이것을 사용해도 좋습니다.)

さあどうぞ。(어서 그렇게 하십시오.)

############# 연습문제 #############

Ⓐ 次の韓国語を日本語に訳しなさい。

1. 아침에 당신이 학교에 올 때 버스에 사람이 많았읍니까?

2. 아니오, 그다지 혼잡하지 않았어요. 꽤 비어 있었읍니다.

3. 사전을 갖고 있지 않았었기 때문에 친구에게서 빌어 보지 않으면 안 되었읍니다.

4. 약국 앞에서 한참 기다리고 있었더니 겨우 한 대의 택시가 왔읍니다.

5. 대학 병원에 가려면 어디서 내립니까?

Ⓑ 次のことばを使って文章を作ってごらんなさい。

1. ずいぶん

2. ちょうど

3. やっと

4. しばらく

5. あいにく

6. なかなか

7. 別別に

◁解答▷

Ⓐ

1. 朝あなたが学校へ来る時, バスに人が込んでいましたか。㉺ 버스에 사람이 많았읍니까?…「버스에 사람이 붐볐읍니까?」의 뜻이므로 「バスに人が沢山いましたか。」가 아니고 「バスがこんでいましたか。」 또는 「バスに人がこんでいましたか。」라고 해야 한다.   2. いいえ, あまり込んでいませんでした。かなりすいていました。㉺ 혼잡하다(込む)의 反対語는 비어 있다(すく)이다.   3. 字引を持っていなかったので, 友達に借りてみなければなりませんでした。   4. 薬屋の前でしばらく待っていたら, やっと一台のタクシーが来ました。㉺ 기다리고 있었더니…「待っていたら」 또는 「待っていると」 어느 쪽이든 무방하다.   5. 大学病院へ行くのには, どこでおりるのですか。㉺ 가려면…「가기 위해서는」이라는 뜻이므로 「行くのには」라고 한다. 「行くためには(가기 위해서는)」 또는 「行こうとしたら(가려고 하면)」이라고 해도 된다. 물건을 사려면…買い物をするのには, 책을 읽으려면…本を読むのには, 사전을 찾으려면…字引を引くには와 같이 「の」를 생략해서 쓰기도 한다.

Ⓑ

1. このごろずいぶん寒くなりましたね。(요사이 상당히 추워졌군요.)   2. ちょうどでかけようとした時, 彼がたずねてきました。(마침 나가려고 했을 때 그가 찾아왔읍니다.)   3. 3時間もかかってやっと宿題ができました。(3시간이나

걸려서 겨우 숙제를 다 했읍니다.)　　**4.** この問題はしばらく置いて置きましょう。
(이 문제는 당분간 제쳐둡시다.)　　**5.** あいにく雨が降ったので，どこへも出かけ
ませんでした。(공교롭게 비가 왔기 때문에 어디에도 나가지 않았읍니다.)　　**6.**
この本はなかなかおもしろいです。(이 책은 매우 재미있읍니다.)　　**7.** 今度だけ
は**別別**にさがしましょう。(이번만은 따로따로 찾읍시다.)

第九課　生 き 物

　生き物にはけものや鳥や虫などがあります。人間も勿論生き物です。こういうものはみな動物といいますが，普通の話で動物という時には牛や馬などのけものをさします。

　牛や馬は荷物を運んだり田やはたけの仕事を手つだったりしますから，人間にとって非常に役に立つ動物です。また牛乳は子供や病人が飲むばかりでなく，紅茶やコーヒーに入れたり，バターやチーズをこしらえたりします。

　ある動物は生きている時ばかりでなく，死んでからも人間の役に立ちます。皮はいろいろな物を作るのに使うし，肉は食べ物になります。普通食べるのは牛やぶたや羊の肉ですが，にわとりやさかなもたくさん食べます。

　ことに日本ではさかなをたくさん食べます。牛肉，ぶた肉，鳥の肉などを食べる人も勿論多いですが，肉を少しも食べない人もあります。

　動物の毛は織物を作るのに使います。ことに羊の毛は一番たくさん使われます。

　動物の中には人間に役に立たないばかりでなく，人間に害をするものもあります。ねずみは家具や道具をかじったり，野菜を食べたりします。また時々こわい病気をうつしたりします。

　虫にもいろいろあります。はえや，のみや，蚊のように人間に害をするのもあれば，人間に役に立つのもあります。

　はえはうるさい虫です。顔でも，手でも，どこでもかまわずにとまって，追っても追ってもまた来てとまります。はえはまたきたない虫です。ごみためにも便所にも平気でとまります。

蚊もいやな虫です。人の体をさして血を吸います。蚊にさされると，
かゆくてたまりません。

漢字읽기 ────────────

生き物 獣 鳥 虫 人間 勿論 動物 普通 牛 馬 荷物 運ぶ 田 畑
仕事 手伝う 非常に 役立つ 牛乳 病人 紅茶 皮 作る 使う 肉 豚
羊 鶏 牛肉 多い 毛 織物 害 家具 道具 野菜 蚊 追う 便所
平気 刺す 血 吸う

제 9 과   생물

생물에는 짐승이나 새나 곤충 따위가 있읍니다. 인간도 물론 생물입니다. 이러
한 것은 모두 동물이라고 하는데, 보통말로 동물이라고 할 때에는 소나 말 등의
짐승을 가리킵니다.

소나 말은 짐을 나르기도 하고 논이나 밭일을 거들기도 하므로 인간에게 대단
히 도움이 되는 동물입니다. 또, 우유는 어린이나 환자가 마실 뿐 아니라, 홍차
나 커피에 넣기도 하고 버터나 치즈를 만들기도 합니다.

어떤 동물은 살아 있을 때 뿐 아니라 죽고 나서도 인간에게 도움이 됩니다. 가
죽은 여러 가지 물건을 만드는 데 사용하고, 고기는 음식이 됩니다. 보통 먹는 것
은 소나 돼지나 양고기인데, 닭이나 물고기도 많이 먹습니다.

특히 일본에서는 물고기를 많이 먹습니다. 쇠고기, 돼지고기, 닭고기 등을 먹
는 사람도 물론 많습니다만, 고기를 조금도 먹지 않는 사람도 있습니다.

동물의 털은 직물을 만드는 데 사용합니다. 특히 양털은 가장 많이 사용됩니다.

동물 중에는 인간에게 도움이 되지 않을 뿐 아니라 인간에게 해를 끼치는 것도
있읍니다. 쥐는 가구나 도구를 갉기도 하고 야채를 먹기도 합니다. 또, 때때로
무서운 병을 옮기기도 합니다.

곤충에도 여러 가지 있읍니다. 파리나 벼룩이나 모기와 같이 인간에게 해를 끼
치는 것도 있으며, 인간에게 도움이 되는 것도 있읍니다.

파리는 귀찮은 곤충입니다. 얼굴이건 손이건 어디든지 상관하지 않고 앉아서
쫓아도 쫓아도 또 와서 앉습니다. 파리는 또 더러운 곤충입니다.   쓰레기통에도
변소에도 개의치 않고 앉습니다.

모기도 불쾌한 곤충입니다. 사람의 몸을 찔러서 피를 빱니다. 모기에게 물리면 가려워서 견디지 못합니다.

═【낱】═【말】═【풀】═【이】═

い(生)きもの(物) : 명 살아 있는 것, 생물

けもの(獣) : 명 짐승

こういうもの : 이러한 것 (「こう+いう +もの」의 꼴)

はこ(運)ぶ : 타5 운반하다, 나르다

た(田) : 명 논

はたけ(畑) : 명 밭

てつだう : 타5 거들다, 돕다

~にとって : 연어 ~에게 있어서, ~의 입장에서 볼 때에 예 学生にとって 勉強は大事です. (학생에게 있어서 공부는 중요합니다.)

ひじょう(非常)に : 부 대단히

やく(役)にた(立)つ : 도움이 되다, 유용하다 (「役」+助詞「に」+「立つ」 의 꼴)

コーヒー : 명 커피

い(生)きる : 자상1 살다

かわ(皮) : 명 가죽

ぶた(豚) : 명 돼지

ひつじ(羊) : 명 양

にわとり : 명 닭

ことに : 부 특히

とり(鳥)のにく(肉) : 명 닭고기

け(毛) : 명 털

がい(害)をする : 해치다, 해를 주다

かじる : 타5 갉다

こわい : 형 무섭다

うつ(移)す : 타5 옮기다, 전염시키다

はえ : 명 파리

のみ : 명 벼룩

か(蚊) : 명 모기

うるさい : 형 귀찮다, 시끄럽다

かまわずに : 상관치 않고 (「かまう (상 관하다)」+助動詞「ず」+助詞「に」의 꼴)

お(追)う : 타5 쫓다

きたない : 형 더럽다

ごみため : 명 쓰레기통

いやだ : 형동 싫다, 기분 나쁘다

さ(刺)す : 타5 찌르다, 쏘다

ち(血) : 명 피

す(吸)う : 타5 빨다

かゆい : 형 가렵다

たまらない : 형 견디지 못하다

⑪【한】⑪【자】⑪【풀】⑪【이】⑪

勿 { なかれ : 勿(なか)れ 말라
モチ : 勿論(モチロン) 물론 }

論 { ロン : 論理(ロンリ) 논리
議論(ギロン) 의논 }

畑 { はた : 畑(はた) 밭
はたけ : 畑(はたけ) 밭 }

羊 { ひつじ : 羊(ひつじ) 양
ヨウ : 羊毛(ヨウモウ) 양모 }

鶏 { にわとり：鶏(にわとり) 닭
　　 ケイ：鶏卵(ケイラン) 달걀

毛 { け：毛(け) 털
　　 モウ：毛髪(モウハツ) 모발

織 { おる：織(お)る 짜다
　　 ショク：染織(センショク) 염직
　　 シキ：組織(ソシキ) 조직

害 { ガイ：害(ガイ) 해
　　 　　被害(ヒガイ) 피해

蚊 { か：蚊(か) 모기
　　 　　蚊柱(かばしら) 모기떼

刺 { さす：刺(さ)す 찌르다
　　 ささる：刺(さ)さる 찔리다
　　 シ：刺激(シゲキ) 자극

血 { ち：血(ち) 피
　　 ケツ：血液(ケツエキ) 혈액

吸 { すう：吸(す)う 빨다
　　 キュウ：吸収(キュウシュウ) 흡수

해 설

■ こういうもの……「이러한 것」이라는 뜻으로 「いう」가 「こう, そう, ああ, ど
う」에 연결되어 連体形으로 쓰여지면 「いう」 자체는 실질적인 내용을 가지고 있
지 않고, 「こういう(이러한), そういう(그러한), ああいう(저러한), どういう
(어떠한)」라는 뜻이 되며, 일반적으로 앞에서 한 번 진술된 사항을 다시 가리켜
말할 때에 이것들을 사용하는 것이 보통이다.

　　食べ物にはりんご, なし, かきなどもあります。こういうものをくだもの
　　といいます。

　　(먹는 것에는 사과・배・감 등도 있습니다. 이러한 것을 과일이라고 합
　　니다.)

　　いぬ・ねこ・さる, こういう動物は大変人になれやすいです。

　　(개・고양이・원숭이, 이러한 동물은 대단히 사람과 친해지기 쉽습니다.)

■ ～にとって(連語)[1] ……「～의 입장에서 볼 때에, ～에게」란 뜻으로 助詞처럼
쓰인 말이다.

　　私にとってそのラジオは大事なものです。

　　(나에게 있어 그 라디오는 소중한 것입니다.)

　　子供の教育にとって一番大切なことは何だろう。

　　(어린이 교육의 입장에서 볼 때에 가장 중요한 것은 무엇일까?)

　　それは私にとって興味のある問題です。

　　(그것은 나에게 흥미 있는 문제입니다.)

■ ～ば(助詞)……「人間に害をするのもあれば, 人間に役に立つのもある」에서의 助

---

1) 連語란 두 개 이상의 単語가 結合하여 하나의 단어가 된 것을 가리킨다.

詞「ば」는 仮定条件을 나타내는 助詞가 아니고 共存하는 事実을 列挙하는 뜻을 나타낸다. 助詞「し」와 거의 같은 뜻을 나타낸다. 우리말의「〜고, 〜거니와」 등에 해당된다.

「ば」가 열거의 뜻을 나타낼 때에는 그 基本文型이「〜も 〜ば, 〜も〜。」의 形이 된다.

　　私は先生でもなければ, 学生でもない。

　　(나는 선생도 아니고 학생도 아니다.)

　　金もなければ, 死にたくもない。

　　(돈도 없거니와 죽고 싶지도 않다.)

　　あの人は酒も飲めば, 甘いものも食べるんです。

　　(저 사람은 술도 마시고 단 것도 먹습니다.)

■「〜ても〜ても」의 形으로「〜하여도 〜하여도」, 즉 「자꾸 〜하여도」의 뜻을 나타낸다.

　　追っても追ってもまた来てとまります。

　　(자꾸 쫓아도 다시 와서 앉습니다.)

　　行っても行っても見えるのは広い海だけです。

　　(가도가도 보이는 것은 넓은 바다뿐입니다.)

　　働いても働いても生活は楽になりません。

　　(아무리 일해도 생활은 편해지지 않습니다.)

■たまらない……「견딜 수 없다」의 뜻으로 否定으로만 쓰이며 공손하게 말할 때에는「たまりません」이라고 한다.

「形容詞의 語幹＋て＋たまらない」또는「形容動詞의 語幹＋で＋たまらない」의 形으로 많이 使用한다.

　　部屋にはストーブがないから, 寒くてたまらない。

　　(방에는 스토브가 없기 때문에 추워서 견딜 수 없다.)

　　頭がいたくてたまりません。

　　(머리가 아파서 견딜 수 없습니다.)

　　みんなの前で歌を歌うのが, いやでたまらなかった。

　　(여럿 앞에서 노래를 부르는 것이 싫어서 견딜 수 없었다.)

　　母の病気が心配でたまりません。

　　(어머님 병환이 걱정되어 견딜 수 없습니다.)

‖‖‖‖‖‖‖‖‖‖‖‖ 연습문제 ‖‖‖‖‖‖‖‖‖‖‖‖

Ⓐ 次の韓国語を日本語に訳しなさい。

1. 이 사전은 대단히 유용할 뿐 아니라 값도 쌉니다.

2. 나는 술도 안 마시고, 담배도 안 피웁니다.

3. 보통 이야기할 때 外国人이라고 할 때에는 西洋사람을 가리킵니다.

4. 動物의 가죽은 여러 가지 물건을 만드는 데 使用됩니다.

5. 江물이 깊은 곳도 있으며 얕은 곳도 있다.

Ⓑ 次のことばを使って文章を作ってごらんなさい。

1. ……にとって

2. ……ばかりでなく

3. ことに

4. かまわずに

5. 平気

◁해답▷

Ⓐ
1. この字引は非常に役に立つばかりでなく，値段も安いです。　2. 私は酒も飲まなければ，たばこも吸いません。　3. 普通の話で外国人といえば西洋人をさします。㊎ 보통 이야기할 때…普通話す時라고 해도 되나, 普通の話로라고 하는 것이 좋다. 외국인이라고 할 때에는…外国人という時에는라고 해도 되나,「외국인이라고 한다면」이라는 뜻으로 받아들여「外国人といえば」라고도 할 수 있다.　4. 動物の皮はいろいろなものを作るのに使われます。㊎ 만드는 데…「만들기 위해서」란 뜻이므로「作るのに」와 같이 助詞「のに」를 써야 한다. 글을 쓰는 데 필요하다…字を書くのに必要だ。　5. 川は深いところもあれば，浅いところもある。㊎ 강물…「川の水」라고 할 필요는 없다.「川は深いところもあるし，浅いところもある。」와 같이 助詞「ば」를 쓰지 않고 助詞「し」를 쓸 수도 있다.

Ⓑ
1. これは彼にとってはむずかしすぎると思います。(이것은 그에게는 너무 어렵다고 생각합니다.)　2. この花は美しいばかりでなく，かおりも大変いいです。(이 꽃은 아름다울 뿐 아니라 향기도 대단히 좋습니다.)　3. 外国語はほとんどできます。ことに日本語は一番上手です。(외국어는 거의 합니다. 특히 일본어는 가장 잘합니다.)　4. ここのことはかまわずに，どうぞお帰りください。(여기 일은 상관치 말고 어서 돌아가 주십시오.)　5. 何を言われても平気なんです。(무슨 말을 들어도 아무렇지도 않습니다.)

第十課　送別会

　三月下旬の卒業式が近づくと，それぞれの学科で卒業生を送る会が行なわれ始める。各学科ばかりでなく，学内の各文化部や運動部でも，後輩即ち在学生が母校を巣立って行く先輩を送り出すと言う意味で，送別会をしてくれる。星島さんの属している柔道部では，卒業式の終わった日の夕方，在学生一同が料理屋の二階で卒業生のために送別会を開くことになり，星島さんがその幹事をつとめることになった。

　星島「この度めでたく御卒業なさいました方々のために，ただ今から私ども一同でささやかな送別会を開かせていただこうと存じ，一言御あいさつを申し上げます。まず，卒業された方々，まことにおめでとうございます。御在学中は至らない私どもにいろいろと御指導下さいまして，心から感謝いたしております。今回は，長い間部長をつとめられた玉井さんなど十数名の方々が大学を去られることになり，あとに残る私ども一同大変さびしく思っております。しかし，みなさまの御在学中にお教え下さった数々の御教訓を忘れずに，練習にはげむつもりでおりますから，なにとぞ，その点は御安心なさって下さい。では，すき焼やお酒の用意もできたようですから，私のあいさつはこのあたりで終わりたいと存じますが，卒業された方にも，何か一言話していただけましたら，………。」

　玉井「では，ぼくがみんなに代わって一言あいさつしよう。さて，本日はぼくたちの卒業を祝って，わざわざ追い出しコンパを開いてくれ，また，星島君からも，丁寧なお祝いの言葉をもらって，どうもありがとう。われわれ一同光栄に思う。ただわれわれは，在学中君たちと共に，合宿したり，試合に出たりはしたけれども，何も指導らしいことはし

てやれずに，今恥ずかしく思っている。われわれは，社会に出た後それ
ぞれの道を進むことになるので，もうこれからは，柔道の稽古をする機
会もあまりないと思う。しかし，君たちといっしょに過ごした道場は，
今日のこの追い出しコンパと共に，一生忘れることはないだろう。どう
か君たち，われわれの出た後も，同じようにがんばってくれ。」

　割れるような拍手が沸き起こり，おいしそうにすき焼をつつきながら，
雑談が始まる。送る者も送られる者も，思い出はなかなか尽きない。

　「つい，この間，入学式があったような気がするが，もう卒業してし
まったのか。全く夢のように過ぎた四年間だったよ。ぼくは入学した当
時，このあたりの方言が分からなくて困ったね。」

　「先輩もやはりお困りになりましたか。実は私も，去年入学した頃は，
町の人たちの使う東北弁には困らされましたよ。私は九州から参りまし
たから……。」

　「君は，たしかあの頃，習い始めたばかりのドイツ語の教科書や辞書に，
メッチェンが中性と書いてあって驚いていたね。」

　「そんな昔のことを，いつまでも覚えていらっしゃっては，恥ずかしく
なってしまいますよ。」

　それぞれ互いに杯を交し，語り合い，時の経つのも知らない。夜も更
けた頃，幹事の星島さんが立ち上がって言った。

　星島「みなさん，まだ楽しく話していらっしゃる様子ですが，もうか
なり遅くなりましたので，このあたりで一応，今日の送別会は終わるこ
とにいたしましょう。玉井さん，音頭を取って下さいませんか。」

　「よし……。」と立ち上がって，玉井さんが音頭を取った。

　　　明日別れ行く旅人の
　　　春の夕べの宴かな
　　　………………………

＊　　＊　　＊

　こうして卒業生たちは大学を巣立ち，全国に散って行った。学園の森，
時計台，図書館，記念祭 ── 数々の青春の思い出をこの町に残しなが
ら……。

漢字읽기─────────

送別会　下旬　学科　行なう　各学科　学内　各文化部　運動部

後輩　即ち　在学生　母校　巣立つ　先輩　星島　属する　柔道部

一同　開く　幹事　度　一言　至らない　指導　感謝　今回　部長

玉井　十数名　去る　数々　教訓　点　安心　すき焼　用意　本日

祝う　追い出し　光栄　共に　合宿　試合　恥ずかしい　稽古　機会

過ごす　道場　一生　割れる　拍手　沸き起こる　雑談　思い出

尽きる　入学式　全く　夢　過ぎる　当時　方言　東北弁　九州

教科書　中性　互い　杯　交す　語り合う　更ける　楽しい　一応

音頭　別れ行く　旅人　宴　全国　散る　学園　時計台　記念祭

青春

제10과　송별회

　3월 하순의 졸업식이 가까와지면 각각의 학과에서 졸업생을 보내는 모임이
행하여지기 시작한다. 각 학과만이 아니고 학내의 각 문화부랑 운동부에서도 후
배 즉 재학생이 모교를 떠나가는 선배를 내보낸다는 뜻으로 송별회를 해 준다.
호시지마 씨가 속하고 있는 유도부에서는 졸업식이 끝난 날의 저녁에 재학생 일
동이 요리점의 이층에서 졸업생을 위하여 송별회를 열기로 되어 호시지마 씨가
그 간사를 맡기로 되었다.

　호시지마「이번에 경사스럽게 졸업하신 분들을 위하여 지금부터 우리들 일동이 변
변치 못한 송별회를 열게되어 한 마디 인사말씀 드립니다. 우선 졸업하신 분들,
진심으로 축하합니다. 재학중에는 미흡한 우리들에게 여러 가지로 지도해 주셔서
마음으로부터 감사하고 있읍니다. 이번에는 오랫동안 부장을 맡으셨던 다마이
씨 등십 여명의 분들이 대학을 떠나시게 되어 뒤에 남은 우리들 일동은 대단히 쓸
쓸히 생각하고 있읍니다. 그러나 여러분이 재학 중에 가르쳐 주신 여러 교훈을
잊지않고, 연습에 힘 쓸 생각으로 있으므로 부디 그 점은 안심해 주십시오. 그러

면 전골이랑 술의 준비도 된 것 같으므로 저의 인사는 이 정도로 끝마치려고 생각합니다만 졸업하신 분도 뭔가 한 말씀 해 주셨으면….」

　다마이 「그럼, 내가 모두를 대신해서 한 마디 인사하겠다. 그런데, 오늘은 우리들의 졸업을 축하하여 일부러 졸업생 환송회를 열어 주고, 또 호시지마 군으로부터도 정중한 축하 인사를 받아 대단히 고맙다. 우리들 일동은 영광으로 생각한다. 다만, 우리들은 재학 중에 너희들과 함께 합숙하기도 하고 시합에 나가기도 했지만, 아무것도 지도다운 지도는 해 주지 못하여 지금 부끄럽게 생각하고 있다. 우리들은 사회에 나간 후,　각각의 길을 나아가게 되므로 이제 앞으로는 유도의 연습을 할 기회도 그다지 없다고 생각한다.　그러나 너희들과 함께 보낸 도장은 오늘의 이 졸업생 환송회와 더불어 일생 잊는 일은 없을 것이다. 부디 너희들, 우리들이 나간 후에도 마찬가지로 분발해 달라.」

　떠나갈듯 요란한 박수가 터져 나오고 맛있게 전골을 먹으면서 잡담이 시작된다. 보내는 자나 보내지는 자나 추억은 좀처럼 끝나지 않는다.

　「바로 요전날 입학식이 있었던 것 같은 느낌이 드는데, 벌써 졸업해 버렸구나. 참으로 꿈처럼 지난　4 년간이었어. 나는 입학할 당시 이 부근의 방언을 몰라서 곤란했어.」

　「선배도 역시 곤란하셨읍니까? 실은 저도 작년에 입학했을 무렵에는 마을　사람들이 사용하는 도호쿠 말에는 곤란을 당했어요. 저는 규슈에서 왔으므로….」

　「자네는 분명히 그 무렵 막 배우기 시작한 독일어의 교과서나 사전에 메첸이 중성이라고 씌어 있어 놀라고 있었지.」

　「그런 옛날 일을 언제까지나 기억하고 계시면 부끄러워지고 맙니다.」

　각각 서로가 술잔을 주고 받고, 서로 이야기하고, 시간이 흐르는 것도 모른다. 밤도 이슥해질 무렵, 간사인 호시지마 씨가 일어서서 말했다.

　호시지마 「여러분, 아직 즐겁게 말씀하시고 계신 모양인데 벌써 꽤 늦어졌으므로 이 정도로 일단 오늘의 송별회는 끝마치기로 합시다. 다마이 씨, 선창을 해 주시지 않겠읍니까.」

　「좋아…」 하고 일어서서 다마이 씨가 선창을 했다.

　　　　내일 헤어져가는 여행인의
　　　　봄날 저녁 모임의 연회인가 !
　　　　………………………………

　　　　　　*　　　　　*　　　　　*

이래서 졸업생들은 대학을 떠나 전국에 흩어져 갔다.　학원의 숲, 시계탑, 도서
관, 기념제 ── 수 많은 청춘의 추억을 이 마을에 남기면서……．

═날═말═풀═이═

そうべつかい (送別会) : 명 송별회

げじゅん (下旬) : 명 하순

ちか (近)づく : 자5 가까이 오다

それぞれ : 부 각각

がっか (学科) : 명 학과

かい (会) : 명 모임

おこ (行)なう : 타5 행하다

かく (各)～ : 접두 각～

かくがっか (各学科) : 명 각 학과

がくない (学内) : 명 학내

ぶんかぶ (文化部) : 명 문화부

こうはい (後輩) : 명 후배

すなわ (即)ち : 접 즉

ざいがくせい (在学生) : 명 재학생

ぼこう (母校) : 명 모교

すだ (巣立)つ : 자5 보금자리를 떠나다

せんぱい (先輩) : 명 선배

おく (送)りだ (出)す : 타5 내보내다,
배웅하다

ぞく (属)する : 자변 속하다

じゅうどう (柔道) : 명 유도

いちどう (一同) : 명 일동

ひら (開)く : 자5 열리다. 타5 열다.

かんじ (幹事) : 명 간사

つとめる : 타하1 (임무를) 맡다

たび (度) : 명 번, 때

めでたい : 형 순조롭다, 경사스럽다

かたがた (方々) : 명 분들, 여러분들

ただいま : 부 방금, (바로) 지금

～ども : 접미 ～들 예 わたしども : 우
리들

ささやかだ : 형동 변변치 못하다, 사
소하다

ぞん (存)じる : 타상1 ① 생각하다 (「思
う」의 겸양어)　② 알다 (「知る」의 겸
양어)

ひとこと (一言) : 명 한 마디 말

あいさつ : 명 인사

もう (申)しあ (上)げる : 타하1 말씀드
리다 (「言う」의 겸양어)

まず : 부 우선

そつぎょう (卒業)される : 졸업하시다
(「卒業する」+존경의 助動詞 「れる」
의 꼴)

まことに : 부 참말로

ざいがくちゅう (在学中) : 명 재학 중

いた (至)らない : 형 미흡하다

いろいろと : 부 여러 가지로

しどう (指導) : 명 지도

こころ (心) : 명 마음

かんしゃ (感謝) : 명 감사

こんかい (今回) : 명 이번

ぶちょう (部長) : 명 부장

つとめられる : (임무를) 맡으시다 (「つ
とめる」+존경의 助動詞 「られる」의
꼴)

じゅうすうめい (十数名)：명 십여 명

さ (去)る：자5 떠나다

さびしい：형 쓸쓸하다

みなさま：명 여러분

かずかず (数々)：명 다수, 여러 가지

きょうくん (教訓)：명 교훈

はげ (励)む：자5 힘쓰다

なにとぞ：부 부디, 제발

てん (点)：명 점

あんしん (安心)：명 안심

すきやき (焼)：명 전골의 일종

ようい (用意)：명 준비

あたり：명 정도

か (代)わる：자5 대신하다

さて：접 그런데(화제를 옮길 때 씀)

ほんじつ (本日)：명 오늘

いわ (祝)う：타5 축하하다

わざわざ：부 일부러

お (追)いだ (出)し コンパ：명 (어떤 사람을 내보내기 위해 각자 비용을 갹출해서 행하는) 모임

ていねい (丁寧)だ：형동 친절하다

おいわ (祝)い：명 축하

われわれ：명 우리들

こうえい (光栄)：영광

ただ：접 다만

とも (共)に：부 함께, 같이

がっしゅく (合宿)：명 합숙

しあい (試合)：명 시합

しどう (指導)らしい：형 지도다운(「指導」+접미어 「らしい」의 꼴)

やれずに：못하고 (「やる(하다)」의 가능동사 「やれる」+「ずに」의 꼴)

は (恥)ずかしい：형 부끄럽다

しゃかい (社会)：명 사회

けいこ (稽古)：명 (학문, 기술, 예능 따위를) 배움(익힘, 연습함)

きかい (機会)：명 기회

す (過)ごす：타5 (시간을) 보내다

どうじょう (道場)：명 도장

いっしょう (一生)：명 일생

どうか：부 제발, 부디

がんばる：자5 발분하다, 참고 계속 노력하다

わ (割)れる：자하1 터지다

はくしゅ (拍手)：명 박수

わ (沸)きお (起)こる：자5 (흥분·감동 따위가) 터져 나오다

つつく：타5 (젓가락으로) 먹다, (가볍게) 쿡쿡 여러 번 쪼다

ざつだん (雑談)：명 잡담

おも (思)いで (出)：명 추억

つ (尽)きる：자상1 끝나다, 다하다

つい：부 (시간적으로나 거리적으로) 바로, 조금

にゅうがくしき (入学式)：명 입학식

き (気)がする：느낌이 들다

まった (全)く：부 참으로, 완전히

ゆめ (夢)：명 꿈

す (過)ぎる：자상1 지나다

よねんかん (四年間)：명 4년간

とうじ (当時)：명 당시

ほうげん (方言)：명 방언

やはり：부 역시

とうほくべん (東北弁)：명 일본 東北 지방의 말씨

たしか：🔢 확실히, 분명히

きょうかしょ (教科書)：🔢 교과서

メッチエン (독 Mädchen)：🔢 메첸, 미혼 여성

ちゅうせい (中性)：🔢 중성

たが (互)い：🔢 서로

さかずき (杯)：🔢 술잔

かわ (交)す：🔢 주고받다, 교환하다

かた (語)りあ (合)う：🔢 서로 이야기를 주고받다

ふ (更)ける：🔢 깊어지다, 이슥해지다

た (立)ちあ (上)がる：🔢 일어서다

たの (楽)しい：🔢 즐겁다

ようす (様子)：🔢 모양, 상태

いちおう (一応)：🔢 일단

おんど (音頭)：🔢 선창, 앞장

おんど (音頭)をと (取)る：선창하다, 앞장서다

よし：🔢 (승인이나 결의를 나타내고 또 상대방의 말에 응하여 알았다는 뜻으로 하는 말) 좋아, 알았어

わか (別)れゆ (行)く：🔢 헤어져 가다, 이별하다

たびびと (旅人)：🔢 여행자

ゆう (夕)べ：🔢 저녁때, 저녁때 부터 시작하는 모임, 특정한 모임을 갖는 밤

うたげ (宴)：🔢 연회, 잔치

ぜんこく (全国)：🔢 전국

ち (散)る：🔢 흩어지다

がくえん (学園)：🔢 학원

とけいだい (時計台)：🔢 시계탑

きねんさい (記念祭)：🔢 기념제

せいしゅん (青春)：🔢 청춘

한자풀이

旬 {
ジュン：上旬 (ジョウジュン) 상순
旬刊 (ジュンカン) 순간
}

科 {
カ ：科学 (カガク) 과학
罪科 (ザイカ) 죄과
}

各 {
おのおの：各 (おのおの) 각자
カク：各種 (カクシュ) 각종
}

輩 {
ハイ：輩出 (ハイシュツ) 배출
先輩 (センパイ) 선배
}

属 {
ゾク：属性 (ゾクセイ) 속성
金属 (キンゾク) 금속
}

即 {
すなわち：即 (すなわ)ち 즉
ソク：即席 (ソクセキ) 즉석
}

在 {
ある：在 (あ)る 있다
ザイ：在留 (ザイリュウ) 재류
}

柔 {
やわらかだ：柔 (やわ)らかだ 온화하다
やわらかい：柔 (やわ)らかい 부드럽다
ジュウ：柔軟 (ジュウナン) 유연
ニュウ：柔和 (ニュウワ) 유화함
}

幹 {
みき：幹 (みき) 줄기
カン：幹線 (カンセン) 간선
}

至 {
いたる：至 (いた)る 이르다
シ ：至当 (シトウ) 지당
}

導 { みちびく：導(みちび)く 이끌다
　　ドウ：導入(ドウニュウ) 도입

感 { カン：感心(カンシン) 감탄
　　　　直感(チョッカン) 직감

謝 { あやまる：謝(あやま)る 사과하다
　　シャ：謝絶(シャゼツ) 사절

訓 { クン：訓練(クンレン) 훈련
　　　　音訓(オンクン) 음훈

祝 { いわう：祝(いわ)う 축하하다
　　シュク：祝日(シュクジツ) 축하일
　　シュウ：祝儀(シュウギ) 축의

追 { おう：追(お)う 쫓다
　　ツイ：追跡(ツイセキ) 추적

栄 { さかえる：栄(さか)える 성해지다
　　はえある：栄(は)えある 영광스러운
　　はえる：栄(は)える 두드러지다
　　エイ：栄養(エイヨウ) 영양

共 { ともに：共(とも)に 함께
　　キョウ：共同(キョウドウ) 공동

宿 { やど：宿(やど) 사는 집
　　やどる：宿(やど)る 머무르다
　　やどす：宿(やど)す 품다
　　シュク：宿泊(シュクハク) 숙박

機 { はた：機(はた) 베틀
　　キ：機械(キカイ) 기계

恥 { はじる：恥(は)じる 부끄러워하다
　　はじ：恥(はじ) 수치
　　はじらう：恥(は)じらう 수줍어하다
　　はずかしい：恥(は)ずかしい 부끄럽다
　　チ：恥辱(チジョク) 치욕

稽 { ケイ：稽古(ケイコ) 연습함

過 { すぎる：過(す)ぎる 지나다
　　すごす：過(す)ごす 지내다
　　あやまつ：過(あやま)つ 실수하다
　　あやまち：過(あやま)ち 실수
　　カ：過失(カシツ) 과실

拍 { ハク：拍車(ハクシャ) 박차
　　ヒョウ：拍子(ヒョウシ) 박자

沸 { わく：沸(わ)く 끓다
　　わかす：沸(わ)かす 끓이다
　　フツ：沸騰(フットウ) 비등

談 { ダン：談話(ダンワ) 담화
　　　　相談(ソウダン) 의논

尽 { つくす：尽(つ)くす 다하다
　　つきる：尽(つ)きる 끝나다
　　つかす：尽(つ)かす 떨어지게 하다
　　ジン：尽力(ジンリョク) 진력

式 { シキ：式典(シキテン) 식전
　　　　形式(ケイシキ) 형식

夢 { ゆめ：夢(ゆめ) 꿈
　　ム：夢中(ムチュウ) 열중

互 { たがい：互(たが)い 서로
　　ゴ：相互(ソウゴ) 상호

更 { さら：更(さら)に 더욱더
　　ふける：更(ふ)ける 깊어지다
　　ふかす：更(ふ)かす 새우다
　　コウ：更新(コウシン) 갱신

応 { オウ：応答(オウトウ) 응답
　　　　呼応(コオウ) 호응

宴 { うたげ：宴(うたげ) 잔치
　　エン：宴会(エンカイ) 연회

園 { その：園(その) 동산
　　エン：園芸(エンゲイ) 원예

記 { しるす：記(しる)す 적다
　 { キ　：記入(キニュウ) 기입

念 { ネン：念願(ネンガン) 염원
　 { 　　　断念(タンネン) 단념

励 { はげむ：励(はげ)む 힘쓰다
　 { はげます：励(はげ)ます 북돋우다
　 { レイ：奨励(ショウレイ) 장려

┌─────────┐
│ 해 설 │
└─────────┘

■ ～ことになる

　「動詞의 連体形＋ことになる」의 꼴로 「～하기로 되다, ～하게 되다」의 뜻을 나타낸다.

　　来年国へ帰ることになると思います。

　　(내년에 고국에 돌아가게 될 것이라고 생각합니다.)

　　あしたから会社へ行くことになりました。

　　(내일부터 회사에 가기로 되었습니다.)

　　ふたりはいよいよ結婚することになり，来月式をあげます。

　　(두 사람은 드디어 결혼하기로 되어, 내달 식을 올립니다.)

■ ～ども (接尾語)

　복수를 뜻하는 접미어로서 1인칭에 붙어서 겸양의 뜻을 나타낸다. 「～들」의 뜻이다.

　　わたしども (우리들)

■ 卒業された方々

　「졸업하신 분들」이란 뜻으로 「された」의 「れる」는 존경을 나타내는 助動詞이다.[1]

　　部長をつとめられた方(부장을 맡으신 분.)

　　十数名の方々が大学を去られることになった。

　　(십수 명의 분들이 대학을 떠나시게 되었다.)

■ ～ていただける

　「動詞의 連用形＋ていただける」의 꼴로 직역하면 「～해 받을 수 있다」의 뜻이 되나, 「～해 주시다」가 된다.

　　駅へ行く道を教えていただけませんか。(＝駅へ行く道を教えてください

　　ませんか。)

　　(역에 가는 길을 가르쳐 주시지 않겠읍니까?)

　　あなたに話していただけたらいいですが。(＝あなたが話してくださった

---

　　1) 1권 45과 해설 참조.

らいいですが。)

(당신이 말씀해 주시면 좋은데.)

■ **～くれる**……주다.

「動詞의 連用形＋て・で＋くれる」의 꼴로「호의적으로 해 주다」의 뜻을 나타낸다.

本を読んで**くれる**。(책을 읽어 주다.)

よく教えて**くれる**。(잘 가르쳐 주다.)

母はこれを買って**くれる**。(어머니는 이것을 사주신다.)

こらしめて**くれる**。(혼 내 주겠소.)

구어체에서의 명령형은「れ・れよ」가 된다.

■ 「**なかなか**＋부정의 말」의 꼴로「좀처럼, 도저히」의 뜻을 나타낸다.

仕事が**なかなか**はかどらない。(일이 좀처럼 진척되지 않는다.)

バスが**なかなか**来ない。(버스가 좀처럼 오지 않는다.)

聞いてみても**なかなか**教えてくれない。(물어도 좀처럼 가르쳐 주지 않는다.)

彼は**なかなか**承知しないだろう。(그는 좀처럼 승낙하지 않을 것이다.)

なかなかうまくできない。(좀처럼 잘 되지 않다.)

なかなかできることではない。(도저히 될 수 있는 일이 아니다.)

■ **まったく**……밑에 否定이 올 때에는「전혀, 조금도」의 뜻이 되고, 肯定이 오면「완전히」의 뜻이 된다. 그 외「참으로」의 뜻도 있다.

これは**まったく**役に立ちません。

(이것은 조금도 도움이 되지 않습니다.)

そんな話は**まったく**信じられません。

(그런 이야기는 전혀 믿을 수 없습니다.)

■ **～書いてある**……써 있다.

「～て＋ある」의 꼴로「～해 있다, ～해져 있다」의 뜻을 나타낸다.

戸があけて**ある**。(문이 열려 있다.)

ピアノの上に本が置いて**ある**。(피아노 위에 책이 놓여 있다.)

庭に木が植えて**あった**。(뜰에 나무가 심어져 있었다.)

■ **～合う**

「動詞의 連用形＋合う」의 形으로「서로 ～하다」의 뜻을 나타낸다.

ほめ**合う** (서로 칭찬하다)

たすけ**合う** (서로 돕다)

教え合う (서로 가르치다)

■ ～ながら……～면서

「動詞 및 일부 助動詞의 連用形＋ながら」의 꼴로 동시에 진행됨을 나타낸다.
仕事をしながら夜学に通う。(일을 하면서 야학에 다니다.)
話しながら歩く。(이야기 하면서 걷다.)
手をふりながら走る。(손을 흔들면서 달리다.)
食事をしながら話をしましょう。(식사를 하면서 이야기를 나눕시다.)

|||||||||||||||||||| 연습문제 ||||||||||||||||||||

A 次の韓国語を日本語に訳しなさい。

1. 이번에 순조롭게 졸업하시기로 된 분들을 위해서 개최하는 모임입니다.

2. 다른 사람은 몰라도 그 분만은 안 올 듯한 느낌이 듭니다.

3. 때가 지나는 것도 잊고, 밤이 이슥해질 무렵까지 서로 술잔을 주고받고 이야기했다.

4. 그의 대학생활은 참으로 꿈처럼 지나가 버린 4년간이었답니다.

5. 우리들도 선배들과 마찬가지로 후배의 지도에 분발하겠읍니다.

B 다음 복합어들은 어떻게 구성되어 있는지를 말하라.

1. 近づく　　2. 行なわれ始める　　3. 巣立つ　　4. 送り出す
5. 申し上げる　　6. 追い出しコンパ　　7. 指導らしい　　8. 沸き起こる
9. 旅人　　10. 語り合う

◁해답▷

A
1. この度めでたく卒業された方々のために開く会です。　2. 他の人は知らなくてもその方だけは来なそうな気がします。3. 時が経つのも忘れて、夜が更けるころまで互いに杯を交して語り合った。　4. 彼の大学生活は全く夢のように過ぎてしまった四年間だったそうです。　5. わたしどもも先輩たちと同じように後輩の指導にがんばります。

B
1. 形容詞의 語幹「近」＋動詞「つく」　2. 動詞의 未然形「行なわ」＋助動詞의 連用形「れ」＋動詞「始める」　3. 名詞「巣」＋動詞「立つ」　4. 動詞의 連用形「送り」＋動詞「出す」　5. 動詞의 連用形「申し」＋動詞「上げる」　6. 動詞의 連用形「追い」＋動詞의 連用形「出し」＋名詞「コンパ」　7. 名詞「指導」＋接尾語「らしい」　8. 動詞의 連用形「沸き」＋動詞「起こる」　9. 名詞「旅」＋名詞「人」　10. 動詞의 連用形「語り」＋動詞「合う」

第十一課　エンドウ豆

I

エンドウの畑がありました。

一つのエンドウのさやの中に，かわいらしい五つぶの豆が，ぎょうぎよくならんでいました。さやも豆も緑色なので，豆の子供たちは，世界中が緑色だと思っていました。

お日さまはせっせとさやをあたためてくれました。ときどき，雨がさやをきれいに洗ってくれました。

五つぶの豆は自分たちの家といっしょにどんどん大きくなりました。そしていろいろなことを考えるようになりました。

「ぼくたちはいつまでこうしているのだろう。」

「ただすわっていても，ちっともおもしろくないや。早く外へ出たいなあ。」

それから何日かたちました。さやも豆もだんだん黄色にかわっていきました。

「世界中が黄色くなったよ。」と，みんなが言いました。

ある日，五つぶの豆はいきなりさやといっしょに，はげしくゆすぶられました。

パチンとさやがやぶれて，五つぶの豆はみんな，明るいお日さまの光の中にころがり出ました。

「わあ，まぶしい。」

そこは，ひとりの男の子のてのひらの上でした。その子は豆を豆でっぽうの玉に使おうとしたのです。男の子は一番大きな豆を豆でっぽうにつめました。

「ぼくは，一番遠くへ飛んでいくんだ。」

はじめの豆はそう言って，どこかへ飛んで行きました。二番目のも，三番目のも，四番目のも，

「ぼくが，一番遠くへ行く。」

と言って，飛んで行きました。

一番　おしまいの　豆だけは，

「ぼくは，どこへ行ったっていい。だけど，何か役に立つことができればいいなあ。」と，ひとりごとを言いました。

一番おしまいの豆は，ある小さい家の窓の所まで飛んでいきました。そして，窓のふちのすきまにたまっている，やわらかい土の上に落ちました。

Ⅱ

その家には，まずしい母親と，一人の女の子が住んでいました。母親は，毎日外へ働きに行って，やっと生活をささえていました。

女の子は，ずっと前から病気でねていました。母親が外で働いている間，女の子は，一日中じっと静かにねていました。

女の子の病気は，だんだん悪くなっていきました。母親は，心配で心配でたまりませんでした。そばにいて，看病してやりたいけれど，それもできません。

——この子は，このまま，死んでしまうのではないだろうか……。ああ何というかわいそうな子だろう。

と，母親は，毎日，心をいためていたのです。

あたたかい，春の朝のことです。ねていた女の子が，ふと，窓を見ました。すると，窓の所に，緑色の小さなものが見えました。

「あら。お母さん，あれはなあに。」と，女の子が言いました。

母親が，窓の所へ行って見ました。

「まあ，かわいい。エンドウのふたばだよ。さあ，よく見てごらん。」
　そう言って，母親は，女の子の寝台を，窓のそばにうつしてやりました。

「わあ，かわいい。」
　女の子は目をかがやかせて，じっと，そのふたばを見つめました。

　ふたばは，暖かい光の中で，一日，一日と大きくなっていきました。女の子は，毎日，それを見るのが楽しみになりました。もう，ひとりでねていても，寂しくなくなりました。

　女の子は，だんだん元気になっていきました。母親はたいそう喜んで，エンドウが風にたおされないように，小さなささえの棒を立ててやりました。それから，豆のつるがまきつくことができるように，窓に糸をはってやりました。

　エンドウは，間もなくつるを出し，葉の数をどんどんふやしていきました。そして，つぼみを持つようになった頃には，女の子は，もう，ひとりで寝台の上に起き上がれるようになっていました。ある朝，女の子は，

　「おかあさん，おかあさん，見てごらん。」
　と，うれしそうに母を呼びました。
　花のつぼみが，けさは，きれいに開いているのです。
　「まあ，きれい。」
　母親も，目をかがやかせました。
　その夜，母親は，神様に，お礼を言いました。
　「むすめに，エンドウをおさずけ下さいまして，ありがとうございました。おかげでむすめも，こんなに元気になりました。」

漢字읽기————————

豆　畑　五つぶ　子供　世界中　思って　洗って　考える　黄色
まめ　はたけ　いつ　こども　せかいじゅう　おも　あら　かんが　きいろ

光(ひかり)　玉(たま)　土(つち)　母親(ははおや)　住(す)んで　生活(せいかつ)　静(しず)か　心配(しんぱい)　看病(かんびょう)　楽(たの)しみ
寂(さび)しく　喜(よろこ)んで　棒(ぼう)　糸(いと)　間(ま)もなく　葉(は)　数(かず)　頃(ころ)　呼(よ)び　開(ひら)いて
神様(かみさま)　お礼(れい)

제11과　완두콩

ー

완두밭이 있었읍니다.

한 개의 완두 꼬투리 속에 예쁘장한 다섯 알의 콩이 단정하게 정렬하여 있었읍니다. 꼬투리도 콩도 초록빛이므로, 콩의 어린이들은 온 세계가 초록빛이라고 생각하고 있었읍니다.

해님은 부지런히 꼬투리를 따뜻하게 해 주었읍니다. 때때로 비가 꼬투리를 깨끗하게 씻어 주었읍니다.

다섯 알의 콩은 자기들의 집과 함께 자꾸자꾸 자랐읍니다. 그리고 여러 가지 일을 생각하게 되었읍니다.

「우리들은 언제까지 이렇게 하고 있는 것인가?」

「그냥 앉아 있어도 조금도 재미 없어! 빨리 바깥으로 나가고 싶어!」

그 후 며칠인가 지났읍니다. 꼬투리도 콩도 점점 노란색으로 변해 갔읍니다.

「온 세계가 누렇게 됐다.」 하고 모두가 말했읍니다.

어느 날, 다섯 알의 콩은 갑자기 꼬투리와 함께 세차게 흔들렸읍니다.

탁 하고 꼬투리가 터져서 다섯 알의 콩은 모두 밝은 햇빛 속으로 굴러　나왔읍니다.

「어이구, 눈부시다.」

그 곳은 한 사내아이의 손바닥 위였읍니다. 그 애는 콩을 고무총의 총알로 사용하려고 했읍니다. 사내아이는 가장 큰 콩을 고무총에 채웠읍니다.

「나는 제일 멀리 날아갈 거야.」

첫째 콩은 그렇게 말하고 어디론지 날아갔읍니다. 두 번째 것도, 세 번째 것도, 네 번째 것도,

「내가 제일 멀리 간다.」

하고 날아갔읍니다.

제일 마지막 콩만은,

「나는 어디로 가든지 괜찮아. 그렇지만, 무엇인가 소용이 되는 일을 할 수 있으

면 좋겠는데.」하고 혼잣말을 했읍니다.

제일 마지막 콩은 어느 작은 집의 창이 있는데까지 날아갔읍니다. 그리고 창가
의 빈 틈에 쌓여 있는 부드러운 흙 위에 떨어졌읍니다.

二

그 집에는 가난한 어머니와 한 여자애가 살고 있었읍니다. 어머니는 매일 바깥
으로 일하러 가서 겨우 생활을 지탱하고 있었읍니다.

여자애는 훨씬 전부터 병으로 누워 있었읍니다. 어머니가 바깥에서 일하고 있
는 동안 여자애는 하루 종일 꼼짝 않고 조용히 누워 있었읍니다.

여자애의 병은 점점 나빠져 갔읍니다. 어머니는 너무 걱정이 되어서 견딜 수 없
었읍니다. 옆에 있어 간병해 주고 싶지만 그것도 할 수 없읍니다.

── 이 애는 이대로 죽어 버리는 것은 아닐까?……   아 ! 얼마나 불쌍한 아
이일까 !

하고 어머니는 매일 가슴아파하고 있었읍니다.

따뜻한 봄날 아침의 일입니다. 누워 있던 여자애가 문득 창을 보았읍니다. 그
랬더니 창 있는 데에 초록빛의 작은 물건이 보였읍니다.

「어머나, 어머니 저건 뭐예요?」하고 여자애가 말했읍니다.

어머니가 창 있는 데로 가 보았읍니다.

「어머나, 귀여워. 완두의 떡잎이야. 자, 잘 보아라.」

그렇게 말하고 어머니는 여자애의 침대를 창 옆으로 옮겨 주었읍니다.

「아이, 귀여워.」

여자애는 눈을 빛내고 물끄러미 그 떡잎을 응시했읍니다.

떡잎은 따뜻한 빛속에서 하루하루 커 갔읍니다. 여자애는 매일 그것을 보는 것
이 즐거움이 되었읍니다. 이젠 혼자서 누워 있어도 쓸쓸하지 않게 되었읍니다.

여자애는 점점 건강해져 갔읍니다. 어머니는 대단히 기뻐해서 완두가 바람에
쓰러지지 않도록 작은 받침이 되는 막대기를 세워 주었읍니다. 그리고 콩의 덩
굴이 휘감을 수 있도록 창에 줄을 쳐 주었읍니다.

완두는 이윽고 덩굴을 뻗고, 잎의 수효를 자꾸자꾸 늘려 갔읍니다. 그리고 꽃봉
오리를 가지게 될 무렵에는 여자애는 이젠 혼자서 침대 위에 일어날 수 있게 되어
있었읍니다. 어느 날 아침 여자애는,

「어머니, 어머니, 이걸 보세요.」하고 기쁜 듯이 어머니를 불렀읍니다.

꽃봉오리가 오늘 아침에는 예쁘게 벌어져 있읍니다.

「아이, 예뻐.」

어머니도 눈을 빛냈읍니다.

그날 밤, 어머니는 하느님에게 고맙다는 말을 했읍니다.

「딸에게 완두를 내려 주셔서 감사합니다. 덕분에 딸도 이렇게 건강해졌읍니다.」

═══달═말═풀═이═══

さや : 명 콩깍지, 꼬투리

かわいらしい : 형 귀엽다

いつつぶ (五粒) : 명 다섯 알

まめ (豆) : 명 콩

ぎょうぎ (行儀) : 명 예절, 질서 정연함

ぎょうぎよくならぶ : 단정하게 정렬하
다 (「ぎょうぎ」+「よい」+「ならぶ」의
꼴)

せかいじゅう (世界中) : 명 온 세계

おひさま : 명 해님

せっせと : 부 부지런히

あたた (暖)める : 타하1 따뜻하게 하다

おお (大)きくなる : 자라다, 커지다 (형
용사의 連用形「大きく」+「なる」의
꼴)

かんが (考)える : 타하1 생각하다

すわ (座)る : 자5 앉다

おもしろい : 형 재미있다

だんだん : 부 점점

か (変)わる : 자5 변하다, 바뀌다

いきなり : 부 갑자기, 느닷없이

はげ (激)しい : 형 세차다, 격심하다

ゆすぶる : 타5 흔들다

パチン : 부 튀는 소리. 탁

やぶ (破)れる : 자하1 깨지다, 찢어지
다

ころがりでる : 자하1 굴러나오다

わあ : 감 뜻밖의 경우나 놀란 경우에
내는 소리. 야아, 와아

まぶしい : 형 눈부시다

てのひら : 명 손바닥

まめでっぽう (豆鉄砲) : 명 콩을 총알로
사용하는 장난감 대나무 총

つ (詰)める : 타하1 채우다

～たって : 조 ～하여도 예 行ったって
いい (가도 좋다)

だけど : 접 「だけれども」의 준말. 그렇
지만

ひとりごと : 명 혼잣말

ふち : 명 가장자리

まど (窓)のふち : 창가

すきま : 명 빈틈

たまる : 자5 괴다, 쌓이다

やわらかい : 형 부드럽다

つち (土) : 명 흙

お (落)ちる : 자상1 떨어지다

まず (貧)しい : 형 가난하다

ははおや (母親) : 명 모친, 어머니

やっと : 부 겨우

せいかつ (生活) : 명 생활

ささ (支)える : 타하1 지탱하다, 떠받
치다

かんびょう (看病)：[명] 간병

じっと：[부] 꼼짝 않고, 가만히

しず (静)かだ：[형동] 조용하다

しんぱい (心配)でしんぱいでたまりま
　せんでした：너무 걱정이 되어서 견
　딜 수 없었읍니다

かわいそうだ：[형동] 불쌍하다

なんというかわいそうなこだろう：얼
　마나 불쌍한 아이일까！

いた (痛)める：[타하1] 아프게 하다

ふと：[부] 문득

あら：[감] 여자가 놀랐을 때 내는 소리.
　어머

まあ：[감] 어머나

かわいい：[형] 귀엽다

ふたば：[명] 떡잎

かがや (輝)かせる：[타하1] 빛내다

み (見)つめる：[타하1] 응시하다

たの (楽)しみ：[명] 즐거움

さび (寂)しい：[형] 쓸쓸하다

たいそう：[부] 대단히

たお (倒)す：[타5] 쓰러뜨리다

ぼう (棒)：[명] 막대기

た (立)てる：[타하1] 세우다

つる：[명] 덩굴

まきつく：[자5] 휘감기다

いと (糸)：[명] 줄, 실

は (張)る：[타5] (줄을) 치다

は (葉)：[명] 잎

ふやす：[타5] 늘리다

つぼみ：[명] 꽃봉오리

お (起)きあ (上)がれる：[자하1] 일어
　날 수 있다 (「起き上がる」의 가능
　동사)

うれしい：[형] 기쁘다

けさ (今朝)：[명] 오늘 아침

ひら (開)く：[자5] 열리다, 벌어지다

かみさま (神様)：[명] 하느님

おれい (礼)をい (言)う：고맙다는 말
　을 하다

むすめ (娘)：[명] 딸

さず (授)ける：[타하1] 하사하다, 내려
　주다

おかげで：덕분에 (「おかげ」+助詞「で」
　의 꼴)

―――――――|한|||자|||풀|||이|―――――――

粒 { つぶ：粒 (つぶ) 낱알
　　リュウ：粒子 (リュウシ) 입자

豆 { まめ：豆 (まめ) 콩
　　トウ：豆腐 (トウフ) 두부
　　ズ：大豆 (ダイズ) 대두

儀 { ギ：儀式 (ギシキ) 의식
　　　威儀 (イギ) 위의

界 { カイ：限界 (ゲンカイ) 한계
　　　　境界 (キョウカイ) 경계

考 { かんがえる：考 (かんが)える 생각
　　　　　하다
　　コウ：考案 (コウアン) 고안

激 { はげしい：激 (はげ)しい 격심하다
　　ゲキ：激動 (ゲキドウ) 격동

世 { よ ：世(よ) 세상
セイ ：世紀(セイキ) 세기
セ ：世界(セカイ) 세계

破 { やぶる：破(やぶ)る 깨뜨리다
やぶれる：破(やぶ)れる 깨지다
ハ ：破産(ハサン) 파산

砲 { ホウ ：砲撃(ホウゲキ) 포격
鉄砲(テッポウ) 총

詰 { つめる：詰(つ)める 채우다
つまる：詰(つ)まる 채워지다
キツ ：詰問(キツモン) 힐문

活 { カツ ：活動(カツドウ) 활동
生活(セイカツ) 생활

静 { しずけさ：静(しず)けさ 조용함
しずかだ：静(しず)かだ 조용하다
しずまる：静(しず)まる 조용히 가라앉다
しずめる：静(しず)める 조용하게 하다
セイ ：静止(セイシ) 정지
ジョウ ：静脈(ジョウミャク) 정맥

支 { ささえる：支(ささ)える 지탱하다
シ ：支持(シジ) 지지

看 { カン ：看護(カンゴ) 간호
看破(カンパ) 간파

輝 { かがやく：輝(かがや)く 빛나다
キ ：輝石(キセキ) 휘석

寂 { さび：寂(さび) 예스럽고 아취가 있음
さびしい：寂(さび)しい 쓸쓸하다
さびれる：寂(さび)れる 쓸쓸해지다
ジャク ：静寂(セイジャク) 정적
セキ ：寂然(セキゼン) 적연

倒 { たおれる：倒(たお)れる 쓰러지다
たおす：倒(たお)す 쓰러뜨리다
トウ ：倒産(トウサン) 도산

糸 { いと：糸(いと) 실
シ ：製糸(セイシ) 제사

張 { はる：張(は)る 치다
チョウ ：張力(チョウリョク) 장력

| 해 설 |

■ ～ようになる

「動詞의 連体形＋ようになる」의 形으로 「～하게 되다」의 뜻.

はたらくようになる。(일하게 되다.)

洗うようになる。(씻게 되다.)

かわらないようになる。(변하지 않게 되다.)

■ ～や(助詞)……文의 끝에 붙어, 특정한 누군가에게 말하는 것이 아니고, 혼잣말을 하는 듯한 기분으로 가볍게 또는 소탈하게 말할 때에 사용한다.[1]

ちっともおもしろくないや。(조금도 재미 없어.)

むずかしくて, わからないや。(어려워서 모르겠어.)

---

1) 主로 남자가 사용한다. 공손한 말은 아니다.

　　　ぼくも行きたいや。(나도 가고 싶어.)

「〜う」,「〜よう」의 形에 붙어, 同輩(같은 연배)나 아랫사람에게 가벼운 재촉을 할 때에도 사용한다.

　　　もう帰ろうや。(그만 가세.)

　　　テニスをしようや。(테니스를 하세.)

　　　映画を見ようや。(영화를 보자구.)

　　　ここで買おうや。(여기서 사지.)

■ **〜なあ (助詞)**……文의 끝에 붙어 感動・詠嘆・希望・가벼운 断定・主張　또는 다짐하는 기분을 나타내는 경우에 사용한다.「な」라고도 하며,「なあ」라고 할 경우에는「な」보다 뜻이 강해진다.

　　　ほんとうにきれいだなあ。(참으로 아름답군.)

　　　はやく行ったらよかったのになあ。(빨리 갔으면 좋았을 텐데.)

　　　はやく外へ出たいなあ。(빨리 바깥으로 나가고 싶어.)

　　　冬休みになるといいなあ。(겨울 방학이 되었으면 좋겠군.)

　　　あしたは晴れると思うなあ。(내일은 갠다고 생각해.)

　　　たぶんちがうだろうなあ。(아마 틀릴걸.)

　　　まちがいないなあ。(틀림없을 테지.)

　　　これはほんとうに君のだな。(이건 정말로 자네 거지.)

■ **〜と (助詞)**……助詞「と」에는 1巻에서 배운 뜻 외에도 動作・作用이 행하여지는 모양・방법 등을 나타내는 뜻이 있으며, 주로 体言・의성어・의태어　또는 다른 副詞에 붙어 사용된다.

　　　一日, 一日と大きくなって行く。(하루하루 커 간다.)

　　　二度, 三度と回を重ねる。(두 번, 세 번 회를 거듭한다.)

　　　パチンとやぶれる。(탁 하고 찢어진다.)

　　　にこにこと笑っている。(생글생글 웃고 있다.)

　　　ゆっくりと歩きましょう。(천천히 걸읍시다.)

■ **〜たって(助詞)**…… 助詞「ても」와 같은 뜻으로「〜하여도」의 뜻이다. 会話体로서만 사용한다.

「動詞・形容詞 및 助動詞의 連用形＋たって」의 形으로 사용하며 五段活用動詞만은「그 音便形＋たって」가 된다.

　　　呼んだって返事もしません。(불러도 대답도 하지 않습니다.)

　　　どこへ行ったっていい。(어디로 가든 좋다.)

　　　私が見たって分りません。(내가 본댔자 모릅니다.)

遠くたって行きます。(멀어도 가겠읍니다.)

少しぐらいいたくたってがまんしなさい。(조금쯤 아파도 참으시오.)

おこられたって私はやめません。(욕들어도 나는 그만두지 않겠읍니다.)

■ **何というかわいそうな子だろう**……얼마나 불쌍한 아이일까！

「何という〜だろう」공손하게 말할 때에는 「何という〜でしょう」의 形으로 「얼마나 〜일까(〜일까요)」의 뜻으로 감탄문이 된다.

あの女の人, 何というきれいな人なのでしょう。

(저 여자 얼마나 아름다운 사람입니까！)

즉, 「저 여자 참 아름다운 사람이군요！」의 뜻이다.

何と立派な庭だろう？ (얼마나 훌륭한 뜰인가！)

■

楽しい(즐겁다)	楽しむ(즐기다)	楽しみ(즐거움)
苦しい(괴롭다)	苦しむ(괴로와하다)	苦しみ(괴로움)
嬉しい(기쁘다)	喜ぶ(기뻐하다)	喜び(기쁨)
悲しい(슬프다)	悲しむ(슬퍼하다)	悲しみ(슬픔)

||||||||||||||||||| 연습문제 |||||||||||||||||||

Ⓐ 次のことばはどういう意味ですか。

1. はげしく

2. せっせと

3. 豆でっぽう

4. 生活をささえる

5. 看病する

6. おさずけ下さいまして

Ⓑ 次のことばを使って文章を作ってごらんなさい。

1. どんどん

2. いきなり

3. ずっと

4. じっと

5. ふと

6. まもなく

◁해답▷

Ⓐ

1. はげしく…세차게, 격심하게. 基本形은 はげしい이다. **2.** せっせと…부지런히, 끊임없이 **3.** 豆でっぽう…콩을 총알로 사용하는 장난감 대나무 총. 우리 나라의 고무총에 해당된다고나 할까. **4.** 生活をささえる…생활을 지탱하다. **5.** 看病する…병을 간호하다. **6.** おさずけ下さいまして…하사해 주셔서. 「まして」는 「ます의 連用形＋て」의 形이다.

─────────────

2) 「何という〜だろう」의 「いう」는 생략해서 쓰기도 한다.

B

1. 便利で使いやすいものがどんどん新しく出て来ます。(편리하고 사용하기 쉬운 물건이 자꾸자꾸 새로 나옵니다.)　　2.　ノックもしないでいきなり人の部屋へはいってはいけません。(노크도 하지 않고 갑자기 남의 방에 들어가면 안 됩니다.)　　3.　私が日本に居たのはそれよりずっと前です。(내가 일본에 있었던 것은 그보다 훨씬 전입니다.)　　4.　君は何をそんなにじっと見ているのか。(자네는 무엇을 그렇게 물끄러미 보고 있는가?)　　5.　むかしのことをふと思い出した。(옛날 일을 문득 생각해 냈다.)　　6.　彼は卒業するとまもなく結婚した。(그는 졸업하자 곧 결혼했다.)

第十二課　電　　話

　　ある日，浅野君は親しい友達といっしょに三谷先生のところへ遊びに行きたかったので，みんなに電話をかけて都合を聞きました。

　　江口君は渡辺さんのところで下宿をしています。浅野君も下宿をしているので，電話をかけに近所の公衆電話へ行きました。

　　番号をたしかめてから，料金を入れてダイヤルを回しました。

　　　　　　　　　　＊　　　　＊　　　　＊

浅野　「もしもし，渡辺さんのお宅ですか。」

渡辺　「はい，さようでございます。」

浅野　「こちらは浅野ですが，江口君いますか。」

渡辺　「ちょっとお待ちください。見てまいりますから。」

浅野　「お願いします。」

　　　　　　　　　　＊　　　　＊　　　　＊

江口　「もしもし，お待たせしました。浅野君？」

浅野　「ああ，江口君？　あのね，今度の日曜日に三谷先生のとこへみ
　　　　んなで行きたいんだけど，君もいっしょに行かないか。」

江口　「そうだなあ，三谷先生のお宅は，どこだったっけ。」

浅野　「鎌倉なんだけど，もしよかったら，日曜日の朝10時に東京駅に
　　　　集まることにしたいんだけど。」

江口　「10時に東京駅か。早いな。」

浅野　「東京駅の13番線ホームの中央階段のそばに売店があるだろう。」

江口　「うん。」

浅野　「その売店の前で待ち合わせることにしたいんだ。」

江口　「13番線ホームの売店のとこだね。」

浅野　「中央階段を上がったとこの売店の前だよ。」

江口　「ああ，分かった。ほかにだれが行く？」

浅野　「そうだね，後五，六人かな。坂井君に，杉本君に，大塚君に，
　　　……。松尾さんと関口さんは，これから連絡するとこだ。」

江口　「サークルのメンバーだね。なるべく都合をつけて行くようにす
　　　るよ。」

浅野　「ぜひ来いよ。」

江口　「うん。10時までに行かなかったら，先に行ってくれよ。」

浅野　「うん，じゃ，また。」

江口　「じゃ，また。」

＊　　　＊　　　＊

　今度は松尾さんのところへ電話をかけましたが，あいにく留守だった
ので，戻ったら電話してくれるように頼みました。

松尾夫人　「はい，松尾でございますが……。」

浅野　　　「わたし浅野ですが，紀代美さんいらっしゃいますか。」

松尾夫人　「浅野さんでいらっしゃいますか。紀代美はあいにくちょっ
　　　　　と出かけておりますが……。」

浅野　　　「何時頃お帰りになりますか。」

松尾夫人　「さあ，たしか4時頃になるとか言っておりましたが……，
　　　　　何かお急ぎのご用事でも……。」

浅野　　　「実は，今度の日曜日にみんなで鎌倉の三谷先生のお宅へう
　　　　　かがうことにしたんですが，紀代美さんもおいでになるかと
　　　　　思って，お電話したんですが……。」

松尾夫人　「さようでございますか。帰りましたら，こちらからお電話
　　　　　させましょうか。」

浅野　　　「はい，お願いいたします。こちらは，341の2957ですが…。」

松尾夫人　「ちょっとお待ちくださいませ。…お待たせいたしました。」

浅野　　　「341の……2957です。」

松尾夫人　「341の2957ですね。」

浅野　　　「はい，そうです。よろしくお願いいたします。」

＊　　　＊　　　＊

紀代美　　「もしもし，あたし松尾。さっきお電話いただいたそうですけ
　　　　　ど，日曜日にみんなどっかへ行くんですって？」

浅野　　　「ああ，三谷先生のとこへみんなで行こうと思うんだけど，都
　　　　　合つく？」

紀代美　　「三谷先生は，鎌倉でしたっけ。あたしも行きたいわ。どこで
　　　　　待ち合わせるの？」

浅野　　　「東京駅に集まることにしたんだけど，10時までに来られる？」

紀代美　　「10時ね，東京駅のどこ？」

浅野　　　「13番線ホームの中央階段のとこに，売店があるんだけど。」

紀代美　　「ええ，あるわね。」

浅野　　　「あの前で待ってるよ。」

紀代美　　「分かったわ。何か持って行くの？」

浅野　　　「ううん，何も要らないよ。」

紀代美　　「でも，先生のお宅へはお昼頃着くでしょ？　お昼はどうする
　　　　　の？」

浅野　　　「あ，そうだね。……鎌倉の駅前で何か食べてから行ったらど
　　　　　うかな。」

紀代美　　「そうね，それがいいわ。じゃあ……。」

浅野　　　「あ，それからね，松尾さんから関口さんに連絡してくれない？」

紀代美　　「いいわよ。」

浅野　　　「じゃ，頼んだよ。それじゃ，また。」

紀代美 「さよなら。」

漢字읽기

| <ruby>浅野<rt>あさの</rt></ruby>君 | <ruby>親<rt>した</rt></ruby>しい | <ruby>三谷<rt>みたに</rt></ruby> | <ruby>都合<rt>つごう</rt></ruby> | <ruby>江口<rt>えぐち</rt></ruby> | <ruby>渡辺<rt>わたなべ</rt></ruby> | <ruby>下宿<rt>げしゅく</rt></ruby> | <ruby>公衆<rt>こうしゅう</rt></ruby> | <ruby>番号<rt>ばんごう</rt></ruby> | <ruby>料金<rt>りょうきん</rt></ruby> |

あさの君 親しい 三谷 都合 江口 渡辺 下宿 公衆 番号 料金
回す 君 番線 中央階段 売店 坂井 杉本 大塚 松尾 関口
連絡 留守 夫人 紀代美 用事 駅前

제12과 전 화

　어느 날 아사노 군은 친한 친구와 함께 미타니 선생님 댁으로 놀러 가고 싶었기 때문에 모두에게 전화를 걸어서 형편을 물었읍니다.

　에구치 군은 와타나베 씨 댁에서 하숙을 하고 있읍니다. 아사노 군도 하숙을 하고 있으므로 전화를 걸려고 근처에 있는 공중 전화로 갔읍니다.

　번호를 확인하고나서 요금을 넣고 다이얼을 돌렸읍니다.

＊　　　　＊　　　　＊

아사노 ： 「여보세요, 와타나베 씨 댁입니까?」

와타나베 ：「예, 그렇습니다. 」

아사노 ： 「저는 아사노입니다만, 에구치 군 있읍니까?」

와타나베 ：「잠깐 기다려 주십시오. 보고 올테니. 」

아사노 ： 「부탁하겠읍니다. 」

＊　　　　＊　　　　＊

에구치 ： 「여보세요, 기다렸읍니다. 아사노 군?」

아사노 ： 「아, 에구치 군? 저, 이번 일요일에 미타니 선생님 댁으로 모두가 가고 싶은데 자네도 함께 가지 않겠니?」

에구치 ： 「글쎄, 미타니 선생님 댁은 어디였드라?」

아사노 ： 「가마쿠라인데, 만약 좋다면 일요일 아침 10시에 도쿄역에 모이기로 하고 싶은데. 」

에구치 ： 「10시에 도쿄역이야. 이른데. 」

아사노 ： 「도쿄역의 13번선 폼의 중앙 계단 옆에 매점이 있지?」

에구치 ： 「응. 」

아사노 ： 「그 매점 앞에서 만났으면 한다. 」

에구치 ： 「13번선 폼의 매점 있는 데 말이지. 」

아사노 : 「중앙 계단을 오른 곳의 매점 앞이야.」

에구치 : 「아, 알았다. 그 밖에 누가 가?」

아사노 : 「글쎄, 나머지 5, 6명일까. 사카이 군 하고, 스기모토 군 하고, 오
　　　　쓰카 군 하고 …. 마쓰오 씨와 세키구치 씨는 이제부터 연락할 참이다.」

에구치 : 「서클의 멤버이군, 가능한 한 기회를 만들어서 가도록 하겠다.」

아사노 : 「꼭 와.」

에구치 : 「응, 10시까지 가지 않으면 먼저 가 주어.」

아사노 : 「응, 그럼 또.」

에구치 : 「그럼, 다시.」

＊　　　　＊　　　　＊

이번에는 마쓰오 씨 집으로 전화를 걸었는데, 때마침 부재 중이었으므로, 되돌
아오면 전화해 주도록 부탁했습니다.

마쓰오 부인 :「예, 마쓰오입니다만 …….」

아사노 : 「저는 아사노입니다만, 기요미 씨 계십니까?」

마쓰오 부인 :「아사노 씨이십니까? 기요미는 때마침 잠깐 외출하고 없는데….」

아사노 : 「몇시경에 돌아오십니까?」

마쓰오 부인 :「글쎄, 분명 4시경이 될 것이라든가 말하고 있었는데……, 무슨
　　　　급한 용건이라도…….」

아사노 : 「실은 이번 일요일에 모두가 가마쿠라의 미타니 선생님 댁에 방문하기
　　　　로 했는데, 기요미 씨도 가실까 하고 생각해서 전화했읍니다만, …….」

마쓰오 부인 :「그렇습니까? 돌아오면 이쪽에서 전화 걸도록 할까요?」

아사노 : 「예, 부탁하겠읍니다. 이쪽은 341의 2957입니다만…….」

마쓰오 부인 :「잠깐 기다려 주십시오. …… 기다리셨읍니다.」

아사노 : 「341의…… 2957입니다.」

마쓰오 부인 :「341의 2957이지요.」

아사노 : 「예, 그렇습니다. 잘 부탁합니다.」

＊　　　　＊　　　　＊

기요미 : 「여보세요, 나 마쓰오. 아까 전화 주셨다는데, 일요일에 모두 어딘가
　　　　간다고요.」

아사노 : 「아, 미타니 선생님한테 모두가 가려고 생각하는데, 시간 낼 수 있어?」

기요미 : 「미타니 선생님은 가마쿠라였지요. 나도 가고 싶어. 어디서 만나요?」

아사노 : 「도쿄역에 모이기로 했는데, 10시까지 올 수 있어?」

기요미 : 「10시지요, 도쿄역의 어디?」

아사노 : 「13번선 폼의 중앙 계단이 있는 곳에 매점이 있는데.」

기요미 : 「예, 있어요.」

아사노 : 「그 앞에서 기다리고 있겠어.」

기요미 : 「알았어요. 뭐 가지고 가요?」

아사노 : 「아니, 아무것도 필요없어.」

기요미 : 「하지만, 선생님 댁에는 점심 무렵에 도착하지요? 점심은 어떻게 할
려고?」

아사노 : 「아, 그렇군. …… 가마쿠라역 앞에서 뭔가 먹고나서 가면 어떨까?」

기요미 : 「그래요, 그것이 좋아요. 그럼….」

아사노 : 「아, 그리고 말이야, 마쓰오 씨가 세키구치 씨에게 연락해 주지 않겠
어?」

기요미 : 「좋아요.」

아사노 : 「그럼, 부탁해. 그럼 또.」

기요미 : 「안녕.」

═〓낱〓말〓풀〓이〓═

した (親)しい : 형 친하다

かける : 타하1 (전화를) 걸다

つごう (都合) : 명 형편, 사정

げしゅく (下宿) : 명 하숙

こうしゅうでんわ (公衆電話) : 명 공중
전화

ばんごう (番号) : 명 번호

たしかめる : 타하1 확인하다

りょうきん (料金) : 명 요금

ダイヤル (dial) : 명 다이얼

まわ(回)す : 타5 돌리다

もしもし : 갑 여보세요

おたく (宅) : 명 댁(「家」를 높인 말)

とこ : 명 곳(「ところ」와 같은 뜻)〜할 참

〜け : 조 〜었지, 〜었던가 예 どこ
だったっけ (어디였던가?)

〜ばんせん (番線) : 접미 〜번선 예 1
ばんせん (1번선)

ホーム (form) : 명 플랫폼의 준말. 폼

ちゅうおう (中央) : 명 중앙

かいだん (階段) : 명 계단

ばいてん (売店) : 명 매점

うん : 갑 승낙, 긍정 등을 표시하는
말. 응

ま (待)ちあ (合)わせる : 자하1 (시간
・장소를 미리 정하고 거기서) 만

나기로 하다

あと(後) : 몡 나머지 일, 그 외의 일

れんらく(連絡) : 몡 연락

サークル(circle) : 몡 서클

メンバー(member) : 몡 멤버

なるべく : 閂 될 수 있는 한, 가능한 한

つごう(都合)をつける : 변통하다, 기회를 만들다, 시간을 내다

さき(先)に : 閂 먼저

あいにく : 閂 공교롭게도, 때마침

るす(留守) : 몡 부재 중

たの(頼)む : 타5 부탁하다

ふじん(夫人) : 몡 부인

~でいらっしゃいます : ~이십니다 (「です」의 존경어) 몌 あなたが金さんでいらっしゃいますか。(당신이 김씨

이십니까?)

さあ : 갑 ① 글쎄 ② 자아, 어서

いそ(急)ぎ : 몡 급함

ようじ(用事) : 몡 용건

あたし : 몡 나(주로 여자가 쓰는 말)

さっき : 閂 아까

どっか : 몡 어딘가(「どこか」의 속된 말)

~って : 조 ~이라고, ~이래요 몌 あのかたは来月(らいげつ)帰(かえ)るのですって。(저 분은 내달 돌아간대요.)

つごう(都合)がつく : 시간이 나다

ま(待)ってる : 기다리고 있다(「待っている」의 「い」가 생략된 꼴)

ううん : 갑 부정하거나, 不同意·망설임을 나타낼 때 쓰는 말. 아니, 응

‖‖‖‖한‖‖자‖‖풀‖‖이‖‖‖‖

谷 { たに : 谷(たに) 계곡 / コク : 幽谷(ユウコク) 유곡

辺 { あたり : 辺(あた)り 부근 / べ : 海辺(うみべ) 해변 / ヘン : 辺境(ヘンキョウ) 변경

公 { おおやけ : 公(おおやけ) 공공 / コウ : 公平(コウヘイ) 공평

号 { ゴウ : 号令(ゴウレイ) 호령 / 番号(バンゴウ) 번호

線 { セン : 線路(センロ) 선로 / 点線(テンセン) 점선

杉 { すぎ : 杉(すぎ) 삼나무 / 杉並木(すぎなみき) 삼목 가로수

央 { オウ : 中央(チュウオウ) 중앙

塚 { つか : 塚(つか) 흙 무더기 / 貝塚(かいづか) 패총

松 { まつ : 松(まつ) 소나무 / ショウ : 松竹梅(ショウチクバイ) 송죽매

連 { つらなる : 連(つら)なる 나란히 줄지어 있다 / つらねる : 連(つら)ねる 늘어놓다 / つれる : 連(つ)れる 데리고 오다 / レン : 連合(レンゴウ) 연합

絡 { からむ : 絡(から)む 휘감기다 / からまる : 絡(から)まる 얽히다 / ラク : 連絡(レンラク) 연락

尾 {
お ： 尾(お) 꼬리
ビ ： 尾行(ビコウ) 미행
}

紀 {
キ ： 紀元(キゲン) 기원
風紀(フウキ) 풍기
}

美 {
うつくしい ： 美(うつく)しい 아름
답다
ビ ： 美術(ビジュツ) 미술
}

해　설

■ **行きたかった**……가고 싶었다.

「動詞와 せる・させる・れる・られる의 連用形＋たい」의 꼴로 말하는 사람의 소망을 나타낸다.

海で泳ぎ**たい**。(바다에서 헤엄치고 싶다.)
外国へ行って見**たい**。(외국에 가보고 싶다.)
ほめられ**たい**。(칭찬을 듣고 싶다.)
本が読み**たい**。(책을 읽고 싶다.)
酒が飲み**たい**。(술을 마시고 싶다.)

■ **電話をかける**……전화를 걸다

電話がかかる……전화가 걸리다
電話がかかってくる……전화가 걸려 오다
ダイヤルを回す……다이얼을 돌리다
電話(口)に出る……전화를 받다
電話を入れる……전화하다
電話を引く……전화를 놓다(가설하다)
電話が通じる……전화가 통하다
電話番号がかわる……전화 번호가 바뀌다

■ **～から**……～니까, ～므로

「用言의 終止形＋から」의 꼴로 원인・이유를 나타낸다.

あぶない**から**やめなさい。(위험하니까 그만해요.)
雨が降りそうだ**から**遠足はとりやめる。(비가 올 것 같으니까 소풍은 중지한다.)
悲しい**から**泣くのだ。(슬프니까 우는거다.)

■ **～け (助詞)**

「～け」는 助詞로 助動詞「た」「だ」에 붙어「～たっけ」「～だっけ」의 形으로 文의 끝에 붙어서 전에 있었던 일을 회상하거나, 또는 상대방의 관심을 끄는 뜻을 포함하는 질문을 하는 기분을 나타낸다. 「～었던가?, ～었더라?, ～었지?」의 뜻이다.

　　子供のころはこの辺でよく遊んだっけ。

　　(어린 시절에는 이 부근에서 자주 놀았었지.)

　　去年の夏はみんなで海へ泳ぎに行って本当に楽しかったっけ。

　　(작년 여름에는 모두가 바다로 헤엄치러 가서 정말로 즐거웠었지.)

　　あの人はどなたでしたっけ。 (저 사람은 누구였더라?)

　　きょうの映画は何時からだっけ。 (오늘 영화는 몇 시부터였지?)

　　あなたはきのう学校へ来ていたっけ。 (당신은 어제 학교에 왔었던가?)

■ 10時に東京駅か

이 「か」는 혼자말처럼 말할 경우에 쓴다. 뜻은 의문이 아니라 영탄(詠嘆)을
나타낸다.

　　もう12時か。そろそろ寝よう。 (벌써 12시야. 슬슬 자야지.)

　　彼も死んだか。 (그도 죽었는가.)

　　まだか。遅いなあ。 (아직도야. 늦네.)

■ 後(あと)～

「後＋数詞＋だ(です)」의 꼴로 「나머지, 이제, 앞으로」 등의 뜻이다.

　　仕事は後三日で終わります。

　　(일은 앞으로(나머지) 3 일로 끝납니다.)

　　残りの人は後三人です。

　　(남은 사람은 이제(나머지) 세 사람입니다.)

　　新年は後十時間です。 (신년은 앞으로 10시간 남았읍니다.)

■ 坂井君に，杉本君に，大塚君に

이 助詞 「に」는 첨가되거나 항상 함께 존재하는 것을 열거함을 나타낸다.
「～에, ～며, ～하고」 등의 뜻이 된다.

　　私は朝トストにミルクですますします。

　　(나는 아침에 토스트하고 밀크로 때웁니다.)

　　われわれは学校で数学に物理に化学に生物を勉強しています。

　　(우리들은 학교에서 수학이며 물리며 화학이며 생물을 공부하고 있읍니
다.)

　　彼はいつも青い上着に赤いネクタイというかっこうをしています。

　　(그는 늘 파란 저고리에 빨간 넥타이를 한 모양을 하고 있읍니다.)

■ ～でいらっしゃいます

「名詞 또는 形容動詞의 語幹＋でいらっしゃいます」의 「いらっしゃる」는 「あ

る」의 존경어로서 보조동사이다. 즉, 「〜でいらっしゃいます」는 「〜です」의 존경어이다.

　　山田さんの奥さんでいらっしゃいます。

　　(야마다 씨의 부인이십니다.)

　　食べ物は何がお好きでいらっしゃいますか。

　　(음식은 무엇을 좋아하십니까?)

　　どなたさまでいらっしゃいますか。 (누구십니까?)

■ お急ぎのご用事

「お＋動詞의 連用形＋の＋名詞」의 꼴로 「〜하시는〜, 〜하실〜」라는 뜻을 나타내며 존경어의 표현이 된다.

　　お帰りの方(돌아가실 분)

　　お乗りの方(타실 분)

　　お分かりの方(아시는 분)

■ 〜って (助詞)

「〜って」는 회화체로만 쓰이는 助詞이다.

① 助詞 「と」와 같은 뜻으로 動作의 內容, 즉 「〜이라고」 하는 뜻을 나타낸다.

　　子供の名前は太郎ってつけました。

　　(어린이의 이름은 다로라고 지었읍니다.)

　　試験ができなかったってがっかりしていますよ。

　　(시험을 잘못 쳤다고 낙심하고 있어요.)

　　父の手紙にはやめた方がいいって書いてあります。

　　(아버지의 편지에는 그만두는 것이 좋다고 씌어 있읍니다.)

② 「〜이라는」 뜻을 나타낸다. 특히 친한 사람과 말할 때에만 사용하는 것이 보통이다.

　　李さんって人はどこの大学を卒業したんですか。

　　(李씨라는 사람은 어느 대학을 졸업했읍니까?)

　　きょうは休みだってこと, 忘れてしまったんです。

　　(오늘은 휴일이라는 걸 잊어버렸읍니다.)

　　来月から始まるって話だよ。 (내달부터 시작된다는 거야.)

③ 「〜라는 것은, 〜란」의 뜻을 나타낸다.

　　彼の奥さんってどんな人かしら。 (그의 부인이란 어떤 사람일까?)

　　試験に落ちたって本当ですか。 (시험에 떨어졌다는 것은 정말입니까?)

人にやさしく話すってむずかしいことね。

(남에게 상냥하게 말한다는 것은 어려운 일이군요.)

④ 상대방의 질문을 되풀이 말해서 그것에 대한 대답이나 자기의 생각을 나타내는 경우에 使用한다. 「～냐고 물어도」의 뜻을 나타낸다.

どうしたらいいって, そんなこと自分で考えなさい。

(어쩌면 좋으냐는 따위는 자기가 생각해요.)

あれはだれかって, ぼくだって知らないよ。

(저 사람이 누군지는 나도 몰라.)

いつにするかって, 君はいつがいいんだい。

(언제로 하느냐는데 자네는 언제가 좋아?)

⑤ 伝聞의 뜻을 나타낸다. 「～한대, ～이래, ～라더라」 등의 뜻이 된다.

天気予報によると, あしたはいい天気になるって。

(일기 예보에 의하면 내일은 좋은 날씨가 된대.)

あの映画はおもしろいんだってさ。 (저 영화는 재미있다더라.)

あなたはテニスがとても上手ですってね。

(당신은 테니스를 대단히 잘 한다면서요?)

⑥ 상대방의 말을 반문하면서 사실 여부를 확인하는 경우에 使用한다. 「～라구요」의 뜻.

なに, どろぼうだって。ほんとか。(뭐, 도둑놈이라구요? 정말이야?)

もう終ったって。ずいぶん早いな。(벌써 끝났다고? 매우 빠른데.)

大学にはいれたって。そりゃよかった。

(대학에 들어갔다면서? 그것 다행일세.)

■ 待ってる

「待ってる」의 원형태는 「待っている」이다. 会話体에서는 助詞 「て」 다음에 오는 「いる」, 「いらっしゃる」 등의 「い」는 생략해서 말할 수 있다.

待っている ⟶ 待ってる (기다리고 있다)

乗っています ⟶ 乗ってます (타고 있습니다.)

読んでいる本 ⟶ 読んでる本 (읽고 있는 책)

見ていた ⟶ 見てた (보고 있었다)

教えていてください ⟶ 教えててください (가르치고 있어 주십시오)

行っていらっしゃい ⟶ 行ってらっしゃい (다녀 오십시오)

‖‖‖‖‖‖‖‖‖‖‖‖‖‖ 연습문제 ‖‖‖‖‖‖‖‖‖‖‖‖‖‖

Ⓐ 次の韓国語を日本語に訳しなさい。

1. 친구 집에 놀러 가려고 하여, 막 집을 나서려고 할 때에 공교롭게 손님이 찾아왔습니다.

2. 중앙 계단을 오른 곳에서 기다리기로 약속했는데, 아직 오지 않습니다.

3. 미안합니다만 김선생님 댁 전화 번호를 아십니까?

4. 네, 기억하고 있지 않지만 어딘가에 적어 놓은 것이 있을 것입니다.

5. 바쁜 용건이 생겨서 오늘밤 당신 집으로 갈 수가 없습니다.

Ⓑ 次の □□□□ の中に適当な助詞を入れなさい。

1. 都合□□□□つける

2. 東京駅□□□□待ち合わせる

3. 用事□□□□できる。

4. 都合□□□□つく

5. 関口さん□□□□連絡する。

◁해답▷

Ⓐ
1. 友だちのところへ遊びに行こうと思って，ちょうど家を出ようとするところへあいにくお客さんが訪ねてきました。　2. 中央階段を上がったとこ(ところ)で待ち合わせたんですけど，まだ来ません。　3. すみませんが，金先生のお宅の電話番号をご存じですか。　4. はい，覚えていませんが，どこかに書いてあるのがあるでしょう。　5. 急用ができて，今晩あなたのところへ行けません。

Ⓑ
1. 都合(を)つける　2. 東京駅(で)待ち合わせる　3. 用事(が)できる　4. 都合(が)つく　5. 関口さん(に)連絡する

第十三課　小包とかわせ

　私はこの間，小説を一冊買いました。大変おもしろかったので，友達に送ってやりたいと思ってそれを紙に包んで丈夫なひもでよくゆわえました。それから友達の宛名を表に書いて，裏に私の住所と名前を書きました。午後，散歩のついでに公園の近くの郵便局へよりました。

　まず「小包」という札のある窓の所へ行って，「これをお願いします。」と言いながら，小さい紙包みを出しました。係の人は，それを受け取って，はかりにかけました。

　私が「いくらですか。」と尋ねると，係の人は「書留ですか。」と言いましたから，「いいえ，普通でよろしいです。」と答えました。係の人は「普通なら五十五円です。」と言いましたから百円だまを出すと四十五円のおつりをくれました。

　私は「それじゃ，お願いします。」と言って今度は「かわせ」と書いてある所へ行き，「七百五十円のかわせをお願いします。」と言って千円札を出すと，係の人は黙って受け取りました。

　しばらく待っていると，係の人は七百五十円という判を押した為替を私の方へ出しながら「為替料四十円，二百十円のおつりです。」と言いました。私はそれを受け取って，封筒に入れて封をしました。

　それから，「書留」と書いてある所へ行って，「これを書留でお願いします。」と言いながら五十円を封筒にのせて出すと，係の人はそれをはかりにかけてみて，「この手紙は少し重すぎますから，六十円要ります。」と言いましたので，もう十円出しました。少し待つと，係の人が領収証をくれたので，それをもらって家へ帰りました。

漢字읽기

小説	包む	丈夫	公園	札	願う	係	尋ねる	書留	黙る	判
しょうせつ	つつ	じょうぶ	こうえん	ふだ	ねが	かかり	たず	かきとめ	だま	はん

押す	為替	封	領収証
お	かわせ	ふう	りょうしゅうしょう

제13과　소포와 우편환

　나는 요전에 소설을 한 권 샀읍니다. 대단히 재미가 있어서 친구에게 보내 주고 싶다고 생각하고, 그것을 종이에 싸고 단단한 끈으로 잘 묶었읍니다. 그리고 친구의 주소와 이름을 앞면에 쓰고, 뒷면에 내 주소와 이름을 썼읍니다. 오후, 산책 길에 공원 근처에 있는 우체국에 들렀읍니다.

　우선 「소포」라는 팻말이 있는 창 쪽으로 가서 「이것을 부탁합니다.」라고 말하면서 종이로 싼 작은 물건을 내밀었읍니다. 계원은 그것을 받고 저울에 달았읍니다.

　내가 「얼마입니까?」라고 물으니, 계원은 「등기 우편입니까?」라고 말했으므로 「아니오, 보통으로 좋습니다.」라고 대답했읍니다.

　계원은 「보통이면 55엔 입니다.」라고 말했으므로, 100엔짜리 주화를 냈더니, 45엔의 거스름돈을 주었읍니다.

　나는 「그러면, 부탁합니다.」라고 말하고, 이번에는 「우편환」이라고 씌어 있는 곳에 가서 「750엔의 우편환을 부탁합니다.」라고 말하고 1,000엔짜리 지폐를 냈더니, 계원은 잠자코 받았읍니다.

　잠시 기다리고 있으니, 계원은 750엔이라는 도장을 찍은 우편환을 내 쪽으로 내놓으면서 「우편환료 40엔, 210엔의 거스름돈입니다.」라고 말했읍니다. 나는 그것을 받고 봉투에 넣어 봉했읍니다.

　그리고서, 「등기」라고 씌어 있는 곳에 가서 「이것을 등기로 부탁합니다.」라고 말하면서 50엔을 봉투에 얹어서 냈더니, 계원은 그것을 저울에 달아 보고 「이 편지는 너무 무거우므로 60엔이 필요합니다.」라고 말했기 때문에 10엔 더 냈읍니다. 조금 기다렸더니, 계원이 영수증을 주었기 때문에 그것을 받고서 집에 돌아왔읍니다.

＝낱＝말＝풀＝이＝

このあいだ (間) : 圐 요전　　　　　　　　　　틈하다

じょうぶ (丈夫)だ : 형동 견고하다, 튼　　ひも : 圐 끈

ゆわえる : 타하1 매다, 묶다

ついでに : 🚇 (~하는) 김에, (어떤) 계제에

よ (寄)る : 자5 들르다

まず : 🚇 우선

ふだ (札) : 🚇 팻말

かみづつ (紙包)み : 🚇 종이로 싼 물건

かかり (係)のひと (人) : 🚇 계원, 담당

かきとめ (書留) : 🚇 등기 우편

かわせ (為替) : 🚇 우편환

だま (黙)る : 자5 말을 하지 않다, 침묵하다

はん (判) : 🚇 도장

お (押)す : 타5 찍다, 밀다

ふう (封)をする : 봉하다

はかり : 🚇 저울

はかりにかける : 저울에 달다

りょうしゅうしょう (領収証) : 🚇 영수증

||||||| 한 ||||| 자 ||||| 풀 ||||| 이 |||||||

説 { とく : 説(と)く 설명하다
　　セツ : 説明(セツメイ) 설명
　　ゼイ : 遊説(ユウゼイ) 유세

尋 { たずねる : 尋(たず)ねる 묻다
　　ジン : 尋問(ジンモン) 심문

押 { おす : 押(お)す 밀다
　　おさえる : 押(お)さえる 억누르다
　　オウ : 押収(オウシュウ) 압수

判 { ハン : 判定(ハンテイ) 판정
　　バン : 大判(オオバン) 대판

為 { イ : 為政者(イセイシャ) 위정자
　　かわ : 為替(かわせ) 우편환

収 { おさめる : 収(おさ)める 거두다
　　おさまる : 収(おさ)まる 수습되다
　　シュウ : 収穫(シュウカク) 수확

해 설

■ **ついでに**……「~하는 김에」란 뜻으로 動詞에 이어질 때에는 連体形에 연결된다.

ついでにこれもお願いします。

(이 계제〈수고해 주시는 김〉에 이것도 부탁합니다.)

話のついでにもう一つ, 来月のことも話しておこう。

(이야기하는 김에 하나 더 내달 일도 말해 두자.)

この辺に来たついでにちょっとお寄りしました。

(이 근처에 온 김에 잠깐 들렀읍니다.)

■ **~なら (助動詞)**……~이면

「体言・用言의 終止形＋なら」의 꼴로 가정・조건을 나타낸다.

そういう話なら引き受けましょう。(그런 이야기라면 맡겠읍니다.)

ほしいならあげるよ。(갖고 싶다면 주겠어.)

君が行くなら，ぼくも行く。(자네가 간다면 나도 간다.)

全員で賛成するならその案にしよう。(전원이 찬성한다면 그 안으로 하자.)

■ はかりにかけてみて……저울에 달아 보고.

「補助動詞として て＋みる」의 꼴로 「해 보다」의 뜻을 나타낸다.

食べてみる。(먹어보다.)

会ってみる。(만나 보다.)

やってみな，できるから。(해 보렴, 할 수 있으니까.)

起きてみたら誰も居なかった。(일어나 보니 아무도 없었다.)

月にいってみたい。(달에 가 보고 싶다.)

‖‖‖‖‖‖‖‖‖‖ 연습문제 ‖‖‖‖‖‖‖‖‖‖

A 次の韓国語を日本語に訳しなさい。

1. 어린애를 의사에게 데리고 간 김에 나도 진찰을 받았읍니다.

2. 머리털이 너무 기니까 짧게 깎아 주었으면 합니다.

3. 이 돈을 우편환으로 해서 봉투에 넣어 등기로 부쳐 주십시오.

4. 길을 모르면 파출소에서 순경에게 묻는 것이 좋습니다.

5. 이 영수증에는 도장을 찍지 않아도 되는 것인지요?

B 次の漢字の読み方を言いなさい。

1. 心配	2. 為替	3. 書留
4. 訳	5. 神様	6. 看病
7. 勿論	8. 織物	9. 荷物
10. 切符	11. 行列	12. 片道

13. 近所　14. 受取　15. 平気
16. 位置　17. 大切　18. 発音
19. 舌　20. 作文

◁解答▷

A

1. 子供を医者へつれて行ったついでに私もみてもらいました。㊟ 진찰을 받다…みてもらう。「みる」에는 「진찰하다」의 뜻이 있다. 환자를 진찰하다…病人をみる。　2 髪の毛が長すぎますから，短く刈ってもらいたいんです。㊟ 깎아 주었으면 한다…刈ってもらいたい。와 주었으면 한다…来てもらいたい。　3. このお金を為替にして，封筒に入れて書留で出してください。　4. 道が分らなければ，交番で巡査に尋ねる方がいいです。　5. この受取には判を押さなくてもいいのでしょうか。

B

1. 心配（しんぱい）　2. 為替（かわせ）　3. 書留（かきとめ）　4. 訳（わけ）　5. 神様（かみさま）　6. 看病（かんびょう）　7. 勿論（もちろん）　8. 織物（おりもの）　9. 荷物（にもつ）　10. 切符（きっぷ）　11. 行列（ぎょうれつ）　12. 片道（かたみち）　13. 近所（きんじょ）　14. 受取（うけとり）　15. 平気（へいき）　16. 位置（いち）　17. 大切（たいせつ）　18. 発音（はつおん）　19. 舌（した）　20. 作文（さくぶん）

第十四課　桃太郎

　むかしむかし，ある所におじいさんとおばあさんがありました。子供がないので二人で寂しく暮らしていました。ある日，おじいさんは山へしばかりに，おばあさんは川へせんたくに行きました。

　おばあさんが川でせんたくをしていますと，川上から大きな桃が流れて来ました。おばあさんはその桃をひろって家へ帰りました。

　おじいさんが夕方うちへ帰ってから，おばあさんが桃を切ろうとしますと，桃が二つにわれて，中から大きな男の子が生まれました。

　おじいさんとおばあさんは大層喜んで，その子に桃太郎という名をつけて大事に育てました。桃太郎はだんだん大きくなって，大層強くなりました。

　ちょうどそのころ，鬼が島から，時々鬼が来て，人を殺したり，物を盗んだりして，人々は，金持ちもびんぼう人もおとなも子供もみんな困っていました。

　そこで桃太郎は鬼を征伐しようと思って，おじいさんとおばあさんに話しますと，二人は大層喜んでおばあさんはきびだんごをこしらえてやりました。

　桃太郎がさっそくしたくをして，少し行くと，犬が来て，

犬　　　「桃太郎さん，桃太郎さん，あなたはどこへおいでになりますか。」

桃太郎　「鬼が島へせいばつに。」

犬　　　「お腰の物は何ですか。」

桃太郎　「日本一のきびだんご。」

犬　　　「一つください，お供をします。」

桃太郎　「そんならやるからついておいで。」

　桃太郎が犬をつれて少し行くと，猿ときじが来ました。そしておいしいだんごをもらって家来になりました。

　鬼たちは桃太郎が来たのを見ておどろいて，「あれは桃太郎にちがいない。桃太郎は強いから安心できない。」と言って鉄の門をしめてしまいました。そして大ぜい集まって出口や入口を守っています。

　桃太郎は門の中へはいることができないので，困っていますと，きじがとびこんで中から門をあけましたので，桃太郎と家来は門の中へはいりました。

　鬼たちがびっくりしていますと，きじはつっつきまわり，猿はひっかきまわり，犬はかみつきまわります。桃太郎は刀をぬいて大きい鬼にむかいました。

　鬼たちは一生けんめいたたかいましたけれども，とてもかないませんので，とうとう降参して大事な宝物を出して，ゆるして下さいとねがいました。そして，もうこれからは，決して悪いことをしないと言ってあやまりましたので，桃太郎はゆるしてやりました。

　おじいさんとおばあさんは桃太郎のるすの間，ずいぶん心配しましたけれども，桃太郎が珍しいみやげをどっさり車につんで，無事に帰って来たので安心しました。

漢字読기 ——————————

桃太郎	寂しく	暮らし	川上	切ろう	大層	大事	育て	鬼
ももたろう　さび　く　かわかみ　き　たいそう　だいじ　そだ　おに

殺し	盗んだり	びんぼう人	困って	征伐	腰	日本一	供	猿
ころ　ぬす　にん　こま　せいばつ　こし　にっぽんいち　とも　さる

家来	大ぜい	集まって	出口	入口	守って	刀	一生	降参
けらい　おお　あつ　でぐち　いりぐち　まも　かたな　いっしょう　こうさん

宝物	決して	珍しい	無事
たからもの　けっ　めずら　ぶじ

제14과　모모타로

옛날 옛적 어느 곳에 할아버지와 할머니가 있었읍니다. 어린애가 없기 때문에 둘이서 쓸쓸하게 지내고 있었읍니다. 어느 날, 할아버지는 산에 땔나무를 하러, 할머니는 강에 빨래하러 갔읍니다.

할머니가 강에서 빨래를 하고 있는데, 상류로부터 큰 복숭아가 흘러 내려왔읍니다. 할머니는 그 복숭아를 주워서 집에 돌아왔읍니다.

할아버지가 저녁때에 집에 돌아오고 나서 할머니가 복숭아를 자르려고 하니, 복숭아가 두 쪽으로 갈라지고, 안에서 큰 사내아이가 태어났읍니다.

할아버지와 할머니는 대단히 기뻐하고, 그 애에게 모모타로라는 이름을 지어 소중히 길렀읍니다. 모모타로는 점점 커서 대단히 세어졌읍니다.

마침 그때 도깨비섬에서 때때로 도깨비가 와서 사람을 죽이기도 하고 물건을 훔치기도 하여서, 사람들은, 부자도 가난한 사람도 어른도 어린이도 모두 난처해져 있었읍니다.

그래서 모모타로는 도깨비를 정벌하리라 생각하고 할아버지와 할머니에게 말하자, 두 사람은 대단히 기뻐하여 할머니는 수수 경단을 만들어 주었읍니다.

모모타로가 당장 준비를 하고 조금 가니 개가 와서,

개 :   「모모타로 씨 모모타로 씨, 당신은 어디로 가십니까?」

모모타로 :「도깨비섬으로 정벌하러.」

개 :   「허리에 찬 것은 무엇입니까?」

모모타로 :「일본 제일의 수수 경단.」

개 :   「하나 주십시오. 모시고 따라가겠읍니다.」

모모타로 :「그렇다면 줄 테니 따라오렴.」

모모타로가 개를 데리고 조금 가니, 원숭이와 꿩이 왔읍니다. 그리고 맛있는 경단을 받고서 부하가 되었읍니다.

도깨비들은 모모타로가 온 것을 보고 놀라서「저건 모모타로가 틀림없다. 모모타로는 세니까 안심할 수 없다.」라고 말하고 철문을 닫아버렸읍니다. 그리고 여럿이 모여서 출구랑 입구를 지키고 있읍니다.

모모타로는 문 안으로 들어갈 수가 없어서 난처해하고 있었더니, 꿩이 날아들어가 안에서 문을 열었기 때문에 모모타로와 부하는 문안으로 들어갔읍니다.

도깨비들이 깜짝 놀라고 있을 때, 꿩은 쿡쿡 쪼며 다니고, 원숭이는 할퀴고 다니고, 개는 물어뜯고 다닙니다. 모모타로는 칼을 뽑아 큰 도깨비와 맞섰읍니다.

도깨비들은 매우 열심히 싸웠읍니다만 도저히 당해낼 수 없으므로 드디어 항복하고, 소중한 보물을 내놓으며 용서해 달라고 빌었읍니다. 그리고 이제 앞으로

는 결코 나쁜 짓을 하지 않겠다고 말하며 잘못을 사과하였기 때문에 모모타로
는 용서해 주었읍니다.

　할아버지와 할머니는 모모타로가 집에 없는 동안 매우 걱정했읍니다만, 모모
타로가 진기한 선물을 듬뿍 수레에 싣고 무사히 돌아왔기 때문에 안심했읍니다.

═〓날〓말〓풀〓이〓═

く(暮)らす：자5 살아가다, 지내다

しばかり：명 멜나무를 벰

かわかみ(川上)：명 (강의) 상류

なが(流)れる：자하1 흐르다

な(名)をつける：이름을 짓다

だいじ(大事)だ：형동 소중하다

そだ(育)てる：타하1 기르다

おに(鬼)がしま(島)：명 옛날 도깨비
　가 살고 있었다는 섬

おに(鬼)：명 도깨비

ころ(殺)す：타5 죽이다

かねも(金持)ち：명 부자

びんぼうにん(貧乏人)：명 가난한 사람

そこで：접 그래서

せいばつ(征伐)：명 정벌

きびだんご：명 수수 경단

さっそく：부 즉시, 당장

したく：명 준비

こし(腰)：명 허리

おともをする：모시고 따라가다

ついておいで：따라 오렴

きじ：명 꿩

けらい(家来)：명 부하

あんしん(安心)：명 안심

もん(門)：명 문

おおぜい：명 많은 사람

でぐち(出口)：명 출구

いりぐち(入口)：명 입구

まも(守)る：타5 지키다

とびこむ：자5 뛰어들다, 날아들다

びっくりする：자サ 깜짝 놀라다

つっつきまわる：자5 쪼아대고 다니
　다

ひっかきまわる：자5 할퀴고 다니다

かみつきまわる：자5 물어대고 다니
　다

ぬ(抜)く：타5 뽑다

む(向)かう：자5 맞서다, 대항하다

たたか(戦)う：자5 싸우다

かなう：자5 대적하다, 당해내다

こうさん(降参)：명 항복

たからもの(宝物)：명 보물

ゆる(許)す：타5 용서하다

けっ(決)して：부 결코

あやま(謝)る：타5 사과하다

みやげ：명 선물

どっさり：부 듬뿍

つ(積)む：타5 싣다

ぶじ(無事)だ：형동 무사하다

〰〰〰한〰〰자〰〰풀〰〰이〰〰

暮	くれる：暮(く)れる 저물다
	くらす：暮(く)らす 살아가다
	ボ　：暮春(ボシュン) 모춘
濯	タク：洗濯(センタク) 세탁
層	ソウ：層雲(ソウウン) 안개 구름
	高層(コウソウ) 고층
育	そだつ：育(そだ)つ 자라다
	そだてる：育(そだ)てる 기르다
	イク：育児(イクジ) 육아
鬼	おに：鬼(おに) 도깨비
	キ　：鬼才(キサイ) 귀재
殺	ころす：殺(ころ)す 죽이다
	サツ：殺人(サツジン) 살인
	サイ：相殺(ソウサイ) 상쇄
	セツ：殺生(セッショウ) 살생
征	セイ：征服(セイフク) 정복
	遠征(エンセイ) 원정

伐	バツ：伐採(バッサイ) 벌채
	殺伐(サツバツ) 살벌
供	そなえる：供(そな)える 바치다
	とも：供(とも) 수행원
	キョウ：供給(キョウキュウ) 공급
	ク　：供物(クモツ) 공양물
門	かど：門(かど) 문, 집 앞
	モン：門下生(モンカセイ) 문하생
抜	ぬく：抜(ぬ)く 뽑다
	バツ：抜群(バツグン) 발군
宝	たから：宝(たから) 보물
	ホウ：宝石(ホウセキ) 보석
許	ゆるす：許(ゆる)す 용서하다
	キョ：許可(キョカ) 허가
無	ない：無(な)い 없다
	ム　：無名(ムメイ) 무명
	ブ　：無礼(ブレイ) 무례

해 설 ─────────

■ ～ので

「用言・助動詞의 連体形＋ので」의 꼴로 「～때문에, ～므로」의 뜻을 나타낸
다.

雨が降るので遠足は中止だ。(비가 오므로 소풍은 중지다.)
風が強いので火が広がった。(바람이 세기 때문에 불이 번졌다.)
あんまりはたらいたので病気になった。(너무 일했기 때문에 병에 걸렸다.)
私はその事を知らないので黙っていました。(나는 그 일을 모르기 때문에
　　잠자코 있었습니다.)

「ので」는 「から」와 뜻이 비슷하나, 「ので」가 「風が強いので, ほこりが立つ。
(바람이 세기 때문에 먼지가 일다.)」처럼 객관적인 데 비해, 「から」는 「風が強
いから窓をしめよう。(바람이 세기 때문에 창문을 닫자.)」처럼 주관적인 표현일
때 쓰인다.

■ かわかみ(川上)：(강의) 상류

かわしも(川下)：(강의) 하류

■ ～まわる

「動詞의 連用形＋まわる」의 꼴로「～하고 다니다」의 뜻을 나타낸다.

ひっかきまわる。(할퀴고 다니다.)

歩きまわる。(걸어 다니다.)

持ちまわる。(가지고 다니다.)

にげまわる。(도망쳐 다니다.)

見てまわる。(보고 다니다.)

飲みまわる。(마시고 다니다.)

■「つける」의 여러 가지 뜻

薬をつける。(약을 바르다.)

ボタンをつける。(단추를 달다.)

元気をつける。(기운을 내다.)

家庭教師をつける。(가정 교사를 붙이다.)

あとをつける。(뒤를 쫓다.)

テレビをつける。(텔레비전을 켜다.)

名前をつける。(이름을 짓다.)

日記をつける。(일기를 적다.)

気をつける。(주의하다.)

車を門の前につける。(차를 문 앞에 붙이다.)

知識を身につける。(익히다, 지식을 습득하다.)

かたをつける。(결말을 짓다.)

しるしをつける。(표를 하다.)

■「向かう」의 여러 가지 뜻

① 正面にむかう。(정면을 향하다.)

机にむかう。(책상을 대하다.)

親にむかって口答えする。(부모에 대하여 말대꾸하다.)

面とむかって悪口を言う。(얼굴을 맞대고 욕을 하다.)

② 東京にむかう。(東京로 향하다.)

北へむかって進む。(북쪽으로 향해 나아가다.)

戸口にむかって殺到した。(입구를 향해 쇄도했다.)

③ 春にむかう。(봄이 다가오다.)

年の暮れにむかうと何だか忙しい。(연말이 다가오면 뭔가 바쁘다.)

④ 解決にむかう。(해결의 기미가 보이다.)
　事態は悪いほうにむかっている。(사태는 악화해 가고 있다.)
⑤ 敵にむかう。(적에게 맞서다.)
　天にむかってつばをはく。(하늘을 향해 침뱉다.)
　五人の男がむかって来た。(다섯 사나이가 와락 달려들어 왔다.)

|||||||||||||||||||| 연습문제 ||||||||||||||||||||

A 次の韓国語を日本語に訳しなさい。

1. 내가 빨래를 하고 있었더니 우체부가 소포를 갖고 왔읍니다.

2. 小包를 펴 본즉, 東京에 있는 친구가 보내 준 잡지였읍니다.

3. 내가 그 접시를 상 위에 놓아 두었는데, 学校에서 돌아와 보니 둘로 갈라져 있었읍니다.

4. 어젯밤에 아기를 낳았는데, 엄마도 아기도 다 건강합니다.

5. 아직 이름을 짓지 않았는데 할아버지께 이름을 지어 주시도록 부탁드릴 생각입니다.

B 次のことばを使って文章を作ってごらんなさい。

1. 大事に
2. さっそく
3. 一生けんめい
4. とても
5. どっさり

◁해답▷

A

1. 私が洗濯をしていると，郵便屋さんが小包を持って来ました。　2. 小包をあけてみると，東京にいる友達が送ってくれた雑誌でした。　3. 私がその皿をテーブルの上に置いておいたのですが，学校から帰ってみると二つにわれていたのです。　4. 昨晩子供が生まれましたが，親子とも元気です。㊟ 엄마도 애기도 다…「おかあさんも子供もみんな」라고도 하나 助詞「とも(다, 모두)」를 使用해서 「親子とも」라고 하면 된다.　5. まだ名前をつけていませんが，おじいさんにつけていただくようにお願いするつもりです。㊟ 할아버지께서 이름을 지어 주시다…おじいさんが 名前をつけてくださる。

B

1. 何より体を大事になさい。(무엇보다 몸을 소중히 하시오.)　2. 東京に着いたら，さっそくお手紙を下さい。(도쿄에 도착하거든 즉시 편지를 주십시오.)　3. 一生けんめい勉強すれば，きっと上手になるでしょう。(아주 열심히 공부하면 틀림없이 능숙해지겠지요.)　4. ここはとても静かなところなのです。(여기는 대단히 조용한 곳입니다.)　とてもそんなことはできません。(도저히 그런 짓은 못하겠읍니다.)　5. 荷物をどっさり積んで走る汽車もあります。(짐을 잔뜩 싣고 달리는 기차도 있습니다.)

第十五課　カンガルー

「おやっ。あれは何だろう。」

隊長のクックが，いきなり大声をあげて向こうの草むらを指さしました。

今から二百年ぐらい前，イギリスの探険隊が，オーストラリアへ行った時のことです。

探険隊の人たちは，いっせいに，クックの指さす方に目を向けました。

「やあ，ふしぎな動物がいる。」

「何だろう。見たことも，聞いたこともない動物だ。」

探険隊員たちは，口々に，おどろきの声をあげました。

その草むらには，あと足だけで立っている動物がいました。おなかに，ポケットのようなものがついていて，その中から，かわいい子供が顔を出しています。

その動物は，人々の声におどろいたのか，あと足で，ぴょうんぴょうんとはねて，逃げていきました。探険隊には，道案内のために，土地の人がくわわっていました。案内人には英語がわからないので，一人の探険隊員が土地の言葉で，

「あれは，何という動物ですか。」

と案内人に問いました。

案内人は，「はてな？」というような顔をして，首をかしげました。探険隊員が，言いなれない土地の言葉を使って言ったので，案内人には，何を言われたのか，わからなかったのです。

この土地の言葉では，「わからない」ということを，「カンガルー」と言います。案内人は，「あなたの言っていることは，わたしにはわかりませ

ん。」という意味を表わすために，

「カンガルー。」と言いました。

　すると，その探険隊員は，それが，その動物の名前だと思って，隊長
のクックに報告しました。

「あれは，カンガルーという動物だそうです。」

「そうか。カンガルーという動物なのか。」

　クックは，ポケットから手帳を出して，今見たことや，聞いたことを
記録しました。

　おなかの袋に子供を入れ，はねて歩く，オーストラリア産の動物は，
この時から「カンガルー」と呼ばれるようになりました。

漢字읽기 ——————

| <ruby>隊長<rt>たいちょう</rt></ruby> | <ruby>大声<rt>おおごえ</rt></ruby> | <ruby>向<rt>む</rt></ruby>こう | <ruby>探険隊<rt>たんけんたい</rt></ruby> | <ruby>逃<rt>に</rt></ruby>げ | <ruby>道案内<rt>みちあんない</rt></ruby> | <ruby>土地<rt>とち</rt></ruby> | <ruby>案内人<rt>あんないにん</rt></ruby> | <ruby>問<rt>と</rt></ruby>い |

たいちょう　おおごえ　む　たんけんたい　に　みちあんない　とち　あんないにん　と
隊長　大声　向こう　探険隊　逃げ　道案内　土地　案内人　問い
くび　あら　ほうこく　てちょう　きろく　ふくろ　さん
首　表わす　報告　手帳　記録　袋　産

제15과　캥거루

「이크, 저것은 무엇일까?」

대장인 쿡이 갑자기 큰 소리를 지르고 저쪽의 풀숲을 손가락으로 가리켰습니다.

지금부터 2백 년쯤 전　영국 탐험대가 오스트레일리아에 갔을 때의 일입니다.

탐험대원들은 일제히 쿡이 손가락으로 가리키는 쪽으로 눈을 돌렸습니다.

「야, 이상한 동물이 있다. 」

「무엇일까? 본 적도 들은 적도 없는 동물이다. 」

탐험대원들은 제각기 놀란 소리를 질렀습니다.

그 풀숲에는 뒷발만으로 서 있는 동물이 있었습니다.

배에 주머니와 같은　것이 붙어 있고 그 속에서 귀여운 새끼가 얼굴을 내밀고 있습니다.

그 동물은 사람들의 소리에 놀랐는지 뒷발로 깡총깡총 뛰어서 도망쳤습니다. 탐험대에는 길 안내를 위해서 그 지방 사람이 가담하고 있었습니다. 안내인은 영어를 모르기 때문에 한 탐험대원이 그 지방 말로,

「저것은 무엇이라는 동물입니까?」하고 안내인에게 물었읍니다.

안내인은 「글쎄?」라는 듯한 얼굴을 하고 고개를 갸웃했읍니다. 탐험대원이 익숙지 못한 그 지방 말을 사용해서 말했기 때문에 안내인은 무슨 말을 들었는지 몰랐던 것입니다.

이 지방 말로는 「모른다」고 하는 것을 「캥거루」라고 합니다.

안내인은 「당신이 하고 있는 말은 나에게는 알 수 없읍니다.」라는 뜻을 나타내기 위해서

「캥거루」라고 말했읍니다.

그랬더니, 그 탐험대원은 그것이 그 동물의 이름이라고 생각하고 대장인 쿡에게 보고했읍니다.

「저것은 캥거루라는 동물이랍니다.」

「그러냐? 캥거루라는 동물이냐?」

쿡은 주머니에서 수첩을 꺼내어 지금 본 일이랑 들은 일을 기록했읍니다.

배에 달린 주머니에 새끼를 넣고 뛰어다니는 오스트레일리아 산의 동물은 이때부터 「캥거루」라고 불리게 되었읍니다.

═낱═말═풀═이═

カンガルー (kangaroo) : 명 캥거루

おやっ : 감 의외의 일에 부딪쳤을 때 내는 소리. 이크

たいちょう (隊長) : 명 대장

おおごえ (大声) : 명 큰 소리

あげる : 타하1 (소리를) 지르다

くさ (草) **むら** : 명 풀숲

ゆびさす : 타5 손가락으로 가리키다

たんけんたい (探険隊) : 명 탐험대

オーストラリア (Australia) : 명 오스트레일리아

いっせいに : 부 일제히

め (目) **をむける** : 눈을 돌리다

やあ : 감 사람을 부를 때, 또는 놀랐을 때 내는 말. 야아

たいいん (隊員) : 명 대원

くちぐち (口々) **に** : 제각기

あとあし (後足) : 명 뒷발

ポケットがついている : 주머니가 붙어 있다

かお (顔) **をだす** : 얼굴을 내밀다

ぴょうんぴょうん : 부 깡총깡총

は (跳) **ねる** : 자하1 뛰다

みちあんない (道案内) : 명 길안내

とち (土地) : 명 ① 그 지방 ② 토지

くわ (加) **わる** : 자5 가담하다

あんないにん (案内人) : 명 안내인

と (問) **う** : 타5 묻다

はて : 감 망설이거나 의심스러워서 생각해 볼 때에 내는 말. 글쎄

くび(首)：몡 목

かしげる：타하1 갸우뚱하다

くび(首)をかしげる：고개를 갸웃하다

い(言)いなれる：자하1 말이 익숙해지
다

あら(表)わす：타5 나타내다

ほうこく(報告)：몡 보고

てちょう(手帳)：몡 수첩

きろく(記録)：몡 기록

おなか：몡 배

ふくろ(袋)：몡 주머니

～さん(産)：접미 ～출신지, ～산 예

　アフリカさん(아프리카산)

‖‖‖한‖‖‖자‖‖‖풀‖‖‖이‖‖‖

隊 {
タイ：隊列(タイレツ) 대열
　　　軍隊(グンタイ) 군대
}

探 {
さぐる：探(さぐ)る 뒤지다
さがす：探(さが)す 찾다
タン：探求(タンキュウ) 탐구
}

険 {
けわしい：険(けわ)しい 험하다
ケン：険悪(ケンアク) 험악
}

案 {
アン：案内(アンナイ) 안내
　　　新案(シンアン) 신안
}

跳 {
はねる：跳(は)ねる 뛰다.
とぶ：跳(と)ぶ 뛰다
チョウ：跳躍(チョウヤク) 도약
}

首 {
くび：首(くび) 목
シュ：首席(シュセキ) 수석
}

帳 {
チョウ：帳面(チョウメン) 필기장
　　　　通帳(ツウチョウ) 통장
}

録 {
ロク：録音(ロクオン) 녹음
　　　実録(ジツロク) 실록
}

해 설 ────────

■ ～なれる

「動詞의 連用形＋なれる」의 꼴로 「～하는 데 익숙해지다」라는 뜻을 나타낸다.

　書(か)きなれる (쓰는 데 익숙해지다)

　はきなれる (자주 신어서 편하다)

　使(つか)いなれる (자주 써서 길들다)

■ 「土地」의 여러 가지 뜻

　① 土地(とち)を耕(たがや)す。(토지를 갈다.)

　　土地を買(か)う。(토지를 사다.)

　　土地が肥(こ)えている。(토지가 비옥하다.)

　② 土地の割譲(かつじょう)。(영토의 할양.)

　③ 土地の人(ひと)。(그 지방 사람.)

　　土地の名産(めいさん)。(지방의 명산.)

■ **動物だそうです……동물이랍니다.**

　「活用語의 終止形＋そうだ」의 꼴로「～라고 한다, ～라는 이야기다, ～한단다」와 같이 전해 들은 뜻을 나타낸다.

　　きょうは中止するそうだ。(오늘은 중지한다고 한다.)
　　雨が降るそうだ。(비가 온다고 한다.)
　　彼はまったく知らないそうだ。(그는 전혀 알지 못한다는 이야기다.)
　　試験はむずかしいそうよ。(시험은 어렵단다.)

============== 연습문제 ==============

A 次の韓国語を日本語に訳しなさい。

1. 큰 소리로 불러 보았지만 들리지 않았는지 그냥 가 버렸읍니다.

2. 시골에 갔더니 어린이들이 외국인을 이상한 듯이 보고 있었읍니다.

3. 새 구두는 길이 들 때까지는 발이 아파서 신기 곤란합니다.

4. 뭐니뭐니해도 정든 집만큼 좋은 곳은 없을 것입니다.

5. 캥거루라고 불리게 된 것은 지금부터 200년쯤 전의 일입니다.

B 次の言葉の反対語を言ってごらんなさい。

1. 大声
2. あと足
3. 言いなれない
4. 出す
5. 着く

◁ 해답 ▷

A
1. 大声で呼んでみましたが，聞こえなかったのかそのまま行ってしまいました。
2. いなかへ行ったら，子供たちが外国人を不思議そうに見ていました。圏 ～인 듯이…～そうに。어려운 듯이…むずかしそうに。기쁜 듯이…うれしそうに。　3. 新しいくつははきなれるまでは足が痛くてはきにくいです。圏 신기 곤란하다…신기 어렵다의 뜻이므로 はきにくい。　4. なんと言っても住みなれたうちほどいいところはないでしょう。圏 뭐니뭐니해도…なんと言っても。정든 집…住みなれたうち。　5. カンガルーと呼ばれるようになったのは今から二百年くらい前のことです。

B
1. 大声↔小声　2. あと足↔前足　3. 言いなれない↔言いなれる　4. 出す↔入れる　5. 着く↔立つ

第十六課　訪　　問

　山田さんは用事があって松本さんを訪問しました。玄関のベルをおして，少し待っていると，お手伝いさんが出て来ました。

山田　「御主人はいらっしゃいますか。」

お手伝いさん「はい，いらっしゃいます。どなた様でいらっしゃいますか。」

山田　「山田と申します。」

　山田さんは名刺入れから名刺を出してお手伝いさんに渡しました。お手伝いさんはそれを受け取って，

お手伝いさん「少々お待ち下さいませ。」

＊　　　＊　　　＊

お手伝いさん「山田さんとおっしゃる方がおいでになりまして，だんな様にお目にかかりたいとおっしゃいます。」

松本　「客間へお通しして…。すぐお目にかかるから。」

お手伝いさん「はい，かしこまりました。」

＊　　　＊　　　＊

お手伝いさん「どうもお待たせいたしました。どうぞお上がり下さいませ。」

山田　「それではごめん下さい。」

お手伝いさん「どうぞこちらへ。」

　お手伝いさんは山田さんを客間へ案内して，ざぶとんをすすめました。二三分待つと松本さんが出て来て，

松本　「しばらくでした。よくいらっしゃいました。」

山田　「まことにごぶさたいたしました。」

松本　「どういたしまして，私こそ…。さあ，どうぞおしき下さい。」

山田　「みなさんお変わりございませんか。」

松本　「ありがとうございます。おかげさまで，みんな元気です。お宅
　　　は…。」

山田　「ありがとうございます。家内が二三日病気で休んでおりますが，
　　　子供たちはみんな元気です。」

松本　「そうですか，おくさんの御病気のことはちっとも存じません
　　　でしたが，それはいけませんね。どうなさったのですか。」

山田　「なあに，ちょっとかぜをひいたのですから，大したことはない
　　　だろうと思います。」

松本　「このごろは天気が変わりやすいから，かぜがずいぶんはやりま
　　　すね。」

　　その時お手伝いさんがお茶とお菓子を持って来ました。

松本　「さあ，いかがですか。ひとつお取り下さい。」

山田　「ありがとうございます。」

　　それから山田さんは松本さんと用事について話しました。用事がすん
でから，

山田　「どうもとんだ長居をいたしました。もうおいとましましょう。」

松本　「まあ，よろしいでしょう。どうぞごゆっくり。」

山田　「ありがとうございますが，ちょっと外にまわる所がございます
　　　ので。」

松本　「そうですか。それではまたどうぞおいで下さい。」

山田　「ありがとうございます。またおうかがいいたします。」

松本　「せっかくおいで下さいましたのに，何のおかまいもいたしませ
　　　んで，失礼いたしました。」

山田　「どういたしまして。おいそがしいところをたいへんおじゃまい

たしました。」

松本　「どういたしまして。どうぞおくさんによろしく，お大事に。」

山田　「ありがとうございます。ではごめん下さい。」

松本　「さようなら。」

山田　「さようなら。」

漢字읽기 ─────────

訪問　山田　用事　松本　押す　どなた　様　申す　名刺入れ　客間　通す
勧める　敷く　家内　風邪　菓子　長居　下さい

제16과 방 문

　야마다 씨는 볼일이 있어서 마쓰모토 씨를 방문했습니다. 현관의 초인종을 누르고 좀 기다리고 있었더니 가정부가 나왔습니다.

야마다 :「바깥주인은 계십니까?」

가정부 :「예, 계십니다. 누구십니까?」

야마다 :「야마다라고 합니다.」

　야마다 씨는 명함 넣는 지갑에서 명함을 꺼내어 가정부에게 건넵니다. 가정부는 그것을 받고서,

가정부 :「좀 기다려 주십시오.」

＊　　　＊　　　＊

가정부 :「야마다 씨라고 말씀하시는 분이 오셔서 주인 아저씨를 만나뵙고 싶다고 말씀하십니다.」

마쓰모토 :「응접실로 안내해요. 곧 만나뵐 테니.」

가정부 :「예, 말씀대로 하겠습니다.」

＊　　　＊　　　＊

가정부 :「기다리셨습니다. 어서 들어오십시오.」

야마다 :「그럼, 실례하겠습니다.」

가정부 :「어서 이쪽으로 오시지요.」

　가정부는 야마다 씨를 응접실로 안내하고 방석을 권했습니다. 2, 3분 기다리니 마쓰모토 씨가 나와서,

마쓰모토 :「오래간만입니다. 잘 오셨읍니다.」

야마다 :「참으로 오랫동안 격조했읍니다.」

마쓰모토 :「천만의 말씀입니다. 저야말로……. 자, 어서 방석을 깔고 앉으십시오.」

야마다 :「모두 별일이나 없으십니까?」

마쓰모토 :「감사합니다. 덕택으로 모두 건강합니다. 댁에서는…….」

야마다 :「감사합니다. 처가 2, 3일 병으로 누워 있읍니다만, 어린애들은 모두 건
　　　　 강합니다.」

마쓰모토 :「그렇습니까? 부인이 병이라는 것은 조금도 몰랐읍니다만, 그건 안됐
　　　　 군요. 어찌 된 것입니까?」

야마다 :「무얼요, 좀 감기가 들었으므로 대단치는 않을 것이라고 생각합니다.」

마쓰모토 :「요사이는 날씨가 변하기 쉬우므로 감기가 상당히 유행하는군요.」

　그때 가정부가 차와 과자를 가지고 왔읍니다.

마쓰모토 :「자, 어떻습니까? 하나 드시지요.」

야마다 :「감사합니다.」

　그리고서 야마다 씨는 마쓰모토 씨와 용건에 대하여 말했읍니다. 용건이 끝나
고 나서,

야마다 :「뜻하지 않게 오랫동안 앉아 있었읍니다. 이젠 작별하겠읍니다.」

마쓰모토 :「뭐, 괜찮겠지요. 아무쪼록 천천히 놀다 가시지요.」

야마다 :「감사합니다만, 좀 다른 데 들러야 할 곳이 있어서.」

마쓰모토 :「그렇습니까? 그럼, 부디 다시 와 주십시오.」

야마다 :「감사합니다. 또 찾아뵙겠읍니다.」

마쓰모토 :「모처럼 오셨는데 아무런 대접도 못해서 실례했읍니다.」

야마다 :「천만의 말씀입니다. 바쁘신 때에 대단히 방해가 되었읍니다.」

마쓰모토 :「천만의 말씀입니다. 아무쪼록 부인께 안부 전해 주십시오. 몸조리 잘
　　　　 하시도록.」

야마다 :「감사합니다. 그러면 실례하겠읍니다.」

마쓰모토 :「안녕히 가십시오.」

야마다 :「안녕히 계십시오.」

══낱═말═풀═이═

ほうもん (訪問) : 몡 방문　　　　　　　　　お (押)す : 타5 누르다

しゅじん (主人) : 圀 주인, 바깥주인

めいし (名刺) : 圀 명함

めいし (名刺)いれ : 圀 명함 넣는 지갑

だんなさま : 圀 주인님

おめにかかる : 만나뵙다(「会う」의 겸양어)

きゃくま (客間) : 圀 응접실

とお (通)す : 🔲5 안내하다

ごめんください : 실례합니다

ざぶとん : 圀 방석

すす (勧)める : 🔲하1 권하다

しばらくでした : 오랜만입니다

まことに : 🔲 참말로

ごぶさたいたしました : 오랫동안 소식 전하지 못했읍니다

ごぶさたする : 🔲サ 오랫동안 격조하다

わたしこそ : 저야말로

し (敷)く : 🔲5 깔다

おかわりございませんか : 별일 없으십니까?

かない (家内) : 圀 (자기) 처

ぞん (存)じる : 🔲상1 알다(「知る」의

겸양어)

たいした : 연체 대단한, 엄청난

たいしたことはない : 대단치는 않다

はやる : 🔲5 유행하다

かし (菓子) : 圀 과자

~について : ~에 대하여 예 用事について話す (용건에 대해서 이야기하다)

すむ : 🔲5 끝나다

とんだ : 연체 뜻하지 않은

ながい (長居) : 圀 오랫동안 가지 않고 앉아 있음

とんだながいをいたしました : 뜻하지 않게 오랫동안 앉아 있었읍니다, 즉 대단히 오랫 동안 폐를 끼쳤읍니다

ほかにまわるところがある : 다른 데 들러야 할 곳이 있다

せっかく : 🔲 모처럼, 애써

おかまい : 圀 대접

おくさんによろしく : 부인께 안부 전해 주십시오

おだいじ (大事)に : 몸조리 잘 하십시오

|||||||| 한 || 자 || 풀 || 이 ||||||||

勧 { すすめる : 勧(すす)める 권하다
     カン : 勧誘(カンユウ) 권유

敷 { しく : 敷(し)く 깔다
     フ : 敷設(フセツ) 부설

菓 { カ : 菓子(カシ) 과자
     製菓(セイカ) 제과

| 해 설 |————————————

■ たいした (連体詞)

① 긍정에 쓰여 「대단한, 굉장한」이라는 뜻이다.

事業に成功し，大した金をもうけたそうだ。

(사업에 성공하여 굉장한 돈을 벌었단다.)

ノーベル賞をもらったんだから，あの人は大した学者だ。

(노벨상을 받았으니 그 사람은 굉장한 학자다.)

② 부정을 수반하여「별(대단한)」이라는 뜻이다.

あれは大した会社ではない。(저것은 별(대단한) 회사가 아니다.)

けがをしたが，大したことはありませんでした。

(다쳤는데 별(대단한) 것은 아니었읍니다. 〈대수롭지 않았읍니다.〉)

■ ～について (連語)……「～에 대해서, ～에 관해서」란 뜻을 나타낸다.

学校では日本文学について勉強しました。

(학교에서는 일본 문학에 대해서 공부했읍니다.)

それについては何も言う必要がありません。

(그것에 대해선 아무 말도 할 필요가 없읍니다.)

あなたのことについて話しています。

(당신 일에 대해서 말하고 있읍니다.)

■「ところ」의 用例

バスにのるところはどこですか。

(버스를 타는 곳은 어디입니까?)

その花が咲いているところへつれていってください。

(그 꽃이 피어 있는 곳으로 데리고 가 주십시오.)

駅の出口のところで待っていてください。

(역 출구가 있는 데에서 기다리고 있어 주십시오.)

私のところへいらっしゃい。

(나 있는 데로 오십시오.)

女らしいところがありますね。

(여자다운 데가 있군요.)

兄のところにとまっている。

(형네 집에 묵고 있다.)

ここにおところとお名前を書いてください。

(여기에 주소와 이름을 써 주십시오.)

あなたの悪いところはすぐおこることです。

(당신의 나쁜 점은 곧 화내는 일입니다.)

それがこの芝居のおもしろいところです。

(그것이 이 연극의 재미있는 부분입니다.)

いいところへ来てくれました。(좋은 때에 와 주었읍니다.)

今帰って来たところです。(지금 막 돌아오는 길입니다.)

駅の前を通るところです。(역 앞을 지나는 참입니다.)

聞くところによると，今度新しい日韓辞典がでるそうです。

(들은 바에 의하면 이번에 새로운 일한사전이 나온답니다.)

私が知っているのはたいていこんなところです。

(내가 알고 있는 것은 대개 이런 정도입니다.)

|||||||||||||||||| 연습문제 ||||||||||||||||||

Ⓐ 次の文章をていねいな形になおしてごらんなさい。

1. だれですか。

2. 田島という人が来ました。

3. おくさんにあいたいと言います。

4. ではまた来て下さい。

Ⓑ 次の文章を使役の形になおしなさい。

㉐ お待ちいたしました ── お待たせいたしました。

1. すこし休みます。

2. もう一度言ってください。

3. 高い建物をたてません。

4. 少してつだいましょうか。

5. たくさんこしらえました。

Ⓒ 次の韓国語を日本語に訳しなさい。

1. 손님이 오시면 곧 차와 과자를 내 놓으시오.

2. 볼일이 끝나고 나면 친구와 함께 데 파트로 물건 사러 가려고 합니다.

3. 나도 같이 가고 싶군요. 따라가도

괜찮을까요?

4. 좋고말고요. 그럼 한 시간 뒤에 현 관에서 만나십시다.

5. 네, 나도 그 동안에 서둘러서 숙제 를 해 버리지요.

◁ 해답 ▷

Ⓐ

1. どなたさまでいらっしゃいますか。 2. 田島さんとおっしゃるかたがいらっしゃいました。 3. おくさんにお目にかかりたいとおっしゃいます。 4. それでは，またおいでくださいませ。

Ⓑ

1. すこし休ませます。 2. もう一度言わせてください。 3. 高い建物をたてさせません。 4. 少してつだわせましょうか。 5. たくさんこしらえさせました。

C

1. お客さんがいらっしゃったらすぐお茶とお菓子を出しなさい。　　2. 用事がすんだら，友達といっしょにデパートへ買い物に行こうと思います。　　3. 私もいっしょに行きたいですね。ついて行ってもいいでしょうか。　　4. いいですとも。では一時間後で玄関でおめにかかりましょう。　　5. はい，私もその間に急いで宿題をやってしまいましょう。

第十七課　りこうな子供

I

　むかしある所へ大きな象をつれて来た人がありました。人々はまだ象を見たことがありませんでしたので，象のまわりに集まっていろいろと話し合いました。象の高さや足の太さなどはすぐわかりましたけれども重さはどのくらいあるかわかりません。人々の考えがまちまちです。しかしどうしても目方を計るくふうがつきませんでした。

　その時一人の子供が「私が計ってみましょう。」と言い出しました。人々は大人にさえわからないのに子供にわかるはずがないと思いました。けれどもとにかくやらせてみることにしました。

　子供は先ず象を船にのせて船の横の水ぎわにしるしをつけました。それから象をおろして，今度は石をたくさんつみました。そうして船が前にしるしをつけた所までしずんだ時にその石をおろして，何度にも分けてはかりにかけましたので，象の目方がわかりました。

II

　むかしある家の前に大きな水がめがあって，そのそばで大ぜいの子供が遊んでいました。そのうちに水がめのふちに上がった一人が足をふみはずして，かめの中へ落ちました。

　みんながびっくりして，どうしてよいかわからないでさわいでいるうちに，一人の子供が大きな石を持って来て，水がめに投げつけました。

　石が水がめにあたって，水がめがこわれ，大きな穴があいて，水がどっと流れ出ましたから，中の子供は無事に助かりました。

漢字읽기────────────

象　集まって　太さ　目方　計る　一人　大人　先ず　横　石　落ち　投げ

穴 助かる

제17과 영리한 어린이

一

옛날 어느 곳에 큰 코끼리를 데리고 온 사람이 있었읍니다. 사람들은 아직 코끼리를 본 적이 없었으므로 코끼리의 주위에 모여서 서로 여러 가지 이야기를 했읍니다. 코끼리의 높이랑 다리의 굵기 등은 곧 알 수 있었읍니다만, 무게는 얼마쯤 되는지 알 수 없읍니다. 사람들의 생각이 가지각색입니다. 그러나 암만해도 무게를 달아 볼 궁리가 생각나지 않았읍니다.

그때 한 어린이가 「내가 달아 보지요.」라고 말을 꺼냈읍니다. 사람들은 어른도 알 수 없는데 어린이가 알 수 있을 리 없다고 생각했읍니다. 그렇지만 하여튼 시켜 보기로 했읍니다.

어린이는 우선 코끼리를 배에 태우고 배 옆의 물가에 표를 했읍니다. 그리고서 코끼리를 내려놓고, 이번에는 돌을 많이 실었읍니다. 그 연후에 배가 앞서 표를 한 곳까지 가라앉았을 때에 그 돌을 내려 놓고서, 몇 번이나 나누어서 저울에 달았기 때문에 코끼리의 무게를 알 수 있었읍니다.

二

옛날 어느 집 앞에 큰 물 항아리가 있었는데, 그 옆에서 많은 어린이가 놀고 있었읍니다. 그러는 동안에 물 항아리 가장자리에 올라간 한 어린이가 발을 헛디뎌서 항아리 속에 떨어졌읍니다.

모두가 깜짝 놀라서 어떻게 해야 좋을지 몰라서 떠들고 있는 동안에 한 어린이가 큰 돌을 들고 와서 물 항아리에 내던졌읍니다.

돌이 물 항아리에 맞아서 물 항아리가 깨지고 큰 구멍이 뚫려, 물이 왈칵 흘러 나왔으므로 안의 어린이는 무사히 살아났읍니다.

══낱═말═풀═이═══

りこう (利口) だ : 형동 영리하다
つれてくる : 데리고 오다(「つれる＋て ＋くる」의 꼴)
まわり : 명 주위, 둘레
ふと (太) さ : 명 굵기

おも (重) さ : 명 무게
かんが (考) え : 명 생각
まちまち : 명 가지각색
めかた (目方) : 명 무게
はか (計) る : 타5 달다, 재다

くふう (工夫)：图 궁리, 연구

くふうがつく：궁리가 나다

い (言)いだ (出)す：쿼5 말을 꺼내다, 말을 시작하다

～さえ：图 ～조차, ～까지도 例 大人(おとな)にさえ分(わ)からない(어른도 모른다)

とにかく：凰 하여튼

やらせる：쿼하1 시키다

よこ (横)：图 옆, 곁

みずぎわ (水際)： 图 물가

しるしをつける：표를 하다

いし (石)：图 돌

そうして：접 그리고 나서, 그리하여

しず (沈)む：자5 가라앉다

はかり：图 저울

はかりにかける：저울에 달다

みず (水)がめ ：图 물 항아리

ふみはずす：쿼5 헛디디다

かめ：图 항아리

さわ (騒)ぐ：자5 떠들다

な (投)げつける：타하1 (겨냥하여) 내던지다

あた (当)る：자5 맞다

こわれる：자하1 깨지다

あな (穴)があく：구멍이 뚫리다

どっと：凰 (한꺼번에) 왈칵

なが (流)れで (出)る：자하1 흘러나오다

たす (助)かる：자5 살아나다

|||||||| 한 |||| 자 |||| 풀 |||| 이 ||||||||

横 { よこ：横(よこ) 옆
オウ：横断(オウダン) 횡단 }

石 { いし：石(いし) 돌
セキ：石材(セキザイ) 석재
シャク：磁石(ジシャク) 자석
コク：石高(コクだか) 곡식의 수확량 }

沈 { しずむ：沈(しず)む 가라앉다
しずめる：沈(しず)める 가라앉히다
チン：沈黙(チンモク) 침묵 }

騒 { さわぐ：騒(さわ)ぐ 떠들다
ソウ：騒動(ソウドウ) 소동 }

投 { なげる：投(な)げる 던지다
トウ：投資(トウシ) 투자 }

해 설

■～さえ (助詞)…… ① 극단적인 예를 들어 다음 일을 짐작할 때 쓰는 말. 「～さえも」의 形이 될 경우도 있다. 우리말의 「조차」의 뜻.

　　あの学生(がくせい)は漢字(かんじ)はもちろん, 平仮名(ひらがな)さえも書(か)けません。

　　(저 학생은 한자는 물론 히라가나조차도 쓰지 못합니다.)

　　あなたにさえ分らないものが, どうして私に分るでしょう。

　　(당신조차 모르는 것을 어째서 내가 알 수 있겠읍니까?)

ヒマラヤには夏でさえ雪がある。

(히말라야에는 여름에도 눈이 있다.)

② 어떤 일에 더욱 첨가되는 뜻을 나타낸다. 「～까지도」의 뜻.

風が強いばかりでなく，雨さえも降りはじめた。

(바람이 셀 뿐 아니라, 비까지도 오기 시작했다.)

専門家の彼さえ知らなかった。 (전문가인 그 사람 조차도 몰랐다.)

科学が進んで，人間は月へさえ行けるようになった。

(과학이 진보하여 인간은 달에까지도 갈 수 있게 되었다.)

③ 「～さえ～ば」의 形으로 오직 하나만으로 충분하다는 조건을 나타낸다. 「～만～면」의 뜻이 된다. 「さえ」가 用言에 이어질 때에는 連用形에 연결된다.

これさえあれば，ほかには何にも要りません。

(이것만 있으면 그 외에는 아무것도 필요없읍니다.)

少しうるさいのさえがまんすれば，便利な所です。

(좀 시끄러운 것만 참으면 편리한 곳입니다.)

この機械は百円だまを入れさえすれば，動きだします。

(이 기계는 백 엔짜리 주화를 넣기만 하면 움직이기 시작합니다.)

練習しさえすれば，上手になります。

(연습하기만 하면 능숙해집니다.)

きたなくさえなければ，どれでもいいです。

(더럽지만 않으면 어느 것이든 좋습니다.)

元気でさえあれば，いつかまた会えるでしょう。

(건강하기만 하면 언젠가 또 만날 수 있겠지요.)

■ ～みる

補助動詞로서 「て＋みる」의 꼴로 「해 보다」의 뜻을 나타낸다.

食べてみる。(먹어 보다.)

会ってみる。(만나 보다.)

やってみな，できるから。(해 보렴, 할 수 있으니까.)

起きてみたら誰もいなかった。(일어나 보니 아무도 없었다.)

試しにやってみよう。(시험삼아 해 보자.)

月に行ってみたい。(달에 가보고 싶다.)

|||||||||||||| 연습문제 ||||||||||||||

A 次の漢字の読み方を言いなさい。

1. 意味　　2. 家内　　3. 作文　　4. 読本　　5. 一通　　6. 人口

7. 家来   8. 中国   9. 空気   10. 大変   11. 和文   12. 世界

13. 出口   14. 入口   15. 長居 16. 申す   17. 生える 18. 島国

B 次の韓国語を日本語に訳しなさい。

1. 이 책처럼 재미있는 小説을 읽은 적이 없다.

2. 아이들은 病든 엄마 곁에 모여서 여러 가지 의논을 했읍니다.

3. 한 번에 운반시키는 것보다 몇 번에 나누어서 운반시키는 것이 좋겠지요.

C 次の日本語を韓国語に訳しなさい。

一. 「形容詞＋さ」

1. この絵のよさはふつうの人にはわからないでしょう。

2. あなたの考えのなさにはおどろきました。どうしてこんなばかなことをしたのですか。

3. おかあさんにあいたさに遠くから歩いて来ました。

4. しっけが多くてむしあついので, 日本の夏のあつさはたいへんです。

二. 「さえ, のに」

1. 先生にさえできないのに生徒にできるはずがない。

2. あなたにさえ話さないのにあのかたに話すわけがありません。

3. 私さえ知らないのにあの方が知っているはずがありません。

三. 「はず」

1. 今晩おうかがいするはずでしたが, 急用でお宅へ上がれません。悪しからず。

2. 少し前にそこにあったのですからないはずはありません。さがしてごらんなさい。

3. こんなむずかしい漢字を知っているはずがないと思うけれどもとにかく読ませてみましょう.

◁ 해답 ▷

A

1. 意味   2. 家内   3. 作文   4. 読本   5. 一通   6. 人口   7. 家来   8. 中国   9. 空気   10. 大変   11. 和文   12. 世界   13. 出口   14. 入口   15. 長居   16. 申す   17. 生える   18. 島国

B

1. この本ほどおもしろい小説を読んだことがない。・ 2. 子供たちは病気の母のそばに集まっていろいろ話し合いました。   㡀 병든 엄마…病気の母, 또는 病気で寝ている母(병으로 누워 있는 어머니)라고 해도 된다. 의논을 하다…相談をする 또는 話し合う。   3. 一度に運ばせるより何度にか分けて運ばせたほうがいいでしょう。㡀

몇 번에 나누어서…이럴 경우에는 「몇 번엔가 나누어서」라고 생각하는 것이 좋다. 그래서 「何度にか分けて」라고 한다.

C

一. 「形容詞＋さ」 1. 이 그림의 좋은 점은 보통 사람에게는 알 수 없겠지요. 2. 당신의 몰지각함에는 놀랐읍니다. 어째서 이런 바보짓을 했읍니까? ㊟ 考えのなさ…생각이 없는 점, 몰지각함 ばかなこと…바보짓 3. 어머님을 만나고 싶은 마음에 멀리서 걸어왔읍니다. ㊟ あいたさ…만나고 싶은 마음 4. 습기가 많고 무더워서 일본의 여름 더위는 대단합니다. ㊟ しっけ…습기 むしあつい…무덥다 あつさ…더위 たいへんだ…대단하다

二. 「さえ, のに」 1. 선생님도 못하는데 학생이 할 수 있을 리가 없다. 2. 당신에게도 말하지 않는데 그 분에게 말할 리가 없읍니다. ㊟ 「動詞의 連体形＋わけがない」…「動詞의 連体形＋はずがない」와 같은 뜻이다. 3. 나도 모르는데 그분이 알고 있을 리가 없읍니다.

三. 「はず」 1. 오늘 밤 찾아뵐 예정이었읍니다만 급한 용건으로 댁에 찾아 뵙지 못합니다. 양해해 주십시오. 2. 조금 전에 거기 있었으니까 없을 리는 없읍니다. 찾아 보십시오. 3. 이런 어려운 한자를 알고 있을 리가 없다고 생각하지만, 하여튼 읽혀 봅시다.

第十八課　昼食に招く

　岡村さんが宮本さんを昼食に招こうと思いました。

岡村　「あさってのお昼，お食事をごいっしょにしたいのですが，おさ
　　　　しつかえがなければ，どうぞおいで下さいませんか。」

宮本　「そうですか。それはどうも。おうかがいします。」

　約束の日に，宮本さんが出かけようとした時，ちょうど電話がかかっ
てきて，電話口へ出たため，十分ばかりおくれて岡村さんのお宅に着き
ました。

宮本　「どうもおそくなってあいすみません。出がけに電話があって貸
　　　　家があるということでしたので…。」

岡村　「そうですか。おひっこしでもなさるお考えですか。」

宮本　「ええ，今の家は少しせますぎるので適当なのが見つかったら，
　　　　ひっこしたいと思っております。」

岡村　「そうですか。お話の貸家は大きいのですか。」

宮本　「二階に二間，下に三間ですから，あまり大きいとも言えません
　　　　が，私にはちょうどよさそうです。ガス，水道つきでふろ場もあ
　　　　るそうです。」

岡村　「便利そうですね。交通の便はいかがですか。」

宮本　「国電のお茶の水駅から五六分ぐらいだそうですから，交通の便
　　　　は悪くはなさそうです。」

岡村　「それはいいですね。そのくらいの家で家賃はどのくらいするの
　　　　ですか。」

宮本　「一か月十万円，敷金三か月分だそうです。友人の話ではこれよ
　　　　り少しは安くなりそうですが，八万五千円にはなりそうもないと

　　　　いうことです。」

岡村　　「このごろとしてはけっこうじゃありませんか。」

宮本　　「電話で知らせてくれた友人が行って見てくれたのですが，かぎ
　　　　がかかっていて中が見られなかったそうですから，はっきりわか
　　　　りませんが，話だけではよさそうです。」

岡村　　「いや上々ですよ。」

　　こんな話をしているうちに御飯が出ました。

おくさん「何もございませんが，どうぞごゆっくりめし上がって下さい
　　　　ませ。」

岡村　　「さあ，どうぞ。」

宮本　　「ありがとうございます。いただきます。」

　　宮本さんが御飯を一ぱい食べ終ると，給仕をしていた岡村さんのおく
さんは，

おくさん「どうぞ，もっとめし上がってください。」

宮本　　「ありがとうございます。頂きます。」

　　宮本さんが二はい目の御飯を食べ終ると，

おくさん「おかわりなさってください。」

宮本　　「はい，軽く頂きます。」

　　宮本さんが三ばい目を食べ終った時，

おくさん「もう少しいかがですか。何もございませんが，どうぞたくさ
　　　　んめし上がって下さいませ。」

宮本　　「ありがとうございます。もう十分いただきました。」

　　それからお茶が出て，御飯がすみました。

宮本　　「どうもごちそう様でした。」

おくさん「いいえ，どういたしまして。おそまつ様でした。」

　　　　　　　　　　＊　　　　＊　　　　＊

五六日たってから宮本さんは岡村さんに，途中で会いました。

宮本　　「先日はどうもごちそう様でございました。」

岡村　　「いいえ，どういたしまして。せっかくおいで下さいましたの
　　　　に，何のおかまいもいたしませんで，失礼いたしました。」

漢字읽기 ─────────

昼食　招く　岡村　宮本　電話口　着き　貸家　二間　三間　水道

交通の便　国電　お茶の水駅　家賃　敷金　友人　上々　給仕　軽く

頂き　十分　途中

제18과　점심에 초대하다

　오카무라 씨가 미야모토 씨를 점심에 초대하려고 생각했읍니다.

오카무라 :「모레 점심 시간에 식사를 함께 하고 싶습니다만 지장이 없으시면 와 주
　　　　시지 않겠읍니까?」

미야모토 :「그렇습니까? 그건 감사합니다. 찾아뵙겠읍니다.」

　약속한 날에 미야모토 씨가 나가려고 했을 때, 마침 전화가 걸려와, 전화를 받
았기 때문에 10분쯤 늦어서 오카무라 씨 댁에 도착했읍니다.

미야모토 :「늦어서 참으로 미안합니다. 나오는 참에 전화가 있었는데, 셋집이
　　　　있다고 하기에….」

오카무라 :「그렇습니까? 이사라도 하실 생각이십니까?」

미야모토 :「예, 지금 집은 좀 너무 작기 때문에 적당한 것이 발견되면 이사하고
　　　　싶다고 생각하고 있읍니다.」

오카무라 :「그렇습니까? 말씀하고 있는 셋집은 큽니까?」

미야모토 :「이층에 방이 둘, 아래층에 방이 셋이므로 그다지 크다고도 말할 수 없
　　　　읍니다만, 저에게는 꼭 좋을 것 같습니다. 가스, 수도가 딸리고 목욕
　　　　탕도 있답니다.」

오카무라 :「편리할 것 같군요. 교통편은 어떻습니까?」

미야모토 :「국영 전차의 오차노미즈 역에서 5,6분 정도라고 하므로 교통편은 나
　　　　쁘지는 않을 것 같습니다.」

오카무라 :「그건 좋군요. 그 정도의 집으로 집세는 얼마쯤 합니까?」

미야모토 : 「1개월 10만엔, 집세 보증금 3개월분이랍니다. 친구의 말로는 이보
　　　　　다 조금은 싸게 할 수 있을 것 같으나, 8만 5천엔으로는 될 것 같지도
　　　　　않다는 말입니다.」

오카무라 : 「요즈음으로서는 괜찮지 않습니까?」

미야모토 : 「전화로 알려 준 친구가 가 보아 주었는데 자물쇠가 잠겨 있어 안을 볼
　　　　　수 없었다고 하므로 확실히 알 수 없읍니다만, 말만으로는 좋을 것 같습
　　　　　니다.」

오카무라 : 「아니오, 그만하면 상지상이에요.」

　이런 말을 하고 있는 동안에 식사가 나왔읍니다.

부　　　인 : 「아무것도 없읍니다만 아무쪼록 천천히 잡수십시오.」

오카무라 : 「자, 드시지요.」

미야모토 : 「감사합니다. 들겠읍니다.」

　미야모토 씨가 밥을 한 공기 다 먹고 나니, 시중을 들고 있던 오카무라 씨의 부
인은,

부　　　인 : 「어서 더 잡수십시오.」

미야모토 : 「감사합니다. 들겠읍니다.」

　미야모토 씨가 두 공기째의 밥을 다 먹고 나니,

부　　　인 : 「더 청하시지요.」

미야모토 : 「예, 조금만 더 주십시오.」

　미야모토 씨가 세 공기째를 다 먹었을 때,

부　　　인 : 「좀더 어떻습니까? 아무것도 없읍니다만 아무쪼록 많이 잡수십시오.」

미야모토 : 「감사합니다. 이젠 양껏 먹었읍니다.」

　그리고서 차가 나오고, 식사가 끝났읍니다.

미야모토 : 「정말 잘 먹었읍니다.」

부　　　인 : 「아니오, 천만의 말씀입니다. 변변치 못했읍니다.」

＊　　　　＊　　　　＊

　5, 6일 지나서 미야모토 씨는 오카무라 씨를 도중에서 만났읍니다.

미야모토 : 「요전날은 참 잘 먹었읍니다.」

오카무라 : 「아니오, 천만의 말씀입니다. 모처럼 와 주셨는데 아무 대접도 못해서
　　　　　실례했읍니다.」

═낱═말═풀═이═

ちゅうしょく (昼食) : 명 주식, 점심

まね (招) く : 타5 초대하다

しょくじ (食事) : 명 식사

やくそく (約束) : 명 약속

でんわぐち (電話口) : 명 전화구

でんわぐちへで (出) る : 전화를 받다.

おくれる : 자하1 늦다

あい : 접두 어조를 고르고 강조하기 위해서 동사 앞에 붙어 사용하는 말 예 あいすみません。(정말 미안합니다.)

で (出) がけに : 나오는 길에

かしや (貸家) : 명 셋집

ひっこし : 명 이사

てきとう (適当) だ : 형동 적당하다

ひっこす : 자5 이사하다

ガス (gas) : 명 가스

すいどう (水道) : 명 수도

～つき : 접미 ～가 딸린 예 水道つきの貸家 (수도가 딸린 셋집)

ふろば (風呂場) : 명 목욕탕

こうつう (交通) : 명 교통

へん (便) : 명 편

こくでん (国電) : 명 국영 전차의 준말

やちん (家賃) : 명 집세

しききん (敷金) : 명 (집이나 방 등의) 집세 보증금

さん (三) かげつぶん (月分) : 명 3개월 분

ゆうじん (友人) : 명 친구

なりそうもない : 될 것 같지도 않다 (「なる」＋助動詞「そうだ」＋助詞「も」＋「ない」의 꼴)

このごろ : 명 요즈음

し (知) らせる : 타하1 알리다

かぎ (鍵) : 명 열쇠

かぎがかかる : 자물쇠가 잠기다

じょうじょう (上々) だ : 형동 더할 나위 없이 좋다

めしあがる : 타5 잡수시다 (「たべる」의 존경어)

た (食) べお (終) わる : 타5 다 먹다

きゅうじ (給仕) : 명 식사 시중을 듦

きゅうじをする : 시중을 들다

もっと : 부 더욱, 더

おかわり : 명 같은 음식을 더 청해서 먹음, 또 그 음식

おかわりする : 음식을 더 청하다

かる (軽) い : 형 가볍다

かるくいただきます : 가볍게 먹겠읍니다, 즉「조금만 더 주십시오」의 뜻

じゅうぶん (十分) だ : 형동 충분하다

ごちそうさま : 감 잘 먹었읍니다 (인사말)

おそまつさま : 감 변변치 못했읍니다 (인사말)

せんじつ (先日) : 명 지난날, 요전날

∥∥∥한∥∥자∥∥풀∥∥이∥∥∥

招 { **まねく** : 招 (まね) く 초대하다 / **ショウ** : 招待 (ショウタイ) 초대

岡 { **おか** : 岡 (おか) 언덕

宮 {
みや：宮(みや) 궁성, 신사
キュウ：宮殿(キュウデン) 궁전
}　| ク ：宮内庁(クナイチョウ) 궁내청

해 설

■ ~がけ (接尾語) ……「動詞의 連用形＋がけ」의 形으로「~하는 김, ~하는 길」의
뜻을 나타낸다.

　　　帰りがけに寄ってください。

　　　(돌아가는 길에 들러 주십시오.)

　　　寝がけに一杯やりましょう。(자는 김에 한잔합시다.)

　　　通りがけに手紙を出してあげます。

　　　(지나는 길에 편지를 부쳐 드리겠습니다.)

■ ~間 (助数詞) ……방을 셀 때에 사용하는 말.

　　　幾間　一間　二間　三間　四間　五間　六間　七間　八間　九間　十間

■ ~つき (接尾語) ……名詞에 붙어서「~붙어 있음, ~부속됨, ~딸림」의 뜻을
나타낸다.

　　　保証つき (보증이 붙어 있음)

　　　水道つき (수도가 딸려 있음)

　　　こぶつき (혹이 붙어 있음, 아이가 딸려 있음)

■ しては

　　「に＋しては」「と＋しては」의 꼴로「~으로서는, ~치고는」의 뜻을 나타낸
다.

　　　彼は作家にしては二流だ。(그는 작가로서는 2류다.)

　　　きみにしてはよくできた。(자네치고는 잘했다.)

　　　彼は年にしては若く見える。(그는 나이치고는 젊어 보인다.)

　　　9月にしてはずいぶん寒い。(9월치고는 퍽 춥다.)

■「けっこうじゃありませんか」의「~じゃありませんか」는 否定이 아니고 反語의
뜻과 강조의 기분을 나타낸다.

　　動詞나 形容詞 및 助動詞에「~じゃありませんか」가 연결될 때에는 終止形에
연결된다. 예사말은「~じゃないか」이다.

　　　① こまるじゃないか。(곤란하지 않아? 즉, 곤란하다의 뜻)

　　　そこに入れたじゃありませんか。(거기에 넣지 않았읍니까？)

　　　あなたの時計は遅れているじゃありませんか。

　　　(당신 시계는 늦지 않습니까？)

② よろしいじゃないか。(괜찮지 않느냐?)

きょうも寒いじゃありませんか。(오늘도 춥지 않습니까?)

これはいくらですか。ひとつ一万円です。

(이것은 얼마입니까? 한 개 1만엔입니다.)

少し高いじゃありませんか。いいえ, 高くありません。

(좀 비싸지 않습니까? 아니오, 비싸지 않습니다.)

③ 思ったより静かじゃないか。(생각한 것보다 조용하지 않느냐?)

そのくらいなら, けっこうじゃありませんか。

(그 정도면 괜찮지 않습니까?)

④ あなたは日本人じゃないか。だから, 日本語が上手なのはあたりまえだ。

(당신은 일본인이 아니냐? 그러므로 일본어를 잘하는 것은 당연하다.)

「動詞의 未然形＋助動詞(う 또는 よう＋じゃないか)」의 形도 마찬가지로 反語의 뜻이다.

もうおそいから, 帰ろうじゃないか。

(이젠 늦었으니 돌아가자꾸나.)

もう少し考えて見ようじゃないか。

(좀더 생각해 보자꾸나.)

あったかくなったら, テニスをしようじゃありませんか。

(따뜻해지거든 테니스를 합시다그려.)

ここで働こうじゃないですか。(여기서 일합시다그려.)

反語의 뜻을 나타내는 「じゃないか」는 억양을 높여서 말해야 한다.

■ ～終る

「動詞의 連用形＋終る」의 形으로서 「다 ～하다」의 뜻을 나타낸다.

飲み終る (다 마시다)

読み終る (다 읽다)

書き終る (다 쓰다)

■ ごちそう様でした

식사를 끝냈을 때나 또는 대접을 받았을 때 하는 인사말로서 「ごちそうさま」라고 해도 되고 좀더 공손하게 말할 때에는 「ごちそうさまでございました」라고 한다. 「잘 먹었읍니다, 또는 대접을 잘 받았읍니다」의 뜻이다.

■ おそまつ様でした

「변변치 못했읍니다」라고 하는 인사말인데 「おそまつさま」라고 해도 되고 더 공손하게 「おそまつさまでございました」라고도 한다.

ⅢⅢⅢⅢⅢⅢⅢⅢⅢⅢ 연습문제 ⅢⅢⅢⅢⅢⅢⅢⅢⅢⅢ

A 助動詞「そうだの意味」の違いを言いなさい。

1. あすは試験がありそうだ。
あすは試験があるそうだ。

2. ここにあるものはなんでもよさそうだ。
ここにあるものはなんでもよいそうだ。

3. あの家が便利そうだ。
あの家が便利だそうだ。

4. 日本語は英語よりむずかしそうだ。
日本語は英語よりむずかしいそうだ。

5. これも使えそうだ。
これも使えるそうだ。

B 次の韓国語を日本語に訳しなさい。

1. 비가 그치기를 기다리는 중에 식사가 나왔읍니다.

2. 나는 벌써 점심을 먹었으니까 내 걱정은 말아 주십시오.

3. 지금 있는 곳은 너무 시끄러워서 이사를 하고 싶은데 어디 적당한 곳

을 아십니까?

4. 내 친구 집 근처에 꽤 좋은 셋집이 있다는 말을 들었으니까 물어 보지요.

5. 두 시간이나 기다려 보았지만 돌아갈 것 같지도 않았읍니다.

◁해답▷

A [1]

1. 내일은 시험이 있을 것 같다. 내일은 시험이 있단다.　**2** 여기에 있는 것은 무엇이든지 좋을 것 같다. 여기에 있는 것은 무엇이든지 좋단다.　**3.** 저 집이 편리할 것 같다. 저 집이 편리하단다.　**4.** 일본어는 영어보다 어려울 것 같다. 일본어는 영어보다 어렵단다.　**5.** 이것도 사용할 수 있을 것 같다. 이것도 사용할 수 있단다.

B

1. 雨がやむのを待っているうちに御飯が出ました。魯 비가 그치다…あめがやむ「그치기」는 名詞化된 것이므로 「やむの」하면 된다. 식사가 나오다…「食事が出る」라고 해도 된다.　**2.** 私はもう昼ご飯を食べましたから, 私のことはどうぞおかまいなく。魯 내 걱정은 말아 주십시오…이럴 경우는 「나에 대한 일은 조금도 염려 마시고 다른 일을 마음대로 하십시오」라는 뜻이다. 그러므로 「私のことはどうぞおかまいなく」라고 말한다.「どうぞおかまいなく…조금도 염려 마시고 마음대로 하십시오」라는 뜻이다. **3.** 今いるところはやかましすぎるので, ひっこしたいんですが, どこか適当なところを御存知ですか。魯 너무 시끄러워서…「すぎる」를 사용하여 「やかましすぎるので」아십니까?…知る의 존경어를 써서 ご存知ですか。　**4.** 私の友人の家の近くに, かなりいい貸家があるということを聞きましたから, 聞いてみましょう。魯 ～하다는 말…～ということ。온다는 말을 들었읍니다…くるということをききました。　**5.** 二時間も待ってみましたけど, 帰りそうもなかったのです。

1) 제 8 과 해설란 참조.

第十九課　最近のデパート

学生　「先日お電話いたしました消費経済研究会の川崎でございます。
　　　きょうは，お忙しいところをお時間をいただきまして…。」

部長　「いや，どういたしまして。」

学生　「デパートについていろいろお話をうけたまわりたいと存じます
　　　が…。」

部長　「どういうことでしょうか。わたしで分かることなら，何でもお
　　　話ししましょう。」

学生　「まずお客の数ですが，きょうはウイークデーだというのに，店
　　　内はたいへんなこみかたですね。どれぐらい入っているのでしょ
　　　うか。」

部長　「お買い上げいただくお客さまが，うちだけで平日なら10万人，
　　　日曜・祭日なら15万人ぐらいいらっしゃるのが普通です。」

学生　「たいへんな数ですね。年の暮れなどは，もっとこむのでしょう?」

部長　「もちろんです。お客さまも売り上げも，2倍から3倍にふくれ
　　　上がります。」

学生　「売り上げは1日どのくらいになるんでしょうか。」

部長　「デパートによっても，シーズンによっても違います。うちあた
　　　りの大手ですと，普通1日2億程度です。」

学生　「2億円もですか。すると，1か月60億…。」

部長　「定休日もありますから，一概には言えませんが，52億ほどでし
　　　ょうか。もっとも，12月は100億から120億にのぼります。」

学生　「さすがは年末ですね。よくデパートを都心型とターミナル型に
　　　分けますが，それぞれの将来性についてはどうお考えでしょうか。」

部長　「むずかしい質問ですね。住宅地が郊外に延びていますから，ターミナル型はますます発達するでしょうが，だからといって，都心型がだめになるということは考えられませんね。」

学生　「そうですか。」

部長　「一般的にこういうことは言えますね。都心型は高級品が多く，お客さまはかなり遠くからも足を運んでいらっしゃるけれども，利用度は低い。ターミナル型は食料品・はだ着・小物などが多く，その代わりお客さまは毎日のようにご利用になる，といった傾向があります。」

学生　「たしかにそういう傾向があるでしょうね。売り場の配置ですが，だいたいどのデパートでも同じようですね。何か基準でもあるのですか。」

部長　「いや，基準などありませんよ。要は，いかに多くのお客さまに上まで上がっていただくかです。展覧会や食堂を上に持っていくのはそのためです。」

学生　「そういえば，特売場も7階か8階ですね。」

部長　「そうです。エスカレーターで7階あたりまで行くあいだに，いろいろな商品が目について，購買欲をそそられるようにするのです。」

学生　「大きな家具を上まで運ぶのは，たいへんでしょう？」

部長　「運搬の上からいえば，1階がいいに決まっていますよ。しかしですね，ゆっくり時間をかけて選んでいただく品を下に置いたら，お客さまの動きがとれなくなります。1階は通路みたいなものですから。」

学生　「いろいろ苦心の結果，今のような配置になったわけですね。それにしても，百貨店というだけあって，何でもそろっていますね。

車や家まで売っているのにはびっくりしてしまいました。売っていないものに何があるんでしょうか。」

部長　「棺おけ・ダイナマイト，それに水と空気ぐらいなものかな。しかし，商品を売るだけじゃ古い。これからのデパートは，商品よりサービスを売らなきゃだめです。」

学生　「と，言いますと，…？」

部長　「運送，宣伝その他いっさいのエージェントですな。デパートへおいでになれば人間生活のすべての用が足りる，というようにしたいものです。」

学生　「すると，お嫁さんがほしい，この娘がよかろう，なんていうことになりますか。」

部長　「まさか。しかし，結婚相談所も美容院も病院も託児所も兼ねた総合サービスセンターが，わたしたちのねらいなんです。もう一部では実現されています。買わせるためのサービスから，サービスのためのサービスが始まっているのです。」

学生　「部長さんのお話を聞いていると，わたしまで気が大きくなります。きょうは，お忙しいところをたいへんありがとうございました。」

部長　「いつでもまたいらしてください。」

学生　「はい，ありがとうございます。では，失礼いたします。」

漢字읽기—————————

最近　先日　消費経済研究会　川崎　部長　店内　平日　祭日

年の暮れ　売り上げ　大手　億　程度　一概　年末　都心型　将来性

住宅地　郊外　延びる　発達　一般的　高級品　利用度　はだ着　小物

傾向　売り場　配置　基準　要は　展覧会　特売場　商品　購買欲

運搬　選ぶ　品　動き　通路　苦心　結果　百貨店　空気　運送

せんでん　た　た　よめ　そうだんじょ　びよういん　たくじしょ　か　そうごう
宣伝　他　足りる　嫁　相談所　美容院　託児所　兼ねる　総合
いちぶ　じつげん
一部　実現

제19과　최근의 백화점

학　생 : 「일전에 전화했던 소비경제연구회의 가와사키입니다. 오늘은 바쁘신데
　　　　시간을 할애해 주셔서….」

부　장 : 「아니오, 천만의 말씀입니다.」

학　생 : 「백화점에 대해서 여러 가지 이야기를 들으려고 생각합니다만….」

부　장 : 「어떠한 일일까요? 나로서 알 수 있는 일이라면 무엇이든지 말씀드리지
　　　　요.」

학　생 : 「우선 손님의 수인데, 오늘은 평일인데도 점포 안은 대단히 붐비는군요.
　　　　어느 정도 들어와 있는 것일까요?」

부　장 : 「사 주시는 손님이 우리(백화점)만도 평일이면 10만명, 일요일·축제
　　　　일이면 15만명 정도 오시는 것이 보통입니다.」

학　생 : 「대단한 수이군요. 연말 같은 때는 더 붐비겠지요?」

부　장 : 「물론입니다. 손님도 매상도 2 배에서 3 배로 부풀어 오릅니다.」

학　생 : 「매상은 하루 어느 정도일까요?」

부　장 : 「백화점에 따라서도 시즌에 따라서도 다릅니다. 우리와 같은 대형이면
　　　　보통 하루 2 억 정도입니다.」

학　생 : 「2 억엔이나 됩니까? 그렇다면, 한 달 60억…….」

부　장 : 「정휴일도 있으므로 일률적으로는 말할 수 없지만, 52억 정도일까요?
　　　　하기는 12월은 100억에서 120억에 달합니다.」

학　생 : 「과연 연말이군요. 흔히 백화점을 도심형과 터미널형으로 나누는데, 각
　　　　각의 장래성에 대해서는 어떻게 생각하시는지요?」

부　장 : 「어려운 질문이군요. 주택지가 교외로 뻗치고 있으므로 터미널형은 점점
　　　　더 발달하겠지만, 그렇다고 해서 도심형이 안되게 된다는 것은 생각할
　　　　수 없지요.」

학　생 : 「그렇습니까?」

부　장 : 「일반적으로 이러한 말은 할 수 있어요. 도심형은 고급품이 많고 손님은
　　　　꽤 멀리서도 발길을 옮겨 오시지만 이용도는 낮다. 터미널형은 식료품
　　　　·내의·작은 물건 등이 많고, 그 대신 손님은 매일같이 이용한다, 라고」

하는 경향이 있읍니다.」

학 생 : 「분명히 그러한 경향이 있겠지요. 매장의 배치인데, 대개 어느 백화점이나 똑같아요. 어떤 기준이라도 있읍니까?」

부 장 : 「아니오, 기준 같은 건 없어요. 요는 얼마나 많은 손님에게 위까지 오르도록 하느냐 입니다. 전람회나 식당을 위로 올리는 것은 그 때문입니다.」

학 생 : 「그러고 보니, 특매장도 7층이나 8층이군요.」

부 장 : 「그렇습니다. 에스컬레이터로 7층 부근까지 가는 사이에 여러 가지 상품이 눈에 띠어서 구매욕을 돋구도록 합니다.」

학 생 : 「큰 가구를 위까지 운반하는 것은 큰 일이겠지요?」

부 장 : 「운반상으로 말하면 1층이 좋게 마련입니다. 그렇지만요, 천천히 시간을 들여서 택해 주는 물건을 밑에 두면 손님이 움직일 수 없게 됩니다. 1층은 통로와 같은 것이니까.」

학 생 : 「여러 가지 고심한 결과, 지금과 같은 배치가 된 셈이군요. 그건 그렇다 치고, 백화점이니 만큼 무엇이든지 갖추어져 있군요. 차나 집까지 팔고 있는 데에는 깜짝 놀래 버렸읍니다. 팔고 있지 않은 물건은 무엇이 있는지요?」

부 장 : 「관·다이너마이트 그리고 또 물과 공기 정도의 것일까. 그러나 상품을 파는 것 만으로는 구식이야. 앞으로의 백화점은 상품보다 서비스를 팔지 않으면 안 됩니다.」

학 생 : 「그렇게 말하면…?」

부 장 : 「운송, 선전 그 외 일체의 에이전트(대리점)이지요. 백화점에 오시면 인간 생활의 모든 용무가 충족된다 라고 할 수 있을 것입니다.」

학 생 : 「그렇다면, 신부가 필요하다, 이 처녀가 좋겠지 라고 하는 따위가 됩니까?」

부 장 : 「설마. 그러나 결혼 상담소도 미장원도 병원도 탁아소도 겸한 종합 서비스 센터가 우리들의 목표입니다. 벌써 일부에서는 실현되고 있읍니다. 사게 하기 위한 서비스에서 서비스를 위한 서비스가 시작되고 있읍니다.」

학 생 : 「부장님의 이야기를 듣고 있으니 저까지 마음이 커집니다. 오늘은 바쁘신데도 대단히 감사했읍니다.」

부 장 : 「언제든지 또 오십시오.」

학 생 : 「예, 감사합니다. 그럼 실례하겠습니다.」

═날═말═풀═이═

さいきん (最近) : 몡 최근

しょうひ (消費) : 몡 소비

けいざい (経済) : 몡 경제

けんきゅうかい (研究会) : 몡 연구회

いそが (忙)しいところ : 바쁘신데

じかん (時間)をいただく : 시간을 할애
해 주다

いや : 갑 아냐, 아니오

どういたしまして : 옌 천만의 말씀 (입
니다)

うけたまわ (承)る : 타5 듣다 (「聞く」
의 겸양어)

かず (数) : 몡 수, 수효

ウィークデー (week day) : 몡 위크데
이, 일요일 이외의 날, 평일

てんない (店内) : 몡 점포 안

たいへんだ : 형동 대단하다, 큰일이다

こみかた : 몡 붐비는 모양

か (買)いあ (上)げ : 몡 매상, 사들임

おかいあげいただく : 사 주시다 (직역
하면 「사 받다」의 뜻)

へいじつ (平日) : 몡 평일

さいじつ (祭日) : 몡 축제일, 공휴일

とし (年)のく (暮)れ : 몡 연말, 세모

う (売)りあ (上)げ : 몡 매상

ふくれあがる : 자5 부풀어 오르다

おおて (大手) : 몡 큰 거래처, 대형

おく (億) : 몡 억

ていど (程度) : 몡 정도

ていきゅうび (定休日) : 몡 정휴일

いちがい (一概)に : 부 일률적으로

もっとも : 접 그렇다고는 하지만, 하긴

のぼ (上)る : 자5 (상당히 많은) 수량
이 되다, ～에 달하다

さすが : 부 과연

ねんまつ (年末) : 몡 연말

としんがた (都心型) : 몡 도심형

ターミナルがた (terminal型) : 몡 터미
널형

それぞれ : 부 각각, 각기

しょうらいせい (将来性) : 몡 장래성

じゅうたくち (住宅地) : 몡 주택지

こうがい (郊外) : 몡 교외

の (延)びる : 자상1 뻗다

ますます : 부 점점 더

はったつ (発達) : 몡 발달

だからといって : 그렇다고 해서

だめになる : 못 쓰게 되다, 안 되게 되
다

いっぱんてき (一般的)に : 형동 일반적
으로

こうきゅうひん (高級品) : 몡 고급품

あし (足)をはこ (運)ぶ : 발길을 옮기다

はこ (運)ぶ : 타5 운반하다

りようど (利用度) : 몡 이용도

はだぎ (肌着) : 몡 내의

こもの (小物) : 图 자질구레한 도구

けいこう (傾向) 图 경향

う(売)りば(場) : 图 매장, 판매장

はいち (配置) : 图 배치

きじゅん (基準) : 图 기준

よう(要)は : 연 요는, 요컨대

いかに : 閏 어떻게, 얼마나

てんらんかい (展覧会) : 图 전람회

そういえば : 그러고 보니, 그 말을 듣고 보니,

とくばいじょう (特売場) : 图 특매장

エスカレーター (escalator) : 에스컬레이터

しょうひん (商品) : 图 상품

め(目)につく : 눈에 띄다, 돋보이다

こうばいよく (購買欲) : 图 구매욕

そそる : 타5 돋구다, 자아내다

うんぱん (運搬) : 图 운반

き(決)まる : 자5 정해지다, 결정되다

しな (品) : 图 물건

うご(動)き : 图 움직임

うご(動)きがとれない : 움직일 수 없다

つうろ (通路) : 图 통로

～みたいだ : 조통 ～인 것 같다 예 通路みたいなものです(통로와 같은 것입니다.)

くしん (苦心) : 图 고심

けっか (結果) : 图 결과

それにしても : 접 그건 그렇다 치고, 그렇다고 해도

ひゃっかてん (百貨店) : 图 백화점

そろう : 자5 갖추어지다

かんおけ (棺桶) : 图 관

ダイナマイト (dynamite) : 图 다이너마이트

サービス (service) : 图 서비스

うんそう (運送) : 图 운송

せんでん (宣伝) : 图 선전

いっさい (一切) : 图 일체

エージェント (agent) : 图 에이전트, 대리인(점)

よう (用) : 图 용무

た(足)りる : 자상1 족하다

よう(用)がた(足)りる : 쓰기에 충족하다, 용무가 충족되다

およめ(嫁)さん : 图 신부(결혼 상대로서의 여성) (「嫁」의 높임말)

むすめ (娘) : 图 ① 젊은 미혼 여성, 처녀 ② 딸

まさか : 閏 설마

けっこんそうだんじょ (結婚相談所) : 图 결혼 상담소

びよういん (美容院) : 图 미장원

たくじしょ (託児所) : 图 탁아소

か(兼)ねる : 타하1 겸하다

そうごう (総合) : 图 종합

ねらい : 图 (겨누는) 표적, 노리는 바

いちぶ (一部) : 图 일부

じつげん (実現) : 图 실현

き(気)がおお(大)きくなる : 마음이 커지다

﹗﹗﹗﹗ 한 ﹗﹗﹗﹗ 자 ﹗﹗﹗﹗ 풀 ﹗﹗﹗﹗ 이 ﹗﹗﹗﹗

研 { とぐ：研(と)ぐ 갈다
　 { ケン：研修(ケンシュウ) 연수

究 { きわめる：究(きわ)める 깊이 연
　 {　　　　 구하다
　 { キュウ：究明(キュウメイ) 구명

崎 { さき：崎(さき) 갑

祭 { まつる：祭(まつ)る 제사지내다
　 { まつり：祭(まつ)り 축제
　 { サイ：祭礼(サイレイ) 제례

億 { オク：億(オク) 억
　 {　　　一億(イチオク) 1억

程 { ほど：程(ほど) 정도
　 { テイ　程度(テイド) 정도

概 { ガイ：概念(ガイネン) 개념
　 {　　　大概(タイガイ) 대개

型 { かた：型(かた) 형, 꼴
　 { ケイ：原型(ゲンケイ) 원형

将 { ショウ：将来(ショウライ) 장래
　 {　　　　大将(タイショウ) 대장

郊 { コウ：郊外(コウガイ) 교외
　 {　　　近郊(キンコウ) 근교

延 { のびる：延(の)びる 늘어지다
　 { のべる：延(の)べる 늘이다
　 { のばす：延(の)ばす 연장시키다
　 { エン：延長(エンチョウ) 연장

般 { ハン：諸般(ショハン) 제반
　 {　　　一般(イッパン) 일반

的 { まと：的(まと) 과녁
　 { テキ：的中(テキチュウ) 적중

基 { もと：基(もと) 근본
　 { もとい：基(もとい) 토대
　 { キ：基礎(キソ) 기초

級 { キュウ：等級(トウキュウ) 등급
　 {　　　上級(ジョウキュウ) 상급

傾 { かたむく：傾(かたむ)く 기울다
　 { かたむける：傾(かたむ)ける 기울
　 {　　　　　 이다
　 { ケイ：傾斜(ケイシャ) 경사

準 { ジュン：準備(ジュンビ) 준비
　 {　　　標準(ヒョウジュン) 표준

展 { テン：展示(テンジ) 전시
　 {　　　発展(ハッテン) 발전

覧 { ラン：観覧(カンラン) 관람
　 {　　　一覧(イチラン) 일람

特 { トク：特殊(トクシュ) 특수
　 {　　　独特(ドクトク) 독특

購 { コウ：購入(コウニュウ) 구입
　 {　　　購読(コウドク) 구독

欲 { ほっする：欲(ほっ)する 원하다
　 { ほしい　欲(ほ)しい 갖고 싶다
　 { ヨク：欲望(ヨクボウ) 욕망

搬 { ハン：搬入(ハンニュウ) 반입
　 {　　　運搬(ウンパン) 운반

苦 { くるしい：苦(くる)しい 괴롭다
　 { くるしむ：苦(くる)しむ 괴로와하다
　 { くるしめる：苦(くる)しめる 괴롭
　 {　　　　 히다
　 { にがい：苦(にが)い 쓰다
　 { にがる：苦(にが)る 아주 못마땅
　 {　　　한 표정을 짓다
　 { ク：苦労(クロウ) 고생

嫁 { よめ：嫁(よめ) 며느리, 신부
　 { とつぐ：嫁(とつ)ぐ 시집가다
　 { カ：再嫁(サイカ) 재가

宣 { セン：宣言(センゲン) 선언
　　　　　宣誓(センセイ) 선서

他 { タ：他国(タコク) 타국
　　　　自他(ジタ) 자타

容 { ヨウ：容易(ヨウイ) 용이
　　　　　形容(ケイヨウ) 형용

院 { イン：院内(インナイ) 원내
　　　　　議院(ギイン) 의원

託 { タク：託宣(タクセン) 탁선
　　　　　委託(イタク) 위탁

児 { ジ：児童(ジドウ) 아동
　　　ニ：小児科(ショウニカ) 소아과

兼 { かねる：兼(か)ねる 겸하다
　　　ケン：兼任(ケンニン) 겸임

総 { ソウ：総意(ソウイ) 총의
　　　　　総括(ソウカツ) 총괄

現 { あらわれる：現(あらわ)れる 나타
　　　　　　　　　나다
　　　あらわす：現(あらわ)す 나타내다
　　　ゲン：現在(ゲンザイ) 현재

해 설

■私で分かることなら

　이 助詞「で」는 특정한 인물(단수)을 받아서 상태를 나타낸다.「～로서, ～라
도」의 뜻이 된다.

　　子供でいいから，手伝いに来てくれ。(어린이라도 좋으니 도우러 와 줘.)
　　あなたでできる簡単な仕事です。

　　(당신이라도 할 수 있는 간단한 일입니다.)
　　わたしで分かることなら，何でもお話ししましょう。

　　(나로서(내가) 알 수 있는 일이라면 무엇이든지 말씀드리지요.)

■～あたり(接尾語)……때・장소・사람・사물의 상태 등을 나타내는 말에 연결
하여 대강을 나타낸다.「～쯤, ～ 같은 곳, 정도, 같은 것」등의 뜻이 된다.

　　今晩あたり来るかも知れません。(오늘밤쯤 올지도 모릅니다.)
　　その本なら，鐘路あたりに売っています。

　　(그 책이라면 종로 근처에서 팔고 있읍니다.)
　　それは社長あたりの言いそうなことです。

　　(그것은 사장 정도가 할 만한 말입니다.)
　　うちあたりの大手ですと，普通一日２億程度です。

　　(우리정도의 큰 회사면 하루 ２억 정도입니다.)

■～にのぼる

　「数나 量을 나타내는 말＋に＋のぼる」의 꼴로「～에 달하다」의 뜻을 나타낸다.
　　12月は売り上げが百億から百二十億にのぼります。

　　(12월은 매상이 100억에서 120억에 달합니다.)
　　連休には数百万にのぼる人が遊びに出かけた。

(연휴에는 수백만 명에 달하는 사람이 놀러 나갔다.)

今度の台風による損害は数億円にのぼる。

(이번의 태풍에 의한 손해는 수억 엔에 달한다.)

■ ～といった

다음에 오는 말의 내용이 어떠한가를 설명하는 경우에 쓴다. 「～이라고 하는, ～ 등의」 뜻이 된다.

みそやしょうゆといった調味料は東洋でしか使わない。

(된장이나 간장이라는 (간장 등의) 조미료는 동양에서밖에 사용하지 않는다.)

今はだれにも会いたくないといった気持ちです。

(지금은 아무도 만나고 싶지 않다는 기분입니다.)

お客さまは毎日のようにご利用になるといった傾向があります。

(손님은 매일같이 이용하신다는 등의 경향이 있습니다.)

■ ～上からいえば

「～에 관해서 말하면」의 뜻을 나타낸다. 이 경우의 「上」의 뜻은 「사람 또는 일에 관한 일」이라는 뜻을 나타낸다.

運搬の上からいえば，一階がいい。

(운반에 관해서 말하면 일층이 좋다.)

仕事の上からいえば，別に問題はありません。

(일에 관해서 말하면 별로 문제는 없습니다.)

スポーツの上からいえば，二人はライバルです。

(스포츠에 관해서 말하면 두 사람은 라이벌입니다.)

■ ～に決まっている

「반드시 ～이다, ～으로 정해져 있다」는 뜻을 나타낸다.

生きているものはいつか死ぬに決まっている。

(살아 있는 것은 언젠가 반드시 죽는다〈죽는 것으로 되어 있다〉.)

くすりはまずいに決まっています。

(약은 맛없는 것으로 정해져 있습니다.)

あしたは雨が降るに決まっている。(내일은 비가 오기로 되어 있다.)

■ ～みたいだ (助動詞)

「～ようだ」와 같은 뜻이다. 体言 또는 動詞・形容詞・一部 助動詞의 終止形에 접속된다. 「みたいだ」는 形容動詞와 같은 活用을 한다.

まるで夢みたいです。(마치 꿈 같습니다.)

非常に疲れているみたいです。(대단히 피곤해 보입니다.)

あの人の顔は怒っているみたいだ。

(저 사람의 얼굴은 화내고 있는 것 같다.)

ぶた**みたい**に何でもよく食べます。

(돼지처럼 무엇이든지 잘 먹습니다.)

あなた**みたい**にお金を沢山持っている人は少ないんです。

(당신처럼 돈을 많이 가지고 있는 사람은 적습니다.)

くだものとか，かんづめ**みたい**なものはどこで売っていますか。

(과일이라든가 통조림 같은 것은 어디서 팔고 있습니까?)

学校をやめた**みたい**なことを言っていました。

(학교를 그만둔 것 같은 말을 하고 있었읍니다.)

■ ～だけあって

「～だけあって」의 꼴로 「그만한 값어치가 있고 보람이 있다」라는 뜻을 나타낸다. 「～할 만큼, ～했으니만큼」이라는 뜻이다.

あの外国人は日本に長くいる**だけあって**，日本語がとても上手です。

(그 외국인은 일본에 오래 있으니만큼 일본어를 대단히 잘합니다.)

韓国人が自慢する**だけあって**，むくげの花は美しい。

(한국인이 자랑하는 만큼(자랑하는 것이 무리가 아닐 만큼), 무궁화는 아름답다.)

あの人はスポーツの選手**だけあって**，体格がいい。

(저 사람은 스포츠 선수인 만큼 체격이 좋다.)

■ ～なきゃ

「～なきゃ」는 「～なくては」의 준말이다. 회화의 경우에는 특히 친한 사이라고 할 때는 줄인 말을 많이 쓴다.

これからのデパートは，商品よりサービスを売ら**なきゃ**(売らなくては)だめです。

(앞으로의 백화점은 상품보다 서비스를 팔지 않으면 안 됩니다.)

はやく行か**なきゃ**(行かなくては)困ります。

(빨리 가지 않으면 곤란합니다.)

あした学校へ来**なきゃ**(来なくては)だめです。

(내일 학교에 오지 않으면 안 됩니다.)

■ 「おいで」의 用例

こっちへ**おいで**。(이리로 오너라.)

しばらくじっとして**おいで**。(잠시 가만히 있어라.)

あっちへ**おいで**。(저리 가거라.)

おいでなさい。(오시오, 가시오, 계시오.)

おいでください。(오십시오, 가십시오, 계십시오.)

よくおいでくださいました。(잘 오셨읍니다.)

おいでになる。(오시다, 가시다, 계시다.)

おとうさんはお宅へおいでですか。(아버님은 댁에 계십니까?)

どちらへおいでですか。(어디로 가십니까?)

いつこちらへおいでですか。(언제 이리로 오십니까?)

おいでをねがう。(오시기를 바란다.)

おいでを待つ。(오시는 것을 기다린다.)

おいでがない。(오시지 않는다.)

おいでをする。(이리 온 하고 손짓하다.)

おいでなすったな。(오셨군요.)

■ **よかろう**

　　형용사에 조동사 「う」가 연결될 때에는 형용사의 어미 「い」를 「かろ」로 고치고 「う」를 연결시키면 된다.

　　　　よい (좋다)　　⟶　　よかろう (좋을 것이다)
　　　　重い (무겁다)　　⟶　　重かろう (무거울 것이다)
　　　　近い (가깝다)　　⟶　　近かろう (가까울 것이다)

■ **～なんて (助詞)**……体言 또는 活用語의 終止形 등에 연결된다.

　①「言う」「思う」 등의 앞에 붙어서 「～などと」와 같은 뜻으로 「～이라는 등」의 뜻을 나타낸다.

　　　　死ぬなんて言っている。(죽는다는 등 말하고 있다.)
　　　　お金もないのに外国へ行きたいなんて思うものではない。
　　　　(돈도 없는데 외국에 가고 싶다는 등 생각하는 것이 아니다.)
　　　　いやだなんて言えないよ。(싫다고는 할 수 없어요.)

　②「～という」의 뜻을 나타낸다. 「～이라는」의 뜻.
　　　　私は山田なんて学生は知りません。(나는 야마다라는 학생은 모릅니다.)
　　　　知らないなんてことがあるもんか。(모르다니 그럴 리가 없다.)
　　　　風邪なんて病気はすぐなおる。(감기라는 병은 곧 낫는다.)

　③助詞「など」와 같은 뜻으로 「～ 따위, ～ 같은 것」이라는 뜻을 나타낸다.
　　　　私は映画なんて少しもおもしろいと思いません。

---

1) 예기했을 때 등에 사용한다.

(나는 영화 같은 건 조금도 재미있다고 생각하지 않습니다.)

あなた**なんて**どうでもよいのです。(당신 따위는 아무래도 좋습니다.)

お金**なんて**ほしくないです。(돈 같은 건 원치 않습니다.)

④ 그 진위에 대해 뜻밖이라는 마음을 나타낸다.「～이라니, ～하다니」의 뜻이 된다.

どろぼうだ**なんて**, もってのほかです。

(도둑놈이라니, 당치도 않습니다.)

彼が弁護士だ**なんて**, とても信じられません。

(그가 변호사라니, 도저히 믿어지지 않습니다.)

彼女が結婚した**なんて**, うそでしょう。

(그 여자가 결혼했다니, 거짓말이겠지요.)

⑤「なんて」는 主로 会話体로 많이 쓴다.

■「ねらい」의 여러 가지 뜻

① 的に**ねらい**を定める。(과녁에 겨냥을 대다.)

銃の**ねらい**を定めて撃った。(총의 겨냥을 대서 쏘았다.)

矢の**ねらい**が外れた。(화살의 겨냥이 빗나갔다.)

② 両国の親善がこの会合の**ねらい**だ。(양국의 친선이 이 회합의 목적이다.)

真の**ねらい**は別にある。(진짜 목적은 따로 있다.)

出題の**ねらい**をよく考える。(출제의 노리는 바를 신중히 생각하다.)

■「つく」의 여러 가지 뜻

目につく……눈에 띄다

足跡がつく……발자국이 나다

見当がつく……짐작이 가다

工夫がつく……궁리가 떠오르다

電気がつく……전기가 켜지다

高いものにつく……비싸게 치이다

父についていく……아버지를 따라가다

ポケットがついている……주머니가 달려 있다

決心がつく……결심이 서다　　　気がつく……알아차리다

‖‖‖‖‖‖‖‖‖‖‖‖연습문제‖‖‖‖‖‖‖‖‖‖‖‖

次の言葉を使って文章を作ってごらんなさい。

1. お忙しいところ　　　　　　　　2 お時間をいただく

3. お買い上げいただく
4. ～だけあって
5. 一概には言えない
6. だからといって

7. だめになる
8. そういえば
9. 目につく
10. それにしても

◁解答▷

1. お忙しいところをおいでくださいまして, ありがとうございます。 (바쁘신데 와 주셔서 감사합니다.)   2. お時間をいただけたらと思いますが, いかがでしょうか。 (시간을 할애해 주셨으면 하고 생각하는데 어떨까요?)   3. これはただいまお買い上げいただいたものでございます。 (이것은 방금 사 주신 물건입니다.)   4. がんばっただけあって成績があがりました。 (애쓴 보람이 있어 성적이 올랐읍니다.)   5. アメリカといっても広いですから一概には言えませんが, だいたいいい道ですね。 (미국이라고 해도 넓으므로 일률적으로 말할 수 없지만 대강 좋은 길이군요.)   6. 今日は食欲がない。だからといって, 何も食べないのはよくない。 (오늘은 식욕이 없다. 그렇다고 해서, 아무것도 먹지 않는 것은 좋지 않다.)   7. することなすことがみんなだめになる。(하는 일 모두 쓸모가 없게 되다.)   8. 田中さんは新しい仕事をさがしているそうです。そういえば, 彼は来年は定年ですね。 (다나카씨는 새로운 일을 찾고 있답니다. 그러고 보니, 그는 내년에는 정년이군요.)   9. 目につくところに広告を出す。 (눈에 띄는 곳에 광고를 낸다.)   10. 品物が少ないので, 値段が上がっているが, それにしてもあまりに高すぎる。 (물건이 적기 때문에 값이 오르고 있으나, 그렇다 치더라도 너무나 지나치게 비싸다.)

第二十課　診　察

　田村さんは二三日前からかぜをひいて，せきが出たり，寒気がしたり
して，くるしかったので，外へ出ずにおりましたが，やむをえない用事
ができたので，がまんして出かけました。一二時間のつもりで出かけた
のに，思ったより仕事に手間をとって，とうとう夕食までに家へ帰るこ
とができず，途中のある料理屋で，かるい食事をしました。

　家へ帰ると，のどがいたくてたまりません。熱もかなりありましたか
ら，薬をのんですぐにとこにはいりました。ところが夜中におなかがい
たくなって，朝になってもなおりませんから，お手伝いさんに高山さん
という医者をむかえに行かせました。

高山　「どうなすったんですか。」

田村　「二三日前からかぜをひいて家に居たのですが，きのうの午後，
　　　　急用で出かけて，途中で夕ご飯を食べて帰ったところが，頭痛が
　　　　して熱があったものですからすぐねたんですが，夜中におなかが
　　　　いたみだして，昨晩ちっともねむれなかったんです。」

高山　「ははあ，ちょっとお脈を拝見いたしましょう。」

　高山さんは時計を見ながら，田村さんの手首をおさえて脈を見ました。
　また体温計で熱を計ってみると，三十八度五分ありました。

高山　「ちょっと口をあけて，舌を出してください。おなかはまだいた
　　　　いですか。」

田村　「けさよりいくらかよくなりましたが，まだいたいです。」

　高山さんは田村さんの胸やおなかを診察して，

高山　「のどが大分はれています。薬をつけましょう。かぜですね。お
　　　　なかの方も大したことはないから，御心配はいりません。しかし，

無理をしてはいけないから一両日はお大事になさい。薬をさし上げるから，あとでどなたか取りによこしてください。水薬は食前三十分，粉薬は食後三十分，一日三回のんでください。粉薬の方はにがいから，オブラートに包むか，カプセルに入れてのんだ方がいいでしょう。さもなければ，のんだあとで何かあまい物を少し上がっても，さしつかえありません。それから食べ物は何でもいいですが，二三日はあまりかたい物を食べずに，おかゆとか半熟の卵とかのようなやわらかい物を上がるようにしなさい。」

田村　「いろいろどうもありがとうございました。」

　高山さんが帰ってから少したって，田村さんはお手伝いさんを高山医院へ使いにやって，薬を取って来させました。

漢字読み기──────────

しんさつ	さむけ	てま	りょうりや	ねつ	よなか	さくばん	ずつう	みゃく	てくび
診察	寒気	手間	料理屋	熱	夜中	昨晩	頭痛	脈	手首

たいおんけい	した	むね	ごしんぱい	むり	いちりょうじつ	みずぐすり	しょくぜん	こなぐすり	さんかい
体温計	舌	胸	御心配	無理	一両日	水薬	食前	粉薬	三回

はんじゅく	たまご	いいん	こ						
半熟	卵	医院	来させ						

제20과　진　찰

　다무라 씨는 2, 3일 전부터 감기가 들어, 기침이 나기도 하고 오한이 나기도 해서 괴로왔기 때문에 밖에 나가지 않고 있었는데, 어쩔 수 없는 용건이 생겨서 참고 나갔읍니다. 한두 시간 걸릴 생각으로 외출했는데, 생각한 것보다 일에 시간이 걸려서 결국 저녁식사 때까지 집에 돌아오지 못하고 도중에 있는 어떤 요리점에서 가벼운 식사를 했읍니다.

　집에 돌아오니 목이 아파서 견딜 수 없었읍니다. 열도 꽤 있었으므로 약을 먹고 곧 잠자리에 들었읍니다. 그랬는데 밤중에 배가 아파오고 아침이 되어도 낫지 않으므로 가정부에게 다카야마라고 하는 의사를 모시러 가게 했읍니다.

다카야마 :「웬일이십니까?」

다 무 라 :「2, 3일 전부터 감기가 들어서 집에 있었으나, 어제 오후 급한 볼일로 외출하여 도중에 저녁을 먹고 돌아왔는데, 두통이 나고 열이 있었으므

로 곧 잤읍니다만 밤중에 배가 아프기 시작해서 어제밤 조금도 자지
못했읍니다.」

다카야마 :「네, 잠깐 맥을 봅시다.」

　다카야마 씨는 시계를 보면서 다무라 씨의 손목을 누르고 맥을 보았읍니다.

　또, 체온계로 열을 재어 보니 38도 5분이었읍니다.

다카야마 :「좀 입을 벌리고 혀를 내밀어 주십시오. 배는 아직 아픕니까?」

다무라 :「오늘 아침보다 얼마간 좋아졌읍니다만 아직 아픕니다.」

　다카야마 씨는 다무라 씨의 가슴이랑 배를 진찰하고,

다카야마 :「목이 상당히 부어 있읍니다. 약을 바릅시다. 감기군요. 배쪽은 대단
치는 않으므로 걱정할 필요없읍니다. 그러나 무리를 해서는 안 되니까
하루 이틀은 몸조리 잘하십시오. 약을 드리겠으니 나중에 누군가를 가지
러 보내 주십시오. 물약은 식전 30분, 가루약은 식후 30분, 하루 세 번
복용해 주십시오. 가루약쪽은 쓰니까 오블라트로 싸든지, 캡슐에 넣어
서 드시는 쪽이 좋겠지요. 그렇지 않으면 복용한 후에 무언가 단 것을
조금 잡수셔도 지장이 없읍니다. 그리고 음식은 무엇이든지 좋습니다
만 2, 3일은 너무 단단한 것을 먹지 말고 죽이라든가 계란 반숙이라든
가 하는 연한 것을 드시도록 하십시오.」

다무라 :「여러 가지 참으로 고마웠읍니다.」

　다카야마 씨가 돌아가고 나서 조금 있다가 다무라 씨는 가정부를 다카야마 의
원으로 심부름을 보내어 약을 가지고 오게 했읍니다.

═말═풀═이═

しんさつ (診察) :명 진찰

せき (咳) :명 기침

さむけ (寒気) :명 오한

さむけ (寒気)がする :오한이 나다

くる (苦)しい :형 괴롭다

やむをえない :어쩔 수 없다

がまんする :타사 참다

いちにじかん (一二時間)のつもりで :
　한두 시간 걸릴 생각으로

てま (手間) :명 (일을 하는 데 드는) 시
　간

てま (手間)をとる :시간이 걸리다

ゆうしょく (夕食) :명 저녁식사

のど :명 인후, 목

ねつ (熱) :명 열

とこにはいる :잠자리에 들다

ところが :접 그랬는데, 그랬더니

よなか (夜中) :명 밤중

むかえにいかせる：모시러 가게 하다

どうなすったんですか：(＝どうなさったんですか) 어찌된 일입니까?

〜ところが：조 〜었더니, 〜었던 바
　예 彼に話した**ところが**，喜んで引き受けた。(그에게 말했더니, 기꺼이 떠맡았다.)

ずつう(頭痛)：명 두통

ずつう(頭痛)**がする**：두통이 나다

いたみだす：자5 아프기 시작하다

ははあ：감 (놀람, 감탄의 기분을 나타냄) 허어, (납득이 가는 기분 따위를 나타냄) 네에

みゃく(脈)：명 맥

てくび(手首)：명 손목

おさえる：타하1 누르다

さんじゅうはちどごぶ(三十八度五分)：38도 5분

した(舌)：명 혀

けさ：명 오늘 아침

いくらか：연 다소, 얼마간

むね(胸)：명 가슴

だいぶ(大分)：부 상당히

はれる：자하1 붓다

くすり(薬)**をつける**：약을 바르다

いちりょうじつ(一両日)：명 하루 이틀

さしあげる：타하1 드리다(「やる(주다)」의 겸양어)

と(取)**りによこす**：가지러 보내주다

よこす：타5 보내오다

みずぐすり(水薬)：명 물약

こなぐすり(粉薬)：명 가루약

しょくぜん(食前)：명 식전

しょくご(食後)：명 식후

にが(苦)**い**：형 쓰다

オブラート(네 oblato)：명 오블라트 (먹기 어려운 가루약 따위를 타서 먹는데 씀)

キャプセル：명 캡슐

さもなければ：접 그렇지 않으면

あま(甘)**い**：형 달다

かたい：형 단단하다

おかゆ：명 죽

はんじゅく(半熟)：명 반숙

たまご(卵)：명 계란

やわらかい：형 연하다. 부드럽다

いいん(医院)：명 의원

つか(使)**いにやる**：심부름을 보내다

〰〰〰〰 한 자 풀 이 〰〰〰〰

診 { みる：診(み)る 진찰하다
　　シン：診療(シンリョウ) 진료

咳 { せき：咳(せき) 기침
　　ガイ：咳嗽(ガイソウ) 해소

脈 { ミャク：脈絡(ミャクラク) 맥락
　　　　　　動脈(ドウミャク) 동맥

胸 { むね：胸(むね) 가슴
　　むな：胸毛(むなげ) 가슴털
　　キョウ：胸囲(キョウイ) 흉위

両 { リョウ：両親(リョウシン) 양친
　　　　　　両日(リョウジツ) 양일, 이틀

温
- あたたかだ：温(あたた)かだ 따스하다
- あたたかい：温(あたた)かい 따뜻하다
- あたたまる：温(あたた)まる 따뜻해지다
- あたためる：温(あたた)める 따뜻하게 하다
- オン：温度(オンド) 온도

甘
- あまい：甘(あま)い 달다
- あまえる：甘(あま)える 응석부리다
- あまやかす：甘(あま)やかす 응석 부리게 하다
- カン：甘言(カンゲン) 감언

熟
- うれる：熟(う)れる 여물다
- ジュク：熟練(ジュクレン) 숙련

卵
- たまご：卵(たまご) 달걀
- ラン：卵黄(ランオウ) 노른자위

해 설

■「軽(かる)い」의 여러 가지 뜻

① 木(き)は石(いし)よりもかるい。(나무는 돌보다도 가볍다.)
目方(めかた)がかるくてもねだんは同(おな)じだ。(무게가 가벼워도 값은 같다.)

② 責任(せきにん)がかるい。(책임이 가볍다.)
病気(びょうき)はかるいようだ。(병세는 가벼운 것 같다.)
かるいけが。(가벼운 부상.)

③ 身(み)がかるい。(몸이 홀가분하다.)
心配(しんぱい)だったことをみんな話(はな)したら気(き)がかるくなった。(걱정했던 일을 모두 털어 놓았더니 기분이 홀가분해졌다.)

④ 昼食(ちゅうしょく)はかるく食(た)べた。(점심은 가볍게 들었다.)
かるい食事(しょくじ)をとる。(가벼운 식사를 하다.)

⑤ 困難(こんなん)な仕事(しごと)をかるくかたづける。(어려운 일을 가볍게 해치우다.)
お産(さん)はかるかった。(출산은 수월하였다.)

⑥ 口(くち)がかるい。(입이 가볍다.)
人(ひと)がらがかるい。(사람 됨됨이 경솔하다.)
調子(ちょうし)のかるい男(おとこ)。(태도가 경솔한 사나이.)

■ ～ぬ (助動詞)……뜻은 부정을 나타내는 助動詞「ない」와 같다. 「ぬ」는「ん」이라고도 한다.

① 접속은 動詞의 未然形, 動詞型助動詞의 未然形, 助動詞「ます」의 未然形에 연결된다.

行(い)く　→行(い)かぬ＝行(い)かん＝行(い)かない

知る　→知らぬ＝知らん＝知らない

忘れる→忘れぬ＝忘れん＝忘れない

来る　→来ぬ　＝来ん　＝来ない

する　→せぬ　＝せん　＝しない[1]

読ませる→読ませぬ＝読ません＝読ませない

見ます→見ませぬ＝見ません

② 活用은 다음과 같다.

基本形	未然形	連用形 －(に)	終止形	連体形 －(体言)	仮定形 －	命令形
ぬ(ん)	○	ず	ぬ(ん)	ぬ(ん)	ね	○

③「ぬ」의 用例

あの人は怒らず，笑っていました。

(그 사람은 화내지 않고 웃고 있었읍니다.)

勉強せずに何をしていますか。

(공부하지 않고 무엇을 하고 있읍니까?)

私は決してうそは申しません。

(나는 결코 거짓말은 안 합니다.)

わたしにも分からん。

(나도 모른다.)

許せぬことをしたものだ。

(용서할 수 없는 짓을 한 것이다.)

国へ帰らねばならん。

(고국에 돌아가지 않으면 안 된다.)

朝食のしたくはせんでもいいです。

(아침식사 준비는 하지 않아도 됩니다.)

■「かなり」의 用例

きょうはかなりあつい。(오늘은 제법 덥다.)

この絵はかなりよくかいてある。(이 그림은 제법 잘 그려져 있다.)

彼女はテニスもかなりやる。(그녀는 테니스도 제법 한다.)

かなり時間がかかる。(꽤 시간이 걸린다.)

---

1)「する」에「ぬ」가 연결될 때에는「せぬ」가 되고「ない」가 연결될 때에는「しない」가 되는 것에 注意할 것.

■ **～ところが**(助詞)……「動詞의 連用形＋た＋ところが」의 形으로 사용하며「～했는데, ～했더니」의 뜻을 나타낸다.

　　あやまった**ところが**，だめでした。

　　(사과했지만 소용이 없었습니다.)

　　しかられると思った**ところが**，かえってほめられた。

　　(꾸중들을 것이라 생각했는데 도리어 칭찬받았다.)

　　買って行った**ところが**，やはり喜ばれました。

　　(사 갔더니 역시 기뻐했습니다.)

　　会におくれたと思って急いで行った**ところが**，まだだれも来ていなかった。

　　(모임에 늦었다고 생각하여 서둘러서 갔더니 아직 아무도 와 있지 않았다.)

■ **いたみだして** ……아프기 시작해서

　「動詞의 連用形＋だす」의 꼴로「～하기 시작하다」의 뜻을 나타낸다.

　　話しだす。(이야기하기 시작하다.)

　　仕事をやりだす。(일을 하기 시작하다.)

　　歩きだす。(걷기 시작하다.)

■ **～分**(助数詞)…… 1도의 10분의 1을 나타낸다.

　　一分　二分　三分　四分　五分　六分　七分　八分　九分　十分

■ **～回**(助数詞)…… 횟수를 나타낼 때 사용하는 말.「～번, ～회」

　　一回　二回　三回　四回　五回　六回　七回　八回　九回　十回

■ **맛에 관한 말**

　　あまい ……달다, 싱겁다　　　　　にがい …… 쓰다

　　しおからい …… 짜다　　　　　　すっぱい ……시다

　　からい …… 맵다　　　　　　　　しぶい …… 떫다

■ **～とか**(助詞)……体言・用言 및 助動詞의 終止形에 連結한다.

　① 사물이나 동작・작용을 例示的으로 並列・列挙함을 나타낸다.「～라든가」의 뜻.

　　毎日，掃除**とか**洗濯**とか**食事のしたく**とか**に追われています。

　　(매일 청소라든가 세탁이라든가 식사 준비라든가로 쫓기고 있습니다.)

　　休みにはテレビを見る**とか**ラジオを聞く**とか**して，時間をすごします。

　　(휴일에는 텔레비를 본다든가 라디오를 듣는다든가 해서 시간을 보내고 있습니다.)

　　この品物については，いい**とか**悪い**とか**みんなちがったことを言っています。

(이 물건에 대해서는, 좋다든가 나쁘다든가 모두 다른 말을 하고 있읍니다.)

② 항상 「～とかいう」의 形으로 「지금 잘 기억하고 있지 않다」는 뜻을 나타낸다.

天気予報では，あしたは雪になるとかいう話しです。

(일기 예보로는, 내일은 눈이 온다든가 하는 이야기입니다.)

はっきり覚えていませんが、「春」とかいう小説がありました。

(확실히 기억하고 있지 않습니다만 「봄」이라든가 하는 소설이 있었읍니다.)

|||||||||||||||||||| 연습문제 ||||||||||||||||||||

Ⓐ 次のことばの意味を言いなさい。

1. やむをえない

2. 手間をとる

3. ところが

4. さもなければ

5. どうなすったんですか

Ⓑ 次のことばを使って文章を作ってごらんなさい。

1. とうとう

2. 思ったより

3. いくらか

4. だいぶ

5. あとで

Ⓒ 次の韓国語を日本語に訳しなさい。

1. 기침이 나면 이 약을 잡수시오.

2. 오한이 나고 목이 아파서 열을 재어 봤더니 38度 5分이나 됩니다.

3. 그러면 자리에 들어가서 쉬고 있지 않으면 안 됩니다.

4. 그리고 의사에게 전화를 걸어서 와 주시도록 합시다.

5. 그 의사는 너무 바빠서 못 오실지도 모르겠어요. 하여간 전화를 걸어봐 주셔요.

◁해답▷

Ⓐ

1. 어쩔 수 없다, 부득이하다.　　2. 시간이 걸리다.　　3. 그랬는데, 그런데.
4. 그렇지 않으면.　5. 웬일이십니까?

Ⓑ

1. 彼はとうとう研究を完成した。(그는 드디어 연구를 완성시켰다.)　　2. その問題は思ったよりやすく解決した。(그 문제는 생각보다 쉽게 해결했다.)　　3. きのうよりいくらかよくなるでしょう。(어제보다 어느 정도는 나아지겠지요.)　　4.

病人はだいぶよくなりました。(환자는 상당히 좋아졌읍니다.) **5.** 今は忙しいからあとで見に行きましょう。(지금은 바쁘니까 뒤에 보러 가지요.)

C

1. せきがでましたら，この薬をお飲みください。 **2.** 寒気がしてのどが痛いので，熱を計って見たら，38度5分もあります。 **3.** それでは，とこにはいって休まなければなりません。 **4.** それから，医者に電話をかけて来てもらうようにしましょう。 **5.** その医者は忙しすぎて来られないかも知れませんよ。とにかく電話をかけてみてください。

第二十一課　病気みまい

一

　山中さんはこの間牛山さんに会った時，角田さんという友だちのおくさんが病気で入院しているということを聞きました。そこでみまいに行きたいと思っているうちに，買物の途中で角田さんに会いました。

山中　「先日牛山さんからお聞きすると，おくさんが御病気だそうですが，いかがですか。」

角田　「ありがとうございます。おかげさまで少しはいいほうです。」

山中　「どうなさったんですか。」

角田　「かぜを引いたのに少し無理をしたものだから，肺炎をおこしたんです。それで，家では手当もよくできかねるので，先月の末に日本橋の東洋病院に入院させました。」

山中　「そうでしたか。それは御心配ですね。ちっとも存じませんでおみまいにも上がらず，失礼いたしました。」

角田　「どういたしまして。お忙しいのに，どうぞ，そんな御心配は決してなさらないでください。」

山中　「熱は高いのですか。」

角田　「熱がどうしても下がらなかったので，一時どうかと思いましたが，きのうあたりの様子では少しはいいようです。」

山中　「それはけっこうですね。お食事はよく召し上がりますか。」

角田　「食欲があまりないので，少し心配しております。」

山中　「それはいけませんね。きっと熱のためでしょうね。お医者さんは何とおっしゃっていますか。」

角田　「ふだんじょうぶですから，ほとんど心配はあるまいと言ってい

　　　　ます。」

山中　「早くなおるといいですね。いずれおみまいに上がりたいと思っ
　　　ておりますが，どうぞおくさんによろしくお伝えください。」

角田　「ありがとうございます。申しつたえます。」

山中　「また何かお手つだいすることがあったら，ごえんりょなくおっ
　　　しゃってください。」

角田　「ありがとうございます。」

二

　山中さんはすぐみまいに行ってはかえって迷惑と思って，五六日たっ
てから病院へ行くことに決めました。

山中　「先日，途中で御主人にお目にかかった時に，入院していらっし
　　　ゃることをうけたまわりまして参りましたが，いかがですか。」

おくさん「ありがとうございます。おかげ様で日ましによくなって参り
　　　ますから，遠からず退院できることと存じます。」

山中　「それはけっこうです。お食事などは，いかがですか。」

おくさん「昨日あたりからよほどすすむようになりました。一時熱が高
　　　うございましたので，たいへんつかれましたが，もう元気も出て
　　　参りましたから，間もなくおきられることと存じます。」

山中　「では，じき御全快になるでしょう。これはまことにささやかな
　　　ものですが，ほんのおしるしまでに。」

おくさん「そんな御心配までしていただいてはほんとうにおそれ入りま
　　　す。どうもありがとうございます。」

山中　「いいえ，どういたしまして。それでは，これでおいとまいたし
　　　ます。どうぞお大事に。」

おくさん「そうですか。おいそがしいところをわざわざおみまいくださ
　　　いまして，ありがとうございました。」

漢字읽기————————

つの だ	にゅういん	せんじつ	はいえん	て あて	すえ	に ほんばし	とうよう	けっ して	よう す
角田	入院	先日	肺炎	手当	末	日本橋	東洋	決して	様子

しょくよく	めい わく	たいいん	ぜん かい
食欲	迷惑	退院	全快

제21과　병문안
—

야마나카 씨는 요전 우시야마 씨를 만났을 때 쓰노다 씨라는 친구의 부인이 병으로 입원하고 있다는 말을 들었읍니다. 그래서, 문안가고 싶다고 생각하고 있던 중 물건 사는 도중에 쓰노다 씨를 만났읍니다.

야마나카「일전에 우시야마 씨에게서 들으니 부인이 병이라는데, 어떻습니까?」

쓰노다　:「감사합니다. 덕택으로 조금은 좋은 편입니다.」

야마나카「어찌된 일이십니까?」

쓰노다　:「감기가 들었는데 좀 무리를 했기 때문에 폐렴을 일으켰읍니다. 그래서 집에서는 치료도 잘 할 수 없기 때문에 지난달 말에 니혼바시에 있는 동양 병원에 입원시켰읍니다.」

야마나카:「그렇습니까? 그건 걱정되시겠군요. 조금도 몰라서 문안하러도 가지 못하고 실례했읍니다.」

쓰노다　:「천만에요. 바쁘신데 부디 그런 걱정은 결코 하시지 말아 주십시오.」

야마나카:「열이 높습니까?」

쓰노다　:「열이 아무리해도 내리지 않았기 때문에 한때 어떨까 하고 생각했읍니다만, 어제쯤의 용태로는 조금은 좋은 것 같습니다.」

야마나카:「그건 다행이군요. 식사는 잘 잡수십니까?」

쓰노다　:「식욕이 그다지 없기 때문에 조금 걱정하고 있읍니다.」

야마나카:「그건 안됐군요. 틀림없이 열 때문이겠지요. 의사 선생님은 무엇이라고 말씀하고 있읍니까?」

쓰노다　:「평상시 튼튼하므로 거의 걱정은 없을 것이라고 말하고 있읍니다.」

야마나카:「빨리 나으면 좋겠군요. 근간에 문안 가고 싶다고 생각하고 있읍니다만, 아무쪼록 부인께 안부 말씀 전해 주십시오.」

쓰노다　:「감사합니다. 말씀 전하겠읍니다.」

야마나카:「그리고 무언가 도울 일이 있거든 사양치 마시고 말씀해 주십시오.」

쓰노다　:「감사합니다.」

　야마나카 씨는 곧 문안 가면 도리어 폐가 될 것이라고 생각하고 5, 6일 지나고 나서 병원에 가기로 정했읍니다.

야마나카 :「일전에 도중에서 주인을 만나뵈었을 때, 입원하고 계시다는 말을 듣고서 왔는데 어떻습니까?」

부 　 인 　:「감사합니다. 덕택으로 날이 갈수록 좋아지므로 멀지 않아 퇴원할 수 있을 것이라고 생각합니다.」

야마나카 :「그건 다행입니다. 식사 등은 어떻습니까?」

부 　 인 　:「어제쯤부터 상당히 식욕이 당기기 시작했읍니다. 한때 열이 높았으므로 퍽 약했었읍니다만, 이젠 기운도 나기 시작했으므로 멀지 않아 일어날 수 있을 것이라 생각합니다.」

야마나카 :「그러면 곧 완쾌되겠지요. 이것은 참으로 변변치 못한 것입니다만 그저 약간의 성의 표시로.」

부 　 인 　:「그런 걱정까지 해 주셔서 정말로 황송합니다. 대단히 감사합니다.」

야마나카 :「아니오, 천만의 말씀입니다. 그러면 이것으로 작별하겠읍니다. 아무쪼록 몸조리 잘하십시오.」

부 　 인 　:「그렇습니까? 바쁘신데도 일부러 문안 와 주셔서 감사합니다.」

══낱═말═풀═이══

みまい (見舞い) : 명 문안

にゅういん (入院) : 명 입원

そこで : 접 그래서

みま (見舞) う : 타5 문병하다

はいえん (肺炎) : 명 폐렴

おこす : 타5 일으키다

てあて (手当) : 명 치료

できかねる : 자하1 하지 못하다

せんげつ (先月) のすえ (末) : 지난달 말

さ (下) がる : 자5 내리다

いちじ (一時) : 명 한때

きのうあたり : 어제쯤

ようす (様子) : 명 모양, 용태

め (召) しあ (上) がる : 타5 잡수시다 (「食べる」의 존경어)

しょくよく (食欲) : 명 식욕

ふだん : 명 평상시

あるまい : 없을 것이다 (「ある」 + 助動詞「まい (=ないだろう)」의 꼴)

いずれ : 명 근간

もう (申) しつた (伝) える : 타하1 말씀 전하다 (「伝える」의 겸양어)

つた (伝) える : 타하1 전하다

ごえんりょなく : 사양치 마시고

かえって : 부 도리어

めいわく (迷惑) : 명 폐, 귀찮음

き (決) める：타하1 정하다

うけたまわ (承) る：：타5　듣다 (「聞く」의 겸양어)

ひま (日増) しに：부 날이 갈수록

とお (遠) からず：부 멀지 않아

たいいん (退院)：명 퇴원

よほど：부 상당히, 어지간히

すすむ：자5 (식욕이) 나다

ごぜんかい (全快) になる：완쾌되시다

(「全快する」의 존경어)

ささやかだ：형동 보잘것없다, 변변치 못하다

ほんの：연체 그저 명색뿐인

しるし：명 표시

ほんのおしるしまでに：그저 약간의 성의 표시로

おそ (恐) れい (入) る：자5 황송해 하다

わざわざ：부 일부러

|||||||한|||||자|||||풀|||||이|||||||

肺 {
ハイ：肺臓 (ハイゾウ) 폐장
肺活量 (ハイカツリョウ) 폐활량
}

炎 {
ほのお：炎 (ほのお) 불꽃
エン：炎天 (エンテン) 염천
}

迷 {
まよう：迷 (まよ) う 헤매다
メイ：迷路 (メイロ) 미로
}

快 {
こころよい：快 (こころよ) い 유쾌하다
カイ：快活 (カイカツ) 쾌활
}

惑 {
まどう：惑 (まど) う 갈팡질팡하다
ワク：惑星 (ワクセイ) 혹성
}

退 {
しりぞく：退 (しりぞ) く 물러나다
しりぞける：退 (しりぞ) ける 물러나게 하다
タイ：退却 (タイキャク) 퇴각
}

恐 {
おそれる：恐 (おそ) れる 무서워하다
おそろしい：恐 (おそ) ろしい 무섭다
キョウ：恐怖 (キョウフ) 공포
}

해　설

■ ～かねる

「動詞의 連用形＋かねる」의 形으로 「～ (하려고 해도) 하기 어렵다」의 뜻이 된다.

　　起きかねる (일어나기 어렵다)

　　決めかねる (정하기 어렵다)

　　分かりかねる (알기 어렵다)

　　来かねない (올 가능성이 많다, 올 것 같다)

■ どうかと思う……「어떨까 하고 생각한다」, 즉 「좋지 않다고 생각한다」의 뜻으로 쓴다.

　　おとなが子供のおもちゃで遊ぶなんて, どうかと思うよ.

　　(어른이 어린이의 장난감으로 놀다니, 어떨까 하고 (좋지 않다고) 생각한다.

■ ～まい (助動詞)

　① 「まい」의 뜻은 否定推測[1] 「～하지 않을 것이다, ～하지 않겠지」, 否定意志 「～하지 않겠다, ～하지 않을 작정이다」를 나타낸다.

　② 접속은 五段活用動詞의 終止形, 그 외 動詞의 未然形, 助動詞 「ます, たがる」의 終止形, 助動詞 「せる, させる, れる, られる」의 未然形에 접속된다.

五段活用動詞 및 助動詞 「たがる」의 경우

降る (내리다)──→ 降るまい

使う (사용하다) ──→ 使うまい

作る (만들다) ──→ 作るまい

刺す (찌르다) ──→ 刺すまい

着く (도착하다) ──→ 着くまい

食べたがる (먹고 싶어하다) ──→ 食べたがるまい

行きたがる (가고 싶어하다) ──→ 行きたがるまい

飲みたがる (마시고 싶어하다) ──→ 飲みたがるまい

助動詞 「ます」의 경우

言います(말합니다) ──→ 言いますまい

登ります(오릅니다) ──→ 登りますまい

比べます(비교합니다) ──→ 比べますまい

上一段・下一段・くる・する動詞 및 기타 助動詞의 경우

起きる (일어나다) ──→ 起きまい

信じる (믿다) ──→ 信じまい

流れる (흐르다) ──→ 流れまい

集める (모으다)──→ 集めまい

来る (오다) ──→ 来まい

する (하다)[2] ──→ しまい

会わせる (만나게 하다) ──→ 会わせまい

ほめさせる (칭찬케 하다) ──→ ほめさせまい

来られる (수동・가능・존경의 뜻) ──→ 来られまい

　③ 「まい」의 用例

あしたは雨は降るまい。(내일은 비는 오지 않겠지.)

君にはこの問題は分るまい。

---

1) 「～ないだろう」로 바꾸어 말할 수가 있다.

2) 「する」에 「まい」가 연결될 때에는 「しまい」 또는 「すまい」라고도 한다.

(자네에게는 이 문제는 모를 것이다.)

この雪では汽車も走りますまい。

(이 눈으로는 기차도 달리지 않을 것입니다.)

あんなばかなことはもう二度としまい。

(그런 바보짓은 이젠 두 번 다시 않겠다.)

私はもうあなたには何にも言いますまい。

(나는 이젠 당신에게는 아무 말도 않겠습니다.)

見まいと思っても, つい見てしまいます。

(보지 않으려고 생각해도 무심결에 보아 버립니다.)

親は子供にお金を使わせまいとします。

(부모는 어린이에게 돈을 쓰지 않게 하려고 합니다.)

最初だけいっしょに来てくれまいか。

(맨 처음만 함께 와 주지 않겠나?)

■ **ごえんりょなく**……사양치 마시고

　ごしんぱいなく……걱정 마시고

　おかまいなく……신경쓰지 마시고, 염려 마시고

■ **～ことに決める**

　「動詞의 連体形＋ことに決める」……「～하기로 정하다」

　　あした友達と映画を見に行くことに決めました。

　　(내일 친구하고 영화를 보러 가기로 정했읍니다.)

　私は夜10時に寝ることに決めています。

　　(나는 밤 10시에 자기로 정하고 있읍니다.)

　彼はとうとう彼女と結婚することに決めたようです。

　　(그는 결국 그 여자와 결혼하기로 정한 모양입니다.)

■ **「進む」**의 여러 가지 뜻

　① 先頭に立ってすすむ。(선두에 서서 나아가다.)

　　光は毎秒何メートルすすむか。(빛은 매초 몇 미터 나아가는가.)

　② 文明のすすんだ国。(문명이 진보한 나라.)

　　この国の教育はあまりすすんでいない。(이 나라의 교육은 별로 진보하지

　　않았다.)

　③ 工事がすすむ。(공사가 진척하다.)

　　計画がうまくすすんでいる。(계획은 제대로 진척하고 있다.)

　④ 地位がすすむ。(지위가 올라가다.)

　　　　課長にすすむ。(과장으로 승진하다.)
　　⑤　学年がすすむ。(학년이 올라가다.)
　　　　英文科へすすむ。(영문과로 진학하다.)
　　⑥　実業界にすすむ。(실업계에 나서다.)
　　　　すすんで練習する。(앞장서서 연습하다.)
　　⑦　近ごろどうも食がすすまない。(요즈음 어쩐지 식욕이 없다.)
　　⑧　病勢がすすむ。(병세가 악화하다.)
　　⑨　時計が5分すすんでいる。(시계가 5분 빠르다.)

■「しるし」의 여러 가지 뜻

　　　　しるしをつける。(표를 하다.)

　　　　チョークのしるしどおりにぬう。(초크의 표대로 박다.)

　　　　柏はその学校のしるしだ。(떡갈나무 잎은 그 학교의 휘장이다.)

　　　　箱根に行ったしるしに。(箱根에 갔던 기념품으로.)

　　　　愛のしるし。(사랑의 증표.)

　　　　感謝のしるしとして。(감사의 정표로.)

　　　　ほんのおしるしです。(그저 성의의 표시입니다.)

　　　　成功のしるしがあらわれる。(성공의 조짐이 나타나다.)

|||||||||||||||||||||| 연습문제 ||||||||||||||||||||||

Ⓐ 次の韓国語を日本語に訳しなさい。

1. 친구가 입원하고 있기 때문에 꽃을 가지고 문병갔읍니다.

2. 말씀드리기 곤란합니다만, 10만 원 정도 빌려 줄 수 없을까요?

3. 그는 남에게 나쁜 말을 듣지만, 결코 나쁜 인간이 아니다.

4. 그 사람에게 부탁해 보았는데 아무리 해도 응하지 않았다.

5. 만약 폐가 안 되시면 내일이나 모레 찾아뵙겠읍니다.

Ⓑ 次の言葉を使って文章を作ってごらんなさい。

1. そこで
2. いずれ
3. かえって
4. 日ましに
5. よほど
6. 間もなく
7. じき
8. わざわざ
9. ほんの
10. 決して

◁解답▷

A

1. 友達が入院しているので，花を持って見舞いに行きました。　**2.** 申しかねますが，10万ウォンほど貸していただけないでしょうか。　**3.** 彼は人に悪く言われるが，決して悪い人間ではない。　**4.** あの人に頼んでみたが，どうしても承知しなかった。⑧ 응하다…承知する　**5.** もしご迷惑でなければ，あしたかあさっておうかがいします。

B

1. 今月は父からまだお金が来ない。そこで，君におねがいするのだが，5千円ぐらい貸してくれないか。(이 달은 아버지에게서 아직 돈이 오지 않았어. 그래서 자네에게 부탁하는데 5천 엔 정도 빌려 주지 않겠나?)　**2.** いずれ近いうちにまたお目にかかりましょう。(일간 가까운 시일에 또 만나 뵙시다.)　**3.** 旅行をしたのが，かえってよかったんです。(여행을 한 것이 도리어 좋았읍니다.) **4.** 赤ちゃんが日ましにかわいくなります。(갓난애가 날이 갈수록 귀여워집니다.) **5.** 彼は君よりよほど利口だ。(그는 자네보다 상당히 영리하다.)　**6.** 彼は入院後間もなく死んでしまった。(그는 입원 후 얼마 안 가 죽어버렸다.)　**7.** あの人はもうじき四十になります。(그 사람은 이제 곧 40이 됩니다.)　**8.** わざわざ持って来てくれてありがとう。(일부러 가지고 와 주어서 고맙다.)　**9.** あの人とはほんのちょっとした知り合いです。(저 사람과는 겨우 명색뿐인 지인입니다.) **10.** 値段は決して高くありません。(값은 결코 비싸지 않습니다.)

第二十二課　火

　人は時として生の物も食べますが普通は火で物をにたり，やいたりして食べます。寒い時には火に当たったり，火でへやをあっためたりします。火が無ければ料理をすることも，ふろをわかすこともできません。人間は火を使う動物と言われているように，火を使うことのできるのは人間ばかりです。鳥やけものは火の使い方を知りません。

　このように火は人間にとってごく必要なものですが，時としてあぶないものです。気をつけないと火傷をします。また子供のいたずらやちょっとした不注意のために火事などをおこして家をもしてしまうようなことがあります。

　人間は最初どんな方法で火をつくったのでしょう。おそらく，かみなりが落ちて木がもえたり，木の枝と枝がすれ合っておこった自然の火から取ったのでしょう。

　そのうちに人間は木と木をこすって火を出す方法をかんがえ出しました。それから少しすすむと，石と金をうち合わせて火を出すようになりました。今では，マッチという便利なものができています。

　火ばちなどに入れる炭は木をやいてこしらえたものです。それですから木の炭すなわち木炭といいます。石炭は石の炭ということになりますが，石のようにかたくなっているのでそういうのです。大むかし生えていた植物が土の中にうずまってできたものです。

　石炭の火の力は木炭のよりもずっと強いので，汽車や汽船やその外いろいろの機械を動かすには主にこれを使います。しかし，このごろでは石炭の代わりに重油を使うものが非常に多くなりました。　明かりには，はじめ魚やけものの油を使いましたが，あとでは植物の油や，石油が使

われるようになりました。

　石油やガソリンは，土地の中からわき出る油から取ったものです。わき出たままのはにごっていますが，これを仕上げると，しまいにはすき通った油になるのです。わき出たままの油から石油などを取ったのこりが重油で，ほとんどまっ黒な油です。

漢字읽기──────────

生　使い方　必要　火傷　不注意　火事　最初　方法　枝　自然　炭
木炭　石炭　大むかし　生え　植物　土　機械　主に　代わり　重油
石油　魚　油　仕上げる　すき通った

제22과　불

　사람은 때로는 날것도 먹지만, 보통은 불로 음식을 끓이기도 하고 굽기도 해서 먹습니다. 추울 때에는 불을 쬐기도 하고 불로 방을 따뜻하게 하기도 합니다. 불이 없으면 요리를 할 수도, 목욕물을 데울 수도 없읍니다. 인간은 불을 사용하는 동물이라고 말하여지고 있듯이, 불을 사용할 수 있는 것은 인간 뿐입니다. 새나 짐승은 불을 사용하는 방법을 모릅니다.

　이와 같이 불은 인간으로서는 극히 필요한 것입니다만 때로는 위험한 것입니다. 조심하지 않으면 화상을 입습니다. 또 어린이의 장난이나 사소한 부주의 때문에 화재 등을 일으켜서 집을 태워 버리는 것 같은 일이 있읍니다.

　인간은 제일 처음 어떤 방법으로 불을 만들었을까요? 아마도 벼락이 떨어져서 나무가 타기도 하고 나무의 가지와 가지가 맞스쳐서 일어난 자연의 불로부터 얻었겠지요.

　그러는 동안에 인간은 나무와 나무를 문질러서 불을 내는 방법을 생각해 냈읍니다. 그리고 조금 진보하자, 돌과 금속을 맞부딪쳐서 불을 내게 되었읍니다. 지금에는 성냥이라는 편리한 것이 만들어져 있읍니다.

　화로 등에 넣는 숯은 나무를 구워서 만든 것입니다. 그러므로 나무숯, 즉 목탄이라고 합니다. 석탄은 돌숯이라는 것이 됩니다만, 돌과 같이 단단하게 되어 있으므로 그렇게 말하는 것입니다. 아주 옛날에 자랐던 식물이 흙 속에 파묻혀서 된 것입니다.

　석탄의 화력은 목탄의 것보다도 훨씬 강하기 때문에 기차나 기선이나 그 밖의 여러 가지 기계를 움직이게 하는 데는 주로 이것을 사용합니다. 그러나 요즈음에는 석탄 대신에 중유를 사용하는 것이 대단히 많아졌읍니다. 등불에는 처음 물고기나 짐승의 기름을 사용했는데 나중에는 식물 기름이나 석유가 쓰이게 되었읍니다.

　석유나 가솔린은 땅 속으로부터 솟아나오는 기름에서 얻은 것입니다. 솟아나온 그대로의 것은 탁합니다만 이것을 손질하면 마지막에는 투명한 기름이 되는 것입니다. 솟아나온 그대로의 기름으로부터 석유 등을 채취한 나머지가 중유인데, 거의 새까만 기름입니다.

＝＝낱＝말＝풀＝이＝＝

ひ (火)：명 불

とき (時)として：연 때로는

なま (生)のもの (物)：날것

に (煮)る：타상 1 삶다

や (焼)く：타5 굽다

ひ (火)にあ (当)たる：불을 쬐다

あった (暖)める：타하 1 따뜻하게 하다

わ (湯)かす：타5 데우다, 끓이다

ふろをわかす：목욕물을 데우다

けもの (獣)：명 짐승

ごく：부 극히

あぶな (危)い：형 위험하다

き (気)をつける：주의하다

やけど (火傷)：명 화상

やけど (火傷)をする：화상을 입다

いたずら：명 장난

ちょっとした：연체 하찮은, 사소한

ふちゅうい (不注意)：명 부주의

かじ (火事)：명 화재

も (燃)す：타5 태우다

ほうほう (方法)：명 방법

おそらく：부 아마도

かみなり (雷)：명 벼락, 천둥

も (燃)える：자하 1 타다

えだ (枝)：명 가지

す (擦)れあ (合)う：자5 맞스치다

しぜん (自然)：명 자연

そのうちに：그러는 동안에

こする：타5 문지르다

かんが (考)えだ (出)す：타5 생각해 내다

いし (石)：명 돌

かね (金)：명 금속

うちあわせる：타하 1 맞부딪치다

マッチ (match)：명 성냥

ひばち (火鉢)：명 화로

すみ (炭)：명 숯

すなわ (即)ち：접 즉

もくたん (木炭)：명 목탄

せきたん (石炭)：명 석탄

おおむかし (大昔)：명 아주 옛날

は (生)える：자하 1 나다, 자라다

しょくぶつ (植物)：명 식물

つち (土)：명 흙

うず (埋)まる：자5 파묻히다

ちから (力)：명 힘

ずっと：부 훨씬

きかい (機械)：명 기계

うご (動)かす：타5 움직이게 하다

おも (主)に：부 주로

じゅうゆ (重油)：명 중유

あ (明)かり：명 밝은 빛

あぶら (油)：명 기름

せきゆ (石油)：명 석유

ガソリン (gasoline)：명 가솔린

とち (土地)：명 토지

わ (湧)きで (出)る：자하1 솟아나오다

にご (濁)る：자5 탁해지다

しあ (仕上)げる：타하1 마무리하다

しまい：명 마지막

す (透)きとお (通)る：자5 투명하다

のこ (残)り：명 나머지

まっくろ (黒)だ：형동 새까맣다

═════ 한 자 풀 이 ═════

火　カ：火山 (カザン) 화산
　　　聖火 (セイカ) 성화
　　　火急 (カキュウ) 화급
　　ひ：火打 (ひう)ち 부싯돌
　　　火桶 (ひおけ) 화로

寒　カン：大寒 (ダイカン) 대한
　　さむい：寒 (さむ)い 춥다
　　さむけ：寒気 (さむけ) 추위

傷　ショウ：負傷 (フショウ) 부상
　　きずつく：傷付 (きずつ)く 부상을
　　입다
　　きずぐち：傷口 (きずぐち) 상처

炭　タン：炭田 (タンデン) 탄전
　　　炭素 (タンソ) 탄소
　　すみ：炭窯 (すみがま) 숯가마

汽　キ：汽車 (キシャ) 기차
　　　汽船 (キセン) 기선

油　ユ：油田 (ユデン) 유전
　　あぶら：油菜 (あぶらな) 유채
　　　油揚 (あぶらあ)げ 유부

해 설

■「あたる」의 여러 가지 뜻

火にあたる。(불을 쬐다.)

石が頭にあたる。(돌이 머리에 맞다.)

くじがあたる。(제비가 당첨되다.)

演劇があたる。(연극이 히트치다.)

日があたる。(햇볕이 들다.)

駅の南にあたる。(역 남쪽에 해당하다.)

予想があたる。(예상이 들어맞다.)

人_{ひと}につらくあたる。(남에게 모질게 군다.)

敵_{てき}にあたる。(적과 맞서다.)

食_たべ物_{もの}にあたる。(음식에 체하다.)

相手_{あいて}の意向_{いこう}をあたってみる。(상대방의 의향을 떠 보다.)

■ 人間にとって ……인간으로서는.

「とって」의 基本形은 「とる」이다. 「～にとって」의 꼴로 「に関_{かん}しては」와 같은
뜻이다.

わたしにとってみれば迷惑_{めいわく}な話_{はなし}だ。(나로서는 귀찮은 이야기다.)

彼_{かれ}にとってはよいことだ。(그로서는 잘된 일이다.)

■ ～まま

「まま」는 단독으로 쓰이지 않고 수식해 주는 말과 같이 쓰인다.「～대로, ～채」
란 뜻을 나타낸다.

帽子_{ぼうし}をかぶったまま部屋_{へや}へ入_{はい}る。

(모자를 쓴 채 방에 들어간다.)

人_{ひと}から聞_きいたままを話_{はな}す。

(남에게 들은 대로를 말한다.)

足_{あし}の向_むくままに歩_{ある}いた。

(발이 향하는 대로(발 닿는 대로) 걸었다.)

そのままでいいです。(그대로 좋습니다.)

■ まっ～ (接頭語)

「まっ～」의 뜻은 「진실의～, 순수한～」이라는 뜻을 나타낸다.

まっ青_{さお}だ (새파랗다)　　　　まっ赤_かだ (새빨갛다)

まっ白_{しろ}だ (새하얗다)　　　　まっ黒_{くろ}だ (새까맣다)

まっ先_{さき} (맨 먼저)　　　　　まっ最中_{さいちゅう} (한창때)

‖‖‖‖‖‖‖‖‖‖‖‖‖ 연습문제 ‖‖‖‖‖‖‖‖‖‖‖‖‖

Ⓐ 次の文章の □□□ の中に適当な言葉を入れてごらんなさい。

1. 火がなければ, ふろを □□□ こと
もできません。

2. 火は必要なものですが, 気をつけな
いと □□□ をします。

3. 人間は木と木を □□□, 火を出す

方法を考え出しました。

4. 石炭の火の力は木炭のよりも □□□
強い。

5. 重油は □□□ まっくろな油です。

B 次の文章の ▭ の中に適当な助詞を入れてごらんなさい。

1. 火でものをに▭やい▭
して食べます。

2. 火を使うこと▭できるのは人
間▭です。

3. 気をつけない▭，やけどをし

4. どんなに勉強し▭上手になら
ない。

5. お金がなけれ▭，こまります。

C 次の漢字のよみ方を言いなさい。

1. 生の物　　2. 火傷　　3. 頭痛　　4. 自然　　5. 天然

6. 便利　　　7. 郵便　　8. 石炭　　9. 植物　　10. 買物

◁解答▷

A
1. 火がなければ，ふろを わかす こともできません。　2. 火は必要なもの で
すが，気をつけないと やけど をします。　3. 人間は木と木を こすって，火
を出す方法を考え出しました。　4. 石炭の火の力は木炭のよりも ずっと 強い。
5. 重油は ほとんど まっ黒な油です。

B
1. 火でものをに たり やい たり して食べます。　2. 火を使うこと が で
きるのは人間 ばかり です。3. 気をつけない と，やけどをします。　4. どん
なに勉強し ても，上手にならない。　5. お金がなけれ ば，こまります。

C
1. 生の物（なまのもの）　2. 火傷（やけど）　3. 頭痛（ずつう）　4. 自然（しぜん）　5. 天然（てんねん）　6. 便利（べんり）　7. 郵便（ゆうびん）
8. 石炭（せきたん）　9. 植物（しょくぶつ）　10. 買物（かいもの）

第二十三課　文字の話

　人間は，文字を使って，紙や木や石や布ぎれなどの上に言葉を書きつ
け，空間的に，時間的に遠く離れた人にできごとや考えや願いなどを伝
えます。口で話す言葉はすぐに消えますし，遠くには届きませんから，
文字は言葉を書きとめて，言葉の伝わる範囲を広げるのです。社会が発
展して，人々の社会生活が地域的に広がると，話す言葉だけでは用が足
せなくなります。この時に，文字が言葉を補う手段として発明されまし
た。ですから，言葉が先にあって，その後で，これを書きとめる記号，
つまり文字が生まれたのです。世界中を見ると，今日でも文字を持たな
い民族はたくさんありますが，言葉を持たない民族はどこにもありませ
ん。

　人間はいろんな目的で文字を使います。身近な例として，消息を伝え
るために手紙を書いたり，記憶にとどめるために日記をつけたりします。
世界のすみずみから情報を集めたり，自然や社会についての，科学的な
知識を身につけたり，人々の意見を知ったりするために，新聞や雑誌や
書物をたえず読みます。こういう作業は，文字がなくては成り立ちませ
ん。

　最近では，テレビ，ラジオ，テープレコーダー，電話などが普及して
きたので，文字を使わなくても，空間的に，時間的に遠く離れたところ
へ言葉を伝えることができるようになりました。けれども，文字の大切
さが減ったわけではありません。事実，今日でも紙の生産や印刷技術の
発達と結びついて，また文字を所有している人が増えるにつれて，新聞
や雑誌や書物や辞書などの発行部数はますます増える一方です。現代の
人間は口で話す言葉よりも，文字で書いてある言葉からたくさんの情報

や知識を受け取っているのです。話すよりも書く方が，聞くよりも読む方がはるかに正確な言葉で，短い言葉でたくさんの量の情報や知識を確実に伝えたり，受け取ったりすることができるからです。

　特に高度に発達した科学や技術や文学にとって，文字はなくてはならないものです。今日人間が持っている大量の情報や知識は，これを表現する言葉を文字で文章の中に定着させることなしには，保ち続けることができません。このような文章をたえず，数多く，繰り返し，考えながら読まなければ，一人一人の人間は人類が作り出した知恵を自分のものにすることはできません。また，今日の文学について言えば，文字がなければ，創作も鑑賞も成り立ちません。

　すべての人が高度な科学と技術，文学的な教養，豊かな情報を持たなければ，経済や政治やその他の公的な生活において，また私的な生活において有効で，適切な活動を行なうことのできなくなった今日では，新聞や雑誌や書物や辞書を用いてする作業の量はますます増えます。これからも言葉を伝達するための大切な手段として，文字は保たれ続けるでしょう。

漢字読기————————

もじ 文字	ぬの 布	くうかんてき 空間的	き 消える	とど 届く	はんい 範囲	はってん 発展	ちいきてき 地域的	た 足せる
おぎな 補う	しゅだん 手段	はつめい 発明	きごう 記号	みんぞく 民族	もくてき 目的	みぢか 身近	れい 例	しょうそく 消息	きおく 記憶
にっき 日記	じょうほう 情報	しぜん 自然	かがく 科学	ちしき 知識	いけん 意見	しょもつ 書物	さぎょう 作業	な た 成り立つ	ふきゅう 普及
たいせつ 大切	へ 減る	じじつ 事実	せいさん 生産	いんさつぎじゅつ 印刷技術	はったつ 発達	むす 結ぶ	しょゆう 所有	ふ 増える
はっこうぶすう 発行部数	げんだい 現代	せいかく 正確	りょう 量	かくじつ 確実	こうど 高度	たいりょう 大量	ひょうげん 表現	ていちゃく 定着	たも 保つ
じんるい 人類	ちえ 知恵	そうさく 創作	かんしょう 鑑賞	きょうよう 教養	ゆた 豊か	けいざい 経済	せいじ 政治	こうてき 公的	してき 私的
ゆうこう 有効	てきせつ 適切	かつどう 活動	でんたつ 伝達					

제23과　문자 이야기

인간은 문자를 사용하여 종이나 나무나 돌이나 헝겊 등의 위에 말을 써 두고 공간적으로 시간적으로 멀리 떨어진 사람에게 사건이나 생각이나 바램 등을 전합니다. 입으로 이야기하는 말은 곧 사라지며 먼 곳에는 닿지 않으므로 문자는 말을 써 두고 말이 전해지는 범위를 넓힙니다. 사회가 발전하고 사람들의 사회 생활이 지역적으로 넓혀지면, 이야기하는 말만으로는 일을 못보게 됩니다. 이 때에 문자가 말을 보충하는 수단으로서 발명되었읍니다. 그러므로, 말이 먼저고 그 다음에 이것을 적어 두는 기호, 결국 문자가 태어난 것입니다. 온 세계를 보면 오늘날에도 문자를 가지지 아니한 민족은 많지만, 말을 가지지 아니한 민족은 아무 데도 없읍니다.

인간은 여러 가지 목적으로 문자를 사용합니다. 가까운 예로서 소식을 전하기 위해서 편지를 쓰거나, 기억에 남기기 위해서 일기를 쓰거나 합니다. 세계의 구석구석으로부터 정보를 모으거나, 자연이나 사회에 대한 과학적인 지식을 익히거나, 사람들의 의견을 알기 위해서 신문이나 잡지나 서적을 끊임없이 읽습니다. 이러한 작업은 문자가 없어서는 성립되지 않습니다.

최근에는 텔레비전, 라디오, 테이프 레코더, 전화 등이 보급되었으므로 문자를 사용하지 않아도 공간적으로 시간적으로 멀리 떨어진 곳에 말을 전할 수 있게 되었읍니다. 그렇지만, 문자의 중요함이 준 셈은 아닙니다. 사실, 오늘날에도 종이의 생산이나 인쇄 기술의 발달과 결부되고, 또 문자를 소유하고 있는 사람이 늘어남에 따라서 신문이나 잡지나 서적이나 사전 등의 발행 부수는 점점 증가하기만 합니다. 현대 인간은 입으로 이야기하는 말보다도 문자로 씌어 있는 말에서 많은 정보나 지식을 받고 있읍니다. 말하는 것보다도 쓰는 쪽이, 듣는 것보다도 읽는 쪽이 훨씬 정확한 말로, 짧은 말로 많은 양의 정보나 지식을 확실히 전하거나 받거나 할 수가 있기 때문입니다.

특히 고도로 발달한 과학이나 기술이나 문학에 있어서 문자는 없어서는 안 되는 것입니다. 오늘날, 인간이 가지고 있는 대량의 정보나 지식은, 이것을 표현할 말을 문자로 문장 속에 정착시키는 일 없이는 계속 유지할 수가 없습니다. 이와 같은 문장을 끊임없이 수도 없이 되풀이하고 생각하면서 읽지 않으면 한 사람한 사람의 인간은 인류가 만들어 낸 지혜를 자기 것으로 만들 수가 없습니다. 또 오늘날의 문학에 대해서 말하면, 문자가 없으면 창작이나 감상도 성립되지 않습니다.

모든 사람이 고도한 과학과 기술, 문학적인 교양, 풍부한 정보를 가지지 않으면 경제나 정치나 그 외의 공적인 생활에 있어서, 또 사적인 생활에 있어서 유효

하고 적절한 활동을 행하지 못하게 된 오늘날에는, 신문이나 잡지나 서적이나 사전을 사용하는 작업량은 점점 늘어납니다. 앞으로도 말을 전달하기 위한 중요한 수단으로서 문자는 계속 유지될 것입니다.

＝＝［낱］＝［말］＝［풀］＝［이］＝＝

もじ (文字)：[명] 문자

ぬの (布)ぎれ：[명] 천 조각, 헝겊

か (書)きつける：[타하1] 써 두다

くうかんてき (空間的)だ：[형동] 공간적이다

できごと (出来事)：[명] 사건

かんが (考)え：[명] 생각

ねが (願)い：[명] 소원, 바람

つた (伝)える：[타하1] 전하다

き (消)える：[자하1] 사라지다, 꺼지다

とお (遠)く：[명] 먼 곳

とど (届)く：[자5] 닿다

か (書)きとめる：[타하1] (잊지 않도록) 써 두다

つた (伝)わる：[자5] 전해지다

はんい (範囲)：[명] 범위

ひろ (広)げる：[타하1] 넓히다

しゃかい (社会)：[명] 사회

はってん (発展)：[명] 발전

ちいき (地域)：[명] 지역

ひろ (広)がる：[자5] 확대되다

よう (用)をた (足)す：일을 보다, 용무를 끝내다

おぎな (補)う：[타5] 보충하다

しゅだん (手段)：[명] 수단

はつめい (発明)：[명] 발명

きごう (記号)：[명] 기호

つまり：[부] 다시 말하면, 요컨대

こんにち (今日)：[명] 오늘날

みんぞく (民族)：[명] 민족

いろんな：여러 가지의 (「いろいろな」의 준말)

もくてき (目的)：[명] 목적

みぢか (身近)だ：[형동] 자기 몸에 가깝다

れい (例)：[명] 예

しょうそく (消息)：[명] 소식

きおく (記憶)：[명] 기억

とどめる：[타하1] 남기다

にっき (日記)：[명] 일기

にっき (日記)をつける：일기를 쓰다

すみずみ：[명] 구석구석, 모든 곳

じょうほう (情報)：[명] 정보

しぜん (自然)：[명] 자연

かがく (科学)：[명] 과학

ちしき (知識)：[명] 지식

み (身)につける：익히다

いけん (意見)：[명] 의견

しょもつ (書物)：[명] 서적

さぎょう (作業)：[명] 작업

な (成)りた (立)つ：[자5] 성립하다

さいきん (最近)：[명] 최근

テープレコーダー (tape recorder)：[명] 테이프 레코더

ふきゅう (普及)：[명] 보급

たいせつ (大切)さ：[명] 소중함, 중요함

へ (減)る : 자5 줄다

じじつ (事実) : 명 사실

せいさん (生産) : 명 생산

いんさつぎじゅつ (印刷技術) : 명 인쇄
　기술

はったつ (発達) : 명 발달

むす (結)びつく : 자5 결부되다

しょゆう (所有) : 명 소유

ふ (増)える : 자하1 늘어나다

はっこうぶすう (発行部数) : 명 발행 부수

ますます : 부 점점

いっぽう (一方) : 명 오로지 그 경향뿐
　임, ~만 함 예 飲むいっぽうです。
　(마시기만 합니다.)

げんだい (現代) : 명 현대

はるかに : 부 훨씬

せいかく (正確)だ : 형동 정확하다

りょう (量) : 명 양

かくじつ (確実)だ : 형동 확실하다

とく (特)に : 부 특히

こうど (高度) : 명 고도

ぶんがく (文学) : 명 문학

たいりょう (大量) : 명 대량

ひょうげん (表現) : 명 표현

ていちゃく (定着) : 명 정착

なし : 명 없음

なしには : 없이는

たも (保)ちつづ (続)ける : 타하1 계속
　유지하다

く (繰)りかえ (返)す　: 타5 되풀이하
　다

じんるい (人類) : 명 인류

つく (作)りだ (出)す : 타5 ① 만들어
　내다　② 만들기 시작하다

ちえ (知恵) : 명 지혜

そうさく (創作) : 명 창작

かんしょう (鑑賞) : 명 감상

すべて : 명 전부, 모두

きょうよう (教養) : 명 교양

ゆた (豊)かだ : 형동 풍부하다

けいざい (経済) : 명 경제

せいじ (政治) : 명 정치

こうてき (公的)だ : 형동 공적이다

してき (私的)だ : 형동 사적이다

ゆうこう (有効)だ : 형동 유효하다

てきせつ (適切)だ : 형동 적절하다

かつどう (活動) : 명 활동

でんたつ (伝達) : 명 전달

たいせつ (大切)だ : 형동 중요하다

┉┉한┉자┉풀┉이┉┉

範 { ハン : 範囲 (ハンイ) 범위
　　師範 (シハン) 사범

囲 { かこむ : 囲 (かこ)む 둘러싸다
　　かこう : 囲 (かこ)う 숨겨 두다
　　イ　　: 囲碁 (イゴ) 바둑

域 { イキ : 域内 (イキナイ) 역내
　　区域 (クイキ) 구역

情 { なさけ : 情 (なさけ) 정
　　ジョウ : 情熱 (ジョウネツ) 정열
　　セイ : 風情 (フゼイ) 풍치

補 { おぎなう：補(おぎな)う　보충하다
　　ホ　：補欠(ホケツ)　보결

民 { たみ：民(たみ)　백성
　　ミン：民主(ミンシュ)　민주

憶 { オク：記憶(キオク)　기억
　　　　追憶(ツイオク)　추억

然 { ゼン：当然(トウゼン)　당연
　　ネン：天然(テンネン)　천연

識 { シキ：識別(シキベツ)　식별
　　　　意識(イシキ)　의식

成 { なる：成(な)る　이루어지다
　　なす：成(な)す　이루다
　　セイ：成功(セイコウ)　성공
　　ジョウ：成就(ジョウジュ)　성취

及 { およぶ：及(およ)ぶ　미치다
　　および：及(およ)び　및
　　およぼす：及(およ)ぼす　미치게 하다
　　キュウ：及第(キュウダイ)　급제

減 { へる：減(へ)る　줄다
　　へらす：減(へ)らす　줄이다
　　ゲン：減少(ゲンショウ)　감소

刷 { する：刷(す)る　박다, 인쇄하다
　　サツ：刷新(サッシン)　쇄신

技 { わざ：技(わざ)　기술
　　ギ　：技師(ギシ)　기사

術 { ジュツ：術策(ジュッサク)　술책
　　　　芸術(ゲイジュツ)　예술

定 { さだめる：定(さだ)める　정하다
　　さだまる：定(さだ)まる　정해지다
　　さだかだ：定(さだ)かだ　명확하다

定 { テイ：定価(テイカ)　정가
　　ジョウ：定石(ジョウセキ)　정석

保 { たもつ：保(たも)つ　유지하다
　　ホ　：保護(ホゴ)　보호

確 { たしかだ：確(たし)かだ　확실하다
　　たしかめる：確(たし)かめる　확인
　　　　하다
　　カク：確定(カクテイ)　확정

量 { はかる：量(はか)る　달다
　　リョウ：量産(リョウサン)　양산

恵 { めぐむ：恵(めぐ)む　베풀다
　　ケイ：恩恵(オンケイ)　은혜
　　エ　：知恵(チエ)　지혜

創 { ソウ：創造(ソウゾウ)　창조
　　　　独創(ドクソウ)　독창

鑑 { カン：鑑定(カンテイ)　감정
　　　　年鑑(ネンカン)　연감

賞 { ショウ：賞罰(ショウバツ)　상벌
　　　　懸賞(ケンショウ)　현상

養 { やしなう：養(やしな)う　양육하다
　　ヨウ：養子(ヨウシ)　양자

豊 { ゆたかだ：豊(ゆた)かだ　풍부하다
　　ホウ：豊作(ホウサク)　풍작

政 { まつりごと：政(まつりごと)　정치
　　セイ：行政(ギョウセイ)　행정
　　ショウ：摂政(セッショウ)　섭정

効 { きく：効(き)く　듣다
　　コウ：効果(コウカ)　효과

─[해　설]────────

■ ～的だ (接尾語)

「名詞＋的だ」의 꼴로 形容動詞가 되며 「～적이다」라는 뜻을 나타내고 「名詞＋

的な＋名詞(〜적인〜)」의 꼴이나 「名詞＋的に＋動詞(〜적으로〜)」의 꼴로 많이
쓰인다.

　　あまりにも人間的だ。(너무나도 인간적이다.)

　　代表的なスポーツ(대표적인 스포츠.)

　　教育的な立場(교육적인 입장.)

　　肉体的にたえられない(육체적으로 견딜 수 없다.)

　　科学的に調べる(과학적으로 조사하다.)

■ 〜ために

　　「動詞의 連体形＋ために」의 꼴로 「〜위하여」라는 뜻을 나타낸다.

　　生計をたてるために働く。(생계를 유지하기 위하여 일하다.)

　　生きるために戦う。(살기 위해 싸우다.)

■ 〜さ …… 〜함, 〜임

　　「形容詞・形容動詞의 語幹＋さ」의 꼴로 그 낱말의 성질・상태・정도를 나타
내는 名詞를 만든다.

　　はなやかさ。(화려함.)

　　雄大さ。(웅대함.)

　　デリケートさ。(델리킷함.)

　　1万メートルの高さを飛ぶ。(1만 미터의 높이를 날다.)

　　うれしさのあまり涙を流す。(기쁨에 겨워 눈물을 흘리다.)

■ 〜につれて

　　「動詞의 連体形＋につれて」의 꼴로 「〜함에 따라」라는 뜻을 나타낸다.

　　月日がたつにつれて, いやなことは忘れてしまいます。

　　(세월이 지남에 따라 불쾌한 일은 잊어버립니다.)

　　金持ちになるにつれて, 心配も多くなります。

　　(부자가 됨에 따라 걱정도 많아집니다.)

　　暗くなるにつれて, 星がだんだん見えてきました。

　　(어두워짐에 따라 별이 점점 보이기 시작합니다.)

■ 〜一方だ(です)

　　「動詞의 連体形＋一方だ(です)」의 꼴로 한 상태가 점점 더함을 나타내며 「〜
일로이다, 〜만 한다」의 뜻이 된다.

　　自動車の数は増える一方です。

　　(자동차 수는 증가 일로입니다.)

　　しばらく学校へ行けなかったので漢字を忘れる一方です。

(한참 학교에 가지 못했기 때문에 한자를 잊기만 합니다.)

飲む一方で，体のことは考えない。

(마시기만 하고, 몸에 대해서는 생각하지 않는다.)

■ ~なしに

「なし」는「없음」이라는 뜻으로「なしに」,「なしで」,「なしだ」,「なしです」의 形態로 쓰이며 単独으로 혹은 名詞에 붙여 使用된다.

休みもなしに働いています。(휴일도 없이 일하고 있습니다.)

あなたなしでは生きられません。(당신 없이는 살 수 없습니다.)

上着なしでは困ります。(웃저고리 없이는 곤란합니다.)

■ ~において

「名詞＋において」의 꼴로 장소, 경우, 사항, 때, 시대, 사고 방식, 견해 등을 피력할 때 쓰는 말로 문장체로 주로 쓰인다.「~에서, ~에 있어서」의 뜻이다.

大会はソウルにおいて三日にわたって開かれた。

(대회는 서울에서 3일에 걸쳐 열렸다.)

規模において世界一である。(규모에 있어서 세계 제일이다.)

古代においてその例を見ない。(고대에 있어서 그 예를 보지 않는다.)

• 学歴においてかれよりまさる。(학력에 있어서 그보다 뛰어나다.)

その夢は近い将来において実現するであろう。

(그 꿈은 가까운 장래에 (있어서) 실현할 것이다.)

▦▦▦▦▦▦ 연습문제 ▦▦▦▦▦▦

A 次の韓国語を日本語に訳しなさい。

1. 나는 은행에 들르기도 하고 그 밖에 두세 가지 일을 보고나서 돌아왔다.

2. 이제부터 매일 기억에 남기기 위해서 일기를 적으려고 생각하고 있습니다.

3. 세월이 흐름에 따라 불쾌한 일은 잊어 버립니다.

4. 우리 인간은 풍부한 지식을 가져야 적절한 활동을 행할 수가 있다.

5. 오늘날은 전화가 발달하여 멀리 떨어진 곳에도 곧 연락이 됩니다.

B 次の漢字の読み方を言いなさい。

1. 範囲	2. 文字	3. 地域	4. 手段	5. 消息
6. 情報	7. 知識	8. 普及	9. 印刷	10. 所有
11. 発行	12. 知恵	13. 表現	14. 定着	15. 人類
16. 創作	17. 作業	18. 鑑賞	19. 教養	20. 伝達

◁해답▷

A

1. 私は銀行に寄ったりその他二三の用を足してから帰ってきた。　2. これから毎日記憶にとどめるために日記をつけようと思っています。　3. 月日がたつにつれていやなことは忘れてしまいます。　4. わたしたち，人間は豊かな知識を持たなければ適切な活動を行なうことができない。㈜「~해야 ~할 수 있다」의 표현은 부정으로 해야만이 가능하다. 즉, 「~なければ~ ない」라고 한다. 5. 今日は電話が発達して遠く離れた所にもすぐに連絡ができます。

B

1. 範囲(はんい)　2. 文字(もじ)　3. 地域(ちいき)　4. 手段(しゅだん) 5. 消息(しょうそく)　6. 情報(じょうほう)　7. 知識(ちしき)　8. 普及(ふきゅう)　9. 印刷(いんさつ)　10. 所有(しょゆう)　11. 発行(はっこう)　12. 知恵(ちえ)　13. 表現(ひょうげん)　14. 定着(ていちゃく)　15. 人類(じんるい)　16. 創作(そうさく)　17. 作業(さぎょう)　18. 鑑賞(かんしょう)　19. 教養(きょうよう)　20. 伝達(でんたつ)

第二十四課　洋服の注文

　　ある日　馬場さんが家に居ると，だれかたずねて来ました。

洋服屋「今日は。ごめんください。」

馬場　「何か御用ですか。」

洋服屋「私は横浜の高島屋と申す洋服屋ですが，内田さんの御紹介で，
　　　おうかがいしたんですが。」

馬場　「そうですか。丁度いいところでした。一着こしらえてもらいた
　　　いものがありますから。」

洋服屋「そうですか。見本もいろいろ持って参りましたから，どうぞご
　　　らんください。」

馬場　「すみませんがね，今ちょっと用事がありますので，しばらくあ
　　　っちのへやで待っていてくださいませんか。」

洋服屋「かしこまりました。」

＊　　　＊　　　＊

馬場　「お待ち遠様でした。」

洋服屋　「どういたしまして。お服はどんなのがよろしいですか。」

馬場　　「ふだん着の冬服が一着ほしいんです。」

洋服屋　「さようでございますか。色はどんなのがよろしいでしょう。
　　　　黒，紺，茶，その外いろいろございます…。一つ見本を御らん
　　　　ください。」

　洋服屋 はかばんから見本を出してならべました。

馬場　　「このしまのはいっている紺でこしらえると，いくらですか。」

洋服屋　「そちらは上着，チョッキ，ズボンの三つぞろいで十三万五千
　　　　円ですが，このごろはチョッキを作らないかたが多いです。」

馬場　　「ずいぶん高いんですね。十二万円ぐらいになりませんか。」

洋服屋　「申し訳ございませんが，その生地はみんなイギリス製の上等
　　　　なものなので，そう安くは出来ません。しかし内田さんの御紹
　　　　介もあることですから，特別に勉強いたしまして，十三万円に
　　　　いたしましょう。」

馬場　　「この茶はあんまりはですぎますが，もう少し地味なのはあり
　　　　ませんか。黒かグレーか何か。」

洋服屋　「このきれではいかがですか。こちらだと十万円でございます。
　　　　品物もいいし，がらは上品だし，十分おすすめできます。」

馬場　　「ふだん着ですから，そっちよりこっちの方がよさそうですね。」

洋服屋　「型は，どんなのになさいますか。これが最近のロンドンの流
　　　　行です。えりのかっこうが昨年と少しちがっておりますだけで
　　　　外はあまり変わっておりません。」

馬場　　「私のはこの型にしてくださいませんか。それからこれは少し
　　　　急ぐんですが，いつごろでき上がりますか。」

洋服屋　「そうですね，外にも急ぎの御注文が二つ三つございますので，
　　　　来週いっぱいは，ちょっと無理かと思いますが，さ来週ならま
　　　　ちがいなくでき上がりますが，いかがでしょう。」

馬場　　「早ければ早いほど，私には都合がいいのですが，あまりかっ
　　　　てなことも言えませんから，それでいいでしょう。」

洋服屋　「それじゃ寸法を取らせて頂きます。ズボンの太さはどのくら
　　　　いにいたしましょうか。」

馬場　　「普通にしておいてください。」

　洋服屋は巻尺を出して，寸法を取り，見本をかばんにしまいながら，
　「どうもありがとうございました。それでは，来週の木曜か金曜に仮
　縫いを持って上がりたいと存じますが，御都合はなん時ごろがよろし

いでしょう。」

馬場　　「木曜日の午前中は先約がありますから，木曜の午後二時すぎ

　　　　か金曜の午前中ならいつでもけっこうです。」

洋服屋　「さようでございますか。それでは，金曜の朝の十時半ごろ，

　　　　仮縫いを持って参ります。どうもおじゃまいたしました。」

馬場　　「さよなら。」

漢字읽기────────

ちゅうもん 注文　ば ば 馬場　こんにち 今日　たかしまや 高島屋　うち だ 内田　しょうかい 紹介　ちょう ど 丁度　いっちゃく 一着　み ほん 見本

ま 　どおさま お待ち遠様　ふだん着 ぎ　ふゆふく 冬服　こん 紺　三つぞろい み　　　きじ 生地　とくべつ 特別　じ み 地味

しなもの 品物　じょうひん 上品　かた 型　さいきん 最近　りゅうこう 流行　いそ 急ぐ　つ ごう 都合　すんぽう 寸法　まきじゃく 巻尺　かりぬ 仮縫い

제24과　양복 주문

　어느 날 바바 씨가 집에 있는데 누군가 찾아왔읍니다.

양복점 주인 :「안녕하세요. 실례합니다.」

바 바 :「무언가 용건이 있읍니까？」

양복점 주인 :「저는 요코하마의 다카시마야라고 하는 양복점 주인입니다만, 우치
　　　　　　다 씨의 소개로 찾아왔는데요.」

바 바 :「그렇습니까？ 마침 잘 왔읍니다.[1] 한 벌 마추었으면 했는데.[2]」

양복점 주인 :「그렇습니까？ 견본도 여러 가지 가지고 왔으니까 어서 보십시오.」

바 바 :「미안하지만, 지금 잠깐 용건이 있으니 잠시 저쪽 방에서 기다려 주시
　　　　　　지 않겠읍니까？」

양복점 주인 :「예, 그렇게 하지요.[3]」

＊　　　　　＊　　　　　＊

바 바 :「오래 기다리셨읍니다.」

양복점 주인 :「천만의 말씀입니다. 양복은 어떤 것이 좋습니까？」

바 바 :「평상복인 동복을 한 벌 원합니다.」

──────────

1) 직역하면 「마침 좋은 때에 왔다」가 된다.
2) 직역하면 「한 벌 만들어 주었으면 하는 것이 있으니까」가 된다.
3) 직역하면 「분부대로 하겠읍니다」가 된다.

양복점 주인 :「그렇습니까? 색은 어떤 것이 좋을까요? 검정, 감색, 갈색, 그
외 여러 가지 있습니다…. 한번 견본을 보십시오.」

양복점 주인은 가방에서 견본을 꺼내어 늘어놓았읍니다.

바 바 : 이 줄무늬가 들어 있는 감색으로 만들면 얼마입니까?」

양복점 주인 :「그것은 저고리, 조끼, 바지 세 가지 한 벌에 13만 5 천엔 입니다만,
요즘은 조끼를 만들지 않는 분이 많습니다.」

바 바 :「매우 비싸군요. 12만엔 정도로 안 됩니까?」

양복점 주인 :「죄송합니다만, 그 옷감은 모두 영국제의 상등품이기 때문에 그렇
게 싸게는 할 수 없습니다. 그러나 우치다 씨의 소개도 있고 하니 특
별히 싸게 해 13만엔에 해드리겠읍니다.」

바 바 :「이 갈색은 너무 지나치게 화려한데 좀더 수수한 것은 없읍니까? 검
정이나 회색이나 뭔가.」

양복점 주인 :「이 옷감으로는 어떻습니까? 이쪽이면 10만엔입니다. 품질도 좋고
무늬도 고상하고 충분히 권할 수 있읍니다.」

바 바 :「평상복이므로 그것보다 이쪽 것이 좋을 것 같군요.」

양복점 주인 :「형은 어떤 것으로 하시겠읍니까? 이것이 최근 런던의 유행입니
다. 깃 모양이 작년과 조금 다를 뿐이고 그 외는 그다지 바뀌지 않았
읍니다.」

바 바 :「내 것은 이 형으로 해 주시지 않겠읍니까? 그리고 이것은 조금 급
한데 언제쯤 완성됩니까?」

양복점 주인 :「글쎄요. 이 외에도 서두르는 주문이 두세 벌 있으므로 내주 중으
로는 좀 무리일 것이라 생각합니다만, 내후주면 틀림없이 완성되는데
어떨까요?」

바 바 :「빠르면 빠를수록 나에게는 형편이 좋은데 너무 내 본위로만 말할 수
도 없으니 그것으로 좋겠지요.」

양복점 주인 :「그러면 치수를 재겠읍니다. 바지 통은 어느 정도로 할까요?」

바 바 :「보통으로 해 주십시오.」

양복점 주인은 줄자를 꺼내어서 치수를 재고 견본을 가방에 집어 넣으면서,
「대단히 감사합니다. 그러면 내주 목요일이나 금요일에 가봉할 것을 가지고 오
려고 하는데 형편은 몇 시경이 좋을까요?」

바 바 :「목요일 오전 중에는 선약이 있으니 목요일 오후 두 시 지나서든지 금

　　　　　요일 오전 중이면 언제든지 괜찮습니다.」

양복점 주인 :「그렇습니까?　그러면 금요일 아침 열 시 반경에 가봉할 것을 가
　　　　　지고 오겠읍니다.　대단히 실례가 많았읍니다.」

바　바 :「안녕히 가십시오.」

＝낱＝말＝풀＝이＝

ちゅうもん (注文) : 몡 주문

ごよう (御用) : 몡 용건(높임말)

しょうかい (紹介) : 몡 소개

ちょうどいいところでした : 마침 좋은
　때에 왔읍니다

いっちゃく (一着) : 몡 한 벌

みほん (見本) : 몡 견본

おま(待)ちどおさま (遠様) : 오래 기다
　리셨읍니다,　늦어 죄송합니다(상
　대방을 기다리게 해서 죄송하다는 뜻
　의 인사말)

ふだんぎ (不断着) : 몡 평상복

ふゆふく (冬服) : 몡 동복, 겨울옷

こん (紺) : 몡 검은 빛을 띤 푸른 빛,
　감색

しま (縞) : 몡 줄무늬

チョッキ : 몡 조끼

み (三)つぞろい : 몡 세 가지 한 벌

もう(申)しわけ (訳) ございません : 죄송
　합니다, 더 할 말이 없읍니다(인사말)

きじ (生地) : 몡 옷감

じょうとう (上等)だ : 혱동 상등이다,
　훌륭하다

とくべつ (特別)だ : 혱동 특별하다

べんきょう (勉強)する : 자サ 할인하다,
　싸게 해서 팔다

はで (派手)だ : 혱동 난하다, 화려하다

じみ (地味)だ : 혱동 수수하다

グレー (grey) : 몡 회색

きれ : 몡 옷감, 헝겊

しなもの (品物) : 몡 물건

がら : 몡 무늬

じょうひん (上品)だ : 혱동 고상하다

すす (勧)める : 타하1 권유하다, 천거
　하다

かた (型) : 몡 형, 꼴

りゅうこう (流行) : 몡 유행

えり : 몡 깃

かっこう : 몡 모양

できあがる : 자5 완성되다

らいしゅう(来週)いっぱい : 내주 온 한주

まちがいない : 틀림없다

はやければはやいほど : 빠르면 빠를수
　록

かってだ : 혱동 제멋대로다

かってなことをいう : 자기 본위로만 말
　을 하다

すんぽう (寸法) : 몡 치수

すんぽうをとる : 치수를 재다

ふと (太)さ : 몡 굵기, 통

まきじゃく (巻尺) : 몡 줄자

しまう : 타5 집어넣다

かりぬ (仮縫)い : 몡 가봉

せんやく (先約) : 몡 선약

〰〰〰〰 **한 자 풀 이** 〰〰〰〰

注 {
そそぐ：注(そそ)ぐ 쏟다
チュウ：注意(チュウイ) 주의
}

紹 {
ショウ：紹介(ショウカイ) 소개
}

介 {
カイ：介入(カイニュウ) 개입
　　　介(カイ)する 개재시키다
}

断 {
たつ：断(た)つ 자르다
ことわる：断(ことわ)る 거절하다
ダン：断絶(ダンゼツ) 단절
}

紺 {
コン：紺青(コンジョウ) 감청
　　　濃紺(ノウコン) 짙은 감색
}

等 {
ひとしい：等(ひと)しい 같다
トウ：等級(トウキュウ) 등급
}

派 {
ハ：派生(ハセイ) 파생
　　流派(リュウハ) 유파
}

味 {
あじ：味(あじ) 맛
あじわう：味(あじ)わう 맛보다
ミ：味覚(ミカク) 미각
}

寸 {
スン：寸法(スンポウ) 치수
　　　一寸先(イッスンさき) 한 치 앞
}

巻 {
まく：巻(ま)く 감다
まき：巻(まき) 권
カン：巻頭(カントウ) 권두
}

尺 {
シャク：尺度(シャクド) 척도
　　　　尺貫法(シャッカンホウ)
　　　　척관법
}

縫 {
ぬう：縫(ぬ)う 꿰매다
ホウ：縫合(ホウゴウ) 봉합
}

┌─ **해 설** ─────────

■ **今日は**……(낮 인사로) 안녕하십니까?

「こんにちは結構なお日和で　오늘은 참 날씨가 좋아서」 등의 인사말에서 아래 문구를 생략한 꼴이다.

　今晩は …(밤 인사로) 안녕하십니까.

「こんばんはいい晩ですね　오늘밤은 참 좋습니다」 등의 인사말에서 아래 문구를 생략한 꼴이다.

■ **~着**(助数詞)……양복을 셀 때에 사용하는 말. 「~벌」에 해당하는 뜻이다.

一着　二着　三着　四着　五着　六着　七着　八着　九着　十着

■ 「お+動詞의 連用形+できる」의 形으로 가능의 겸양어가 된다.

　　おねがいできる。(부탁할 수 있다.)
　　およびできる。(부를 수 있다.)
　　お話しできます。(말할 수 있습니다.)
　　お待ちできます。(기다릴 수 있습니다.)
　　お会いできません。(만나뵐 수 없습니다.)

■ **~いっぱい**……시간이나 기간을 나타내는 말에 붙어서 어떤 기간이 끝날 때까

지란 뜻을 나타낸다.

　　　　今週いっぱいでこの仕事はすみます。

　　　　(금주 끝까지로 이 일은 끝납니다.)

　　　　来月いっぱいかかるだろう。(내달 끝까지 걸릴 것이다.)

　　　　時間いっぱい考えたが, この問題はできなかった。

　　　　(시간 내내 생각했지만, 이 문제는 못했다.)

■「方」의 여러 가지 뜻

　　　　南のかたに向く。(남쪽으로 향하다.)

　　　　東のかたをさして進む。(동쪽을 향해 나아가다.)

　　　　北のかたの窓。(북편의 창.)

　　　　西のかたの海。(서쪽의 바다.)

　　　　道なきかたに道をつけ。(길 없는 곳에 길을 놓고.)

　　　　きっぷをおもちでないかた。(표를 가지고 계시지 않은 분.)

　　　　このかた。(이 분.)

　　　　おんなのかた。(여자 분.)

■ ～ば～ほど

「用言의 仮定形＋ば＋用言의 連体形＋ほど」의 꼴로 「～하면 ～할수록」이라는
뜻이 된다.

　　　　にげればにげるほど (도망치면 도망칠수록)

　　　　すればするほど (하면 할수록)

　　　　吸えば吸うほど (빨아들이면 빨아들일수록)

　　　　多ければ多いほど (많으면 많을수록)

　　　　強ければ強いほど (강하면 강할수록)

　　　　利口であれば利口であるほど (영리하면 영리할수록)

‖‖‖‖‖‖‖‖‖‖‖‖‖‖연습문제‖‖‖‖‖‖‖‖‖‖‖‖‖‖‖

Ⓐ 次の韓国語を日本語に訳しなさい。

1. 마침 좋은 때에 와 주었군요. 지금
　당신에게 전화를 걸려고 생각하고
　있었읍니다.

2. 내일 끝까지는 좀 무리입니다만 모
　레 끝까지라면 틀림없이 만들어 놓
　겠읍니다.

3. 자기 형편만 생각해서도 안 되고 어
　떻게 해야 좋을지 잘 모르겠읍니다.

4. 값이 비싸면 비쌀수록 품질도 좋다
　고 생각됩니다.

5. 술은 마시면 마실수록 몸에 해로운
　것입니다.

B 次の漢字の読み方を言い，その意味を韓国語で言いなさい。

1. 風邪　　　2. 仕事　　　3. 心配　　　4. 留守　　　5. 下着
6. 切符　　　7. 目方　　　8. 生地　　　9. 寸法　　　10. 都合

◁ 해답 ▷

A

1. ちょうどいいところへ来てくれましたね。今あなたに電話をかけようと思っていたのです。　　2. あしたいっぱいはちょっと無理ですが，あさっていっぱいならまちがいなく作っておきます。　　3. 自分の都合ばかり考えてもいけないし，どうしてよいかよく分りません。　　4. 値段が高ければ高いほど品もいいと思われます。
5. 酒は飲めば飲むほど体に悪いものです。

B

1. 風邪…감기　2. 仕事…일　3. 心配…걱정　4. 留守…부재 중　5. 下着…내의　6. 切符…표　7. 目方…무게　8. 生地…옷감　9. 寸法…치수
10. 都合…형편

第二十五課　避　　暑

　七月の初めのある日，前田さんと石原さんがある所で会いました。前田さんはある会社の社長で，石原さんはある大学の教授です。

前田　「大分暑くなりましたね。」

石原　「この二三日はことに暑いようですね。今年はどちらへ行きますか。」

前田　「今年は行くか行かないか，まだよく決まっていませんが，たぶん軽井沢へ行くことになるでしょう。あなたは？」

石原　「私は海にしようか，山にしようか，まだ決めていませんが，もし山にすれば，たぶん野尻に行くことになるでしょう。」

前田　「近ごろは人々がたくさん野尻へ行くようですね。私はまだ行ったことがありませんが，軽井沢と比べてどっちがいいでしょう。」

石原　「さあ，好き好きでしょう。軽井沢は古い避暑地で，東京からも三四時間しかかからないし，便利ですね。それに，蚊はいないし，道はいいし，ゴルフやテニスをやりたい人には理想的です。ですが，野尻にはみずうみがありますから，泳いだり，船遊びをしたい人には軽井沢よりいいでしょう。それに，物価はわりに安いし，静かですし，ことに野菜などの値段はよほどちがうようです。しかし，設備は軽井沢に比べると，ずっと劣っているでしょう。もう一つの欠点は，虫が多くて，網戸がなければ窓をあけっぱなしにできないことですね。」

前田　「私は会社の用事がありますので，時々東京へ帰らなくてはなりませんから，どうしても東京から三四時間以内の所でないと行かれません。」

石原　「そんなら，箱根か軽井沢以外にはありませんね。家の心当たり
　　　はおありですか。」

前田　「実は家がまだ決まらないので，どうしようかと思っているんで
　　　す。先月いい家があったので，喜んでいたところが，ちょっとの
　　　ちがいで，外の人に借りられてしまったので，代わりをさがしてい
　　　るところです。友達に頼んであるんですが，まだ何とも言って来
　　　ないんです。もし二三日のうちになんとも言って来ないようでし
　　　たら，新聞に広告を出してみようと思っております。」

石原　「そうですか。こないだ友人から聞いたところによると，まだあ
　　　き家がかなりあるそうですから，気にいった家を見つけるのは訳
　　　はないでしょう。私の知り合いもあそこにおりますから聞いてあ
　　　げてもいいのですが，一体どんな家がご希望なんですか。」

前田　「今年は父や母は行こうか，行くまいかなどと言っていますから，
　　　おそらく私共だけ行くことになるでしょう。私共だけなら，なる
　　　べく洋風の家で，二階に寝室がひと部屋，もしくはふた部屋ほし
　　　いんです。夏のことですから，部屋さえあれば，どんな家でもけ
　　　っこうです。」

石原　「すると，今年はぼっちゃんやおじょうさんはごいっしょではな
　　　いんですか。」

前田　「ええ，子供たちはことしはぜひ海へ行きたいと言って，葉山の
　　　親類の方へ行くはずです。」

石原　「そんならかえって旅館の方が安くつきませんか。　家賃の上に，
　　　せと物やなべかまの費用を合わせると，かなり高いものにつくで
　　　しょうが。」

前田　「それはそうですけど，宿屋はどうもうるさくて…。費用のこと
　　　を考えると，少しばからしいようですけど，いくら高くても家賃

などは知れていますし，やはり一軒借りる方がいいように思われ
ます。」

石原　「それもそうですね。ではさっそく手紙を出して聞き合わせてみ
ましょう。」

前田　「ごめんどうをおかけして，どうもあいすみませんが，おねがい
いたします。」

漢字읽기

| 避暑 | 社長 | 教授 | 決まる | 軽井沢 | 野尻 | 好き好き | 避暑地 | 蚊 |
|ひしょ|しゃちょう|きょうじゅ|き|かるいざわ|のじり|す ず|ひしょち|か|

| 理想的 | 船遊び | 物価 | 設備 | 劣る | 欠点 | 網戸 | 以内 | 箱根 | 以外 |
|りそうてき|ふなあそび|ぶっか|せつび|おと|けってん|あみど|いない|はこね|いがい|

| 心当たり | 訳 | 一体 | 希望 | 私共 | 洋風 | 寝室 | 葉山 | 親類 | 旅館 |
|こころあ|わけ|いったい|きぼう|わたしども|ようふう|しんしつ|はやま|しんるい|りょかん|

| 費用 | 宿屋 |
|ひよう|やどや|

제25과　피　서

7월 초의 어느 날, 마에다 씨와 이시하라 씨가 어떤 곳에서 만났읍니다. 마에다 씨는 모 회사의 사장이고, 이시하라 씨는 모 대학의 교수입니다.

마에다　:「상당히 더워졌군요.」

이시하라:「최근 2, 3일은 특히 더운 것 같군요. 올해는 어디로 갑니까?」

마에다　:「올해는 갈는지 안 갈는지 아직 확실하게 정해져 있지 않습니다만, 아마 가루이자와에 가게 되겠지요. 당신은?」

이시하라:「저는 바다로 할까, 산으로 할까 아직 정하고 있지 않습니다만, 만약 산으로 한다면 아마 노지리에 가게 되겠지요.」

마에다　:「요사이는 사람들이 많이 노지리에 가는 모양이더군요. 저는 아직 간 적이 없는데, 가루이자와와 비교해서 어느 쪽이 더 좋을까요?」

이시하라:「글쎄, 각자의 기호겠지요. 가루이자와는 오랜 피서지이고 도쿄에서도 3, 4시간밖에 걸리지 않아 편리하지요. 그리고 또 모기도 없고, 길은 좋고 골프나 테니스를 하고 싶은 사람에게는 이상적입니다. 그렇지만 노지리에는 호수가 있으므로 헤엄치기도 하고 뱃놀이를 하고 싶은 사람에게는 가루이자와보다 좋겠지요. 그리고 또 물가는 비교적 싸고 조용하고 특히 야채 등의 값은 상당히 차이가 나는 모양입니다. 그

러나 설비는 가루이자와와 비교하면 훨씬 뒤떨어져 있겠지요. 또 하나
의 결점은 벌레가 많아서 망창이 없으면 창문을 열어놓은 채로 둘 수
없는 일이지요.」

마에다 :「저는 회사의 용건이 있으므로 때때로 도쿄에 돌아오지 않으면 안 되
기 때문에 아무리 해도 도쿄에서 3, 4시간 이내의 곳이 아니면 갈 수
없습니다.」

이시하라 :「그렇다면 하코네나 가루이자와 이외에는 없군요. 생각해 둔 집[1]은 있
으십니까?」

마에다 :「실은 집이 아직 정해지지 않아서 어떻게 할까 하고 생각하고 있습니
다. 지난달 좋은 집이 있어서 기뻐하고 있었는데 약간의 차이로, 다른
사람에게 빌려주었기 때문에 그 대신을 찾고 있는 중입니다. 친구에게
부탁해 놓았습니다만 아직 아무 말도 해 오지 않았습니다. 만약 2, 3
일 동안에 아무말도 해 오지 않을 것 같으면 신문에 광고를 내보려고
생각하고 있습니다.」

이시하라 :「그렇습니까? 요전에 친구에게서 들은 바에 의하면 아직 빈 집이 꽤
있다고 하니까 마음에 드는 집을 찾아내는 것은 문제없겠지요. 내 아
는 사람도 그 곳에 있으니까 알아보아 드려도 좋습니다만 대체로 어떤
집을 희망하십니까?」

마에다 :「올해는 아버지나 어머니는 간다 안간다 하고 말하고 있으므로 아마
도 우리들만 가게 되겠지요. 우리들뿐이라면 될 수 있는 한 서양식 집
으로, 이 층에 침실이 하나 혹은 둘을 원합니다. 여름 일이므로 방만 있
으면 어떤 집이라도 괜찮습니다.」

이시하라 :「그러면, 올해는 아드님이랑 따님은 동행이 아니십니까?」

마에다 :「예, 애들은 올해는 꼭 바다에 가고 싶다고 해서 하야마에 있는 친척
집으로 갈 것입니다.」

이시하라 :「그렇다면 도리어 여관 쪽이 싸게 치이지 않겠습니까? 집세에다 사
기그릇이나 남비, 솥의 비용을 합치면 꽤 비싸게 치일텐데요.」

마에다 :「그건 그렇습니다만, 여관은 암만해도 시끄러워서…. 비용에 대한 것
을 생각하면 좀 어처구니 없는 것 같습니다만, 아무리 비싸도 집세 따

---

1) 직역하면 「집의 짐작 가는 곳」이 된다.

위는 뻔하고, 역시 한 채 빌리는 편이 좋을 것으로 생각됩니다.」

이시하라 :「그것도 그렇군요. 그러면 즉시 편지를 내어서 문의해 보겠읍니다.」

마에다　:「폐를 끼쳐서 대단히 미안합니다만 부탁드리겠읍니다.」

═낱═말═풀═이═

ひしょ (避暑) : 명 피서

しゃちょう (社長) : 명 사장

きょうじゅ (教授) : 명 교수

ことに : 부 특히

き (決)まる : 자5 정해지다

ちか (近)ごろ : 명 최근, 요사이

す(好)きず(好)き : 명 각자의 기호

ひしょち (避暑地) : 명 피서지

りそうてき (理想的)だ : 형동 이상적이다

みずうみ (湖) : 명 호수

およ (泳)ぐ : 자5 헤엄치다

ふなあそ (船遊)び : 명 뱃놀이

ぶっか (物価) : 명 물가

わりに : 부 비교적

よほど : 부 상당히

せつび (設備) : 명 설비

おと (劣)る : 자5 뒤떨어지다

けってん (欠点) : 명 결점

あみど (網戸) : 명 망창 (網窓)

あけっぱなし : 명 열어 놓은 채로 둠

いない (以内) : 명 이내

いがい (以外) : 명 이외

こころあ (心当)たり : 명 짐작 되는 곳

ちょっとのちがい : 약간의 차이

か (借)りる : 타상1 빌다

さがす : 타5 찾다

こないだ : 명 요전

ゆうじん (友人) : 명 친구

あきや (空家) : 명 빈집

き (気)にいる : 마음에 들다

わけ (訳)はない : 문제없다, 쉽다

いったい (一体) : 부 도대체

きぼう (希望) : 명 희망

〜ども : 접미 〜들 예 わたくしども。
 (우리들)

なるべく : 부 될 수 있는 한

しんしつ (寝室) : 명 침실

ひとへや (一部屋) : 명 방 하나

しんるい (親類) : 명 친척

もしくは : 접 혹은

ふたへや (二部屋) : 명 방 둘

へや (部屋)さえあれば : 방만 있으면

やす (安)くつく : 싸게 치이다

やちん (家賃) : 명 집세

やちん (家賃)のうえ (上)に : 집세에 더 하여

せともの (物) : 명 사기 그릇, 도자기
 예 せとものや。(사기 그릇 점)

なべ : 명 남비

かま : 명 솥

ひよう (費用) : 명 비용

あ (合)わせる : 타하1 합치다

たか (高)いものにつく : 비싸게 치이다

やどや (宿屋) : 명 여인숙, 여관

うるさい : 형 시끄럽다

ばからしい：형 어리석다, 어처구니없다	**やはり**：부 역시
いくらたかくても：아무리 비싸도	**き(聞)きあ(合)わせる**：타하1 조회하다
し(知)れる：자하1 뻔하다, 알려지다	**めんどうをかける**：폐를 끼치다

‖‖‖‖한‖‖‖자‖‖‖풀‖‖‖이‖‖‖

避
- **さける**：避(さ)ける 피하다
- **ヒ**：避難(ヒナン) 피난

原
- **はら**：野原(のはら) 들판
- **ゲン**：原因(ゲンイン) 원인

尻
- **しり**：尻(しり) 궁둥이
- **コウ**：尻坐(コウザ) 엉덩이로 앉음

想
- **ソウ**：想像(ソウゾウ) 상상
- **ソ**：愛想(アイソ) 정나미

湖
- **みずうみ**：湖(みずうみ) 호수
- **コ**：湖水(コスイ) 호수

泳
- **およぐ**：泳(およ)ぐ 헤엄치다
- **エイ**：泳法(エイホウ) 영법

価
- **あたい**：価(あたい)：값어치
- **カ**：価値(カチ) 가치

設
- **もうける**：設(もう)ける 설치하다
- **セツ**：設立(セツリツ) 설립

備
- **そなえる**：備(そな)える 준비하다
- **そなわる**：備(そな)わる 갖춰지다
- **ビ**：備考(ビコウ) 비고

劣
- **おとる**：劣(おと)る 뒤떨어지다
- **レツ**：劣等(レットウ) 열등

網
- **あみ**：網(あみ) 그물
- **モウ**：網膜(モウマク) 망막

希
- **キ**：希望(キボウ) 희망
- 希薄(キハク) 희박

望
- **のぞむ**：望(のぞ)む 바라다
- **ボウ**：望郷(ボウキョウ) 망향
- **モウ**：所望(ショモウ) 소망

해 설 ───────

■ **行くか行かないか**……갈는지 안 갈는지.

「~か~か」의 꼴로 「~인지~인지, ~느냐~느냐」의 뜻을 나타낸다.

　　好きかきらいかはっきりしない。(좋아하는지 싫어하는지 분명치 않다.)

　　行けるかどうか分らない。(갈 수 있을지 어떨지 알 수 없다.)

　　食うか食われるかの死闘だ。(먹느냐 먹히느냐의 사투다.)

■ **~しか**

「しか+부정의 말」의 꼴로 「~밖에」의 뜻을 나타낸다.

　　そうとしか考えられない。(그렇게 밖에는 생각할 수 없다.)

　　5時間しか寝ていない。(5시간 밖에 자지 않았다.)

　　いやならやめるしかない。(싫으면 그만두는 수 밖에 없다.)

　　これしかもっていない。(이것 밖에 가진 게 없다.)

■「**すきずき**」의 用例

たで食う虫も**すきずき**。(매운 여뀌 잎을 먹는 벌레가 있듯이 사람의 기호는 각각이다.)

それは**すきずき**だ。(그것은 각자의 취미다.)

人々は各々**すきずき**がある。(사람들은 각각 자기 취미가 있다.)

すきずきですから何とも言えない。(각자의 기호이니까 뭐라고 말할 수 없다.)

■ **〜っぱなし**

「動詞의 連用形＋っぱなし」의 形으로「〜한 채로 내버려 둠」의 뜻을 나타낸다.

あけっぱなしにする。(열어 놓은 채로 두다.)

こんなところに本を置きっぱなしにしてはいけません。

(이런 곳에 책을 놓아 둔 채로 두어서는 안 됩니다.)

仕事をやりっぱなしにして, どこかへ行ってしまった。

(일을 하다 내버려 둔 채, 어디론가 가 버렸다.)

■**私ども**……「우리들」의 뜻.「**ども**」는 복수를 뜻하는 접미어로서 1인칭에 붙여서 겸양의 뜻을 나타낸다.

■「**〜部屋**」가「방」을 세는 말로 쓰이면 다음과 같이 센다.

いく部屋　ひと部屋　ふた部屋　み部屋　よ部屋　いつ部屋　む部屋　なな部屋

| や部屋 | ここの部屋 | と部屋 |
| はち部屋 | きゅう部屋 | |

■**〜上に**……「〜에 더하여, 〜한데다가」의 뜻을 나타내기도 한다.

家賃の上に, せと物の費用を合わせると, 高いものにつく。

(집세에다 도자기의 비용을 합치면 비싸게 치인다.)

金もある上に, 力もある。(돈도 있는데다가 힘도 있다.)

あの女の人は美人の上にお金持ちです。

(저 여자는 미인인데다가 부자입니다.)

■**知れていますし**……뻔하고.

「**しれた**」의 꼴로「뻔한, 대단찮은」의 뜻을 나타낸다.

高がしれた。(뻔한.)

費用といってもしれたものだ。(비용이라고 해봤자 뻔한 것이다.)

IIIIIIIIIIIIIIIIIIIII 연습문제 IIIIIIIIIIIIIIIIIIIII

Ⓐ 次の日本語を韓国語に訳しなさい。

1. 風が強いばかりでなく, 雨さえも降り出しました。

2. 科学の進んだ今日でさえ, まだ分らないことは沢山あります。

3. 雨さえ降らなければ, 少しぐらい天気が悪くてもでかけましょう。

4. この機械は百円だまを入れさえすれば, 動き出します。

5. いくら足が早くたって馬にはかなわないでしょう。

Ⓑ 次の言葉を日本語で言いなさい。

1. 정해져 있다
2. 동물과 비교하다
3. 정하고 있다
4. 마음에 들지 않는다
5. 폐를 끼치다
6. 싸게 치이다
7. 집세는 뻔하다
8. 조회해 보다
9. 비용을 합치다
10. 시계를 맞추다

◁ 해답 ▷

Ⓐ

1. 바람이 셀 뿐만 아니라, 비까지도 내리기 시작했읍니다.   2. 과학이 발달한 오늘날에도 아직 알 수 없는 일은 많습니다.   3. 비만 오지 않으면 조금쯤 날씨가 나빠도 떠납시다.   4. 이 기계는 백엔짜리 주화를 넣기만 하면 움직이기 시작합니다.   5. 아무리 발이 빨라도 말에게는 당할 수 없겠지요.

Ⓑ

1. 決まっている   2. 動物と比べる   3. 決めている   4. 気にいらない   5. めんどうをかける   6. 安くつく   7. 家賃は知れている   8. 聞き合わせてみる   9. 費用を合わせる   10. 時計を合わせる

第二十六課　散　歩

　　今週の水曜日の午後，私が家でぶらぶらしていると，三島さんがたずねて来ました。

三島　「今日は。御めん下さい。」

私　　「よくおいで下さいました。さあ，どうぞお上がり下さい。実にいいお天気ですね。」

三島　「なんというぃぃお天気なんでしょう。こんな日にうちの中に居るのはおしいじゃありませんか。散歩においでになりませんか。」

私　　「ええ，お供いたしましょう。どこがいいでしょう。」

三島　「青山の方へでも行ってみましょうか。」

私　　「私はどこでもかまいません。ちょっとお待ち下さい。カメラを取って来ますから。どこかで写真をとりましょう。」

三島　「あなたは写真がお上手だそうですね。」

私　　「いや，どういたしまして。十四五の時にはじめて，二十ぐらいまではかなり熱心にやりましたが，あい変わらずまずいんですよ。」

三島　「御冗談でしょう。写真じゃ，くろうとはだしだといううわさですよ。」

私　　「そんなことがあるものですか。まだ全くしろうとですよ。写真は，やればやるほどむずかしいですからね。」

三島　「そうですかね。私もぜひやってみたいと思っていたんですが，そんなにむずかしいものとは思っていませんでした。」

私　　「いや，ただ写真をとるだけなら，そんなにむずかしいもんじゃありませんがね，ほんとうのいい写真をとろうとすると，そうやさしいものじゃないというだけですよ。」

三島　「それはそうでしょうとも。これから少し教えて頂きたいもので
　　　　すね。」

私　　「お教えなんてするがらではありませんよ。」

三島　「そうおっしゃらずに，教えて下さい。あなたのような先生なら
　　　　安心して教われますから。」

私　　「そんなことはありはしませんよ。しかし私の知っていることな
　　　　ら，なんでもお手伝いします。それはそうと，ずいぶん暖かくな
　　　　りましたね。もうさくらがさくでしょう。」

三島　「新聞によると，上野公園のさくらは，ぼつぼつさきはじめたそ
　　　　うですね。」

私　　「そうですか。いそがしくてこの二三日新聞をろくろく見ないの
　　　　で，気がつきませんでしたが，それじゃ上野はもうにぎやかでし
　　　　ょう。」

三島　「いや，まだだろうと思いますが，もう三四日たつと，花見の人
　　　　で歩けないくらいでしょう。」

　　私たちが話しながら区役所のかどまで来た時に，むこうから学生服を
着た一人の青年が来ましたが，三島さんを見て，私たちの方へ近づいて
来て，あいさつしました。

○　　　「やあ，今日は。どちらへ。」

三島　「ちょっと散歩に。君は…。」

○　　　「大学の図書館にちょっと用事があって…。」

　　三島さんは私の方をむいて，

三島　「友人の安川君を御紹介します。(安川さんに)このかたは朴さん
　　　　です。」

安川　「はじめてお目にかかります。私は安川と申します。どうぞよろ
　　　　しく。」

私は手をのばして握手しながら，

私　　「朴です。どうぞよろしく。」

安川　「お名前はいつも三島君からうけたまわっておりました。」

私　　「大学の図書館へはこちらからおいでになるのですか。」

安川　「一丁目から地下鉄で行くのが近道なんです。」

私　　「そうですか。」

一丁目のこうさてんへ来た時に，

安川　「では，私はここで失礼いたします。」

私　　「そうですか。おひまがありましたら，どうぞ遊びにおいで下さい。」

安川　「ありがとうございます。ぜひおうかがいいたします。さよなら。」

三島，私　　「さよなら。」

私たちは安川さんとわかれて，また散歩をつづけました。

漢字읽기────────

三島	今日は	写真機	熱心	冗談	教わる	暖か	手伝い	上野
公園	二三日	三四日	区役所	青年	図書館	君	握手	地下鉄

제26과　산　책

금주 수요일 오후 내가 집에서 빈둥거리고 있는데 미시마 씨가 찾아왔습니다.

미시마 :「안녕하세요.　실례하겠습니다.」

나　　 :「잘 오셨읍니다. 자, 어서 들어오십시오.　참으로 날씨가 좋군요.」

미시마 :「얼마나 좋은 날씨인가요!　이런 날에 집 안에 있는 것은 아깝지 않습니까?　산책하러 가지 않겠읍니까?」

나　　 :「예, 가십시다. 어디가 좋을까요?」

미시마 :「아오야마 쪽으로라도 가 볼까요?」

나　　 :「나는 어디든 상관 없읍니다. 잠깐 기다려 주십시오.　카메라를 가지고 올테니. 어디선가 사진을 찍읍시다.」

미시마 :「당신은 사진을 잘 찍는다지요?」

나   :「아니오, 천만의 말씀입니다. 14, 5세 때에 시작해서 20세까지는 꽤 열
       심히 했는데, 여전히 서툴러요.」

미시마 :「농담이시겠지요. 사진에 있어서는 전문가도 못 따른다는 소문이던데요.」

나   :「그럴 리가 있읍니까? 아직 완전히 초보자예요. 사진은 하면 할수록
       어려우니까요.」

미시마 :「그러신가요? 저도 꼭 해 보고 싶다고 생각하고 있었는데 그렇게 어려
       운 것이라고는 생각하고 있지 않았읍니다.」

나   :「아니오, 단지 사진을 찍는 것뿐이라면 그렇게 어려운 것은 아닌데요,
       정말 좋은 사진을 찍으려고 하면 그렇게 쉬운 것이 아니라는 것 뿐이에
       요.」

미시마 :「그것은 그렇고 말고요. 지금부터 좀 가르쳐 주었으면 해요.」

나   :「가르친다는 일 같은 것 할 만한 자격이 못돼요.」

미시마 :「그렇게 말씀 마시고, 가르쳐 주십시오. 당신과 같은 선생이라면 안심
       하고 가르침을 받을 수 있으니.」

나   :「그런 일은 있을 수 없어요. 그러나, 제가 알고 있는 일이라면 무엇이
       든지 도와드리겠읍니다. 그건 그렇고 매우 따뜻해졌군요, 이제 벚꽃이
       피겠지요?」

미시마 :「신문에 의하면 우에노 공원의 벚꽃은 슬슬 피기 시작했다는군요.」

나   :「그렇읍니까? 바빠서 최근 2,3일 신문을 제대로 보지 않았기 때문에
       알아차리지 못했는데, 그러면 우에노는 벌써 붐비겠군요?」

미시마 :「아니오, 아직일 것이라고 생각했는데, 이제 3,4일 지나면 꽃놀이하는
       사람으로 걷지 못할 정도겠지요.」

  우리들이 말하면서 구청 모퉁이까지 왔을 때, 저쪽으로부터 학생복을 입은 한
청년이 왔는데, 미시마 씨를 보고, 우리들이 있는 데 다가와서 인사했읍니다.

○   「야, 안녕, 어딜 가나?」

미시마 :「좀 산책하러. 자네는?」

○   「대학 도서관에 좀 볼일이 있어서….」

  미시마 씨는 내 쪽을 보고,

미시마 :「친구인 야스카와 군을 소개합니다. (야스카와 씨에게) 이분은 朴씨 일
       세.」

야스카와：「처음 뵙겠읍니다.　저는 야스카와라고 합니다.　잘 부탁합니다.」

나는 손을 펴서 악수하면서,

나　　：「朴입니다.　잘 부탁합니다.」

야스카와：「존함은 늘 미시마 군으로부터 듣고 있었읍니다.」[1)]

나　　：「대학 도서관에는 이쪽으로 가십니까？」

야스카와：「1가에서 지하철로 가는 것이 지름길입니다.」

나　　：「그렇습니까？」

1가 네거리에 왔을 때에,

야스카와：「그러면 저는 여기서 실례하겠읍니다.」

나　　：「그렇습니까？ 시간이 있거든 부디 놀러 오십시오.」

야스카와：「감사합니다.　꼭 찾아뵙겠읍니다.　안녕히 가십시오.」

미시마, 나：「안녕히 가십시오.」

우리들은 야스카와 씨와 헤어져서 또 산책을 계속했읍니다.

＝낱＝말＝풀＝이＝

ぶらぶらする：자サ 빈둥거리다

お (惜)しい：형 아깝다, 아쉽다

しゃしん (写真)：명 사진

しゃしん (写真)をとる：사진을 찍다

ねっしん (熱心)だ：형동 열심이다

あいかわらず：부 여전히, 변함없이

まずい：형 ① 서투르다.　② 맛없다

くろうと：명 전문가

はだし：명 ① 도저히 따라가지 못함
　② 맨발

くろうとはだしだ：전문가도 못 따른다

うわさ：명 소문

しろうと：명 초보자

おおしえ (教)なんてするがらではありま
　せんよ：가르친다는 것 같은 것을

할만한 자격이 못됩니다

がら：명 분수, 격(格)

あんしん (安心)：명 안심

おそ (教)わる：타5 가르침을 받다, 배
　우다

それはそうと：그건 그렇고

ぽつぽつ：부 조금씩 진행하는 모양.
　슬슬

ろくろく：부 제대로

き (気)がつく：알아차리다

くやくしょ (区役所)：명 구청

がくせいふく (学生服)：명 학생복

せいねん (青年)：명 청년

ちか (近)づく：자5 접근하다, 다가오다

あいさつ：명 인사

---

1)「당신에 대한 이야기는 늘 들어서 익히 알고 있었다.」의 뜻이 된다.

む(向)く：<u>자5</u> 향하다

しょうかい(紹介)：<u>명</u> 소개

のばす：<u>타5</u> 펴다

あくしゅ(握手)：<u>명</u> 악수

いっちょうめ(一丁目)：<u>명</u> 1가(一街)

ちかみち(近道)：<u>명</u> 지름길

わか(別)れる：<u>자하1</u> 헤어지다

つづ(続)ける：<u>타하1</u> 계속하다

‖‖‖‖‖‖ 한 자 풀 이 ‖‖‖‖‖‖

惜 {
  おしい：惜(お)しい 아깝다
  おしむ：惜(お)しむ 아까워하다
  セキ：惜敗(セキハイ) 석패
}

写 {
  うつす：写(うつ)す 베끼다, 찍다
  うつる：写(うつ)る 찍히다
  シャ：写真(シャシン) 사진
}

真 {
  ま ：真(ま)ん中(なか) 한가운데
  シン：真偽(シンギ) 진위
}

区 {
  ク ：区別(クベツ) 구별
  　　地区(チク) 지구
}

握 {
  にぎる：握(にぎ)る 쥐다
  アク：握力(アクリョク) 악력
}

해 설 ────────────

■「ぶらぶら」의 여러 가지 뜻

ひょうたんが風(かぜ)でぶらぶらする。(표주박이 바람에 대롱대롱 흔들린다.)

脚(あし)をぶらぶらと動(うご)かす。(발을 흔들흔들 움직이다.)

ぶらぶらと町(まち)を歩(ある)く。(어슬렁어슬렁 거리를 걷다.)

大学を出て2，3年ぶらぶらする。(대학을 나와 2，3년 빈둥거리다.)

■〜はだし

「名詞＋(も)＋はだし＋だ」의 꼴로「〜도 못따른다」는 뜻을 나타낸다. 助詞「も」를 생략해서 名詞에 직접 연결되기도 한다.

専門家(せんもんか)はだしだ(전문가도 무색하다)

作家(さっか)はだしの小説(しょうせつ)を書(か)く (작가도 무색한 소설을 쓴다)

商売人(しょうばいにん)はだしである (장사꾼도 못 따른다)

■〜ものですか……反語의 뜻으로 강하게 반복하고 딱 잘라 부정하는 뜻을 나타낸다. 用言 및 助動詞의 連体形에 연결되며「〜もんですか」 또는 예사말로「〜ものか(もんか)」의 꼴로도 쓰인다.

そんなことがあるものか。(그런 일이 있을까보냐？)

いくら君(きみ)が来(こ)いと言っても，行くもんか。

(아무리 자네가 오라고 해도 갈 것 같은가？)

何(なに)が古(ふる)いもんか。(뭐가 낡았단 말인가？)

自動車(じどうしゃ)より速(はや)く走(はし)れるものですか。

　　（자동차보다 빨리 달릴 수 있을리 만무합니다.）
　　彼が学者なもんですか。（그가 학자란 말입니까? 천만에요.）

■　〜とも（助詞）……文章の끝に붙어「〜고 말고」란 뜻을 나타낸다.
　　行くとも。（가고 말고.）
　　静かだとも。（조용하고 말고.）
　　そうですとも。（그렇고 말고요.）
　　いいですとも。（좋고 말고요.）

■　〜がらではない
「動詞의 連体形＋がらではない」의 꼴로「〜할 분수가 못 된다」는 뜻을 나타낸다.「がら（분수, 격）」는 보통「がらにもない（격에 맞지도 않다）」의 꼴로 많이 쓰인다.
　　そんなことをするがらではない。
　　（그런 일을 할 분수가 못 된다.）
　　私は教えるがらではありません。
　　（나는 가르칠 분수가 못 됩니다.）
　　がらにもないことを考える。
　　（격에도 맞지 않는 일을 생각한다.）
　　今日はまたがらにもなく父の手伝いをしているね。
　　（오늘은 또 격에도 맞지 않게 아버지를 돕고 있군.）

■　ありはしません……「있지는 않습니다」의 뜻으로「ありません」을 강조한 말이다.
　　「動詞의 連用形＋は（も）＋しない（しません）」의 꼴로「〜하지는（〜하지도）않는다（않습니다）」의 뜻을 나타낸다.
　　何の役にも立ちはしない。（아무 도움도 되지는 않는다.）
　　どんなことがあっても，逃げはしません。
　　（어떤 일이 있어도 도망가지는 않습니다.）
　　働きもしないで，給料がもらえますか。
　　（일하지도 않고 급료를 받을 수 있읍니까?）
　　見もしません。（보지도 않습니다.）

■　ろくろく
「ろくろく〜ない」의 꼴로 쓰이며「제대로 〜하지 않는다」는 뜻이다.
　　ろくろく食べられない。
　　（제대로 먹을 수가 없다.）

ろくろく話さえしなかった。

(제대로 말조차 하지 않았다.)

ろくろく見もしないでどうして分かりますか。

(제대로 보지도 않고 어떻게 알 수 있읍니까?)

■ ~丁目 (助数詞)

　서울의 행정 구분의 가(街)에 해당되는 말이다.

　　一丁目　二丁目　三丁目　四丁目　五丁目　六丁目　七丁目　八丁目
　　九丁目　十丁目

|||||||||||||||||| 연습문제 ||||||||||||||||||

Ⓐ 次の言葉をほかの言い方を使って言ってごらんなさい。

1. よくおいで下さいました。

2. 散歩においでになりませんか。

3. お供いたしましょう。

4. どこでもかまいません。

5. そんなことがあるものですか。

6. はじめてお目にかかります。

Ⓑ 次の韓国語を反語で日本語に訳しなさい。

1. 당신과 같은 거짓말쟁이(うそつき)가 하는 말 따위를 믿을까보냐?

2. 어떤 일이 있어도 질소냐?

3. 당신이 거기 서 있으면 보이지 않지 않느냐?

4. 말로만 듣는 것보다 가서 보는 것이 좋지 않느냐?

5. 그 사람이 친절하다니 그런 일은 있을 수 없읍니다.

◁ 해답 ▷

Ⓐ

1. よくいらっしゃってくださいました。　2. 散歩におでかけになりませんか。
3. いっしょに参りましょう。　4. どこでもよろしいです。　5. そんなことがあるはずがありません。　6. はじめまして。 또는 はじめてお会いいたします。

Ⓑ

1. あなたのようなうそつきの言うことなど信じるものか。　2. どんなことがあっても負けるものか。　3. あなたがそこに立っていると見えないじゃないか。　4. 話しでだけ聞くより行って見る方がいいじゃないか。 5. あの人が親切だなんて, そんなことはありえません。

第二十七課　東京の食べ物

　東京ほど食べ物に恵まれているところはないと言われるが，なるほど，言われてみればそうかもしれない。豊富な材料をさまざまに生かして作る日本料理，焼き肉のうまさが格別な韓国料理，大陸から渡ってきた一流の料理人が腕を競う中国料理，フランス・ドイツ・イタリア・ロシアなど第二次大戦の前からある西洋料理。それに，大戦後加わったのが，インド・インドネシア・タイ・フィリピン・ベトナム・メキシコ・スペイン・ハンガリー・スイスなどの各国料理で，いちいち数え上げたらきりがない。中には日本人の口に合わせたものもあるが，まるで味の国際見本市だ。

　ところで，昔からある東京の食べ物といえば，何といっても，「そば」と「すし」を上げるべきだろう。どっちも東京人の生活とは切っても切れない縁がある。都内の食べ物屋の中ではそば屋がいちばん多く，4,000軒もあるということだ。どこを歩いてもそば屋ののれんが必ずといっていいほど目に入る。昼どきのそば屋は，どこもサラリーマンでいっぱいだ。下町のほうへ行くと，創業何百年の伝統を誇る古い店も何軒かあるが，中には，のれんの古い割りには，味は大したこともない店もある。いったいに，そばはこのごろまずくなった。　無理もない，肝じんのそば粉が手に入りにくいのだそうだ。ひどいのになると，そば粉を全然使ってない「そば」なんていうのがある。看板に偽りありというものだ。そこへいくと，信州あたりを旅行して，わずかの停車時間にホームでかきこむそばの味は，さすが本場だけあって格別だ。

　そばといえば，中華そばも以前から若い人たちに愛好されている。このごろは，夜更けの町を流して歩く中華そば屋のチャルメラの音がさっ

ぱり聞かれなくなった。以前は，夜おそくまで勉強しておなかのすいた時など，あのチャルメラの音の聞こえてくるのが待ち遠しかったものだった。

　すしは，生きのいいところが江戸っ子のさっぱりした気性に合うのだろうか。古くから江戸っ子の好物だった。目の前で握るのを手でつまんで食べる立ち食いこそ，通の食べ方だ。家庭では，何かといえばすし，不意の来客のもてなしも，すしの出前をとって済ませるうちが多くなった。うちが100軒あれば，すし屋1軒成り立つといわれるのも，まんざらうそではなさそうだ。

　すしというのは，もともとは腐敗を防ぐための知恵だった。それは押しずしのようなものだったらしい。今は酢をきかせたご飯の上にタネを載せただけの簡単なもので，だれにでも握れそうだが，そうはいかない。一人前になるには十年の修業がいるとのことだ。すし屋の看板によく「江戸前」と書いてあるが，あれは江戸の前の海でとれた生きのいいタネを使うのが最高とされるところからきたものだ。ところが，このごろ日本人の口に入る「まぐろ」や「いか」は，遠く南太平洋・インド洋あたりでとれたものだという。つくづく地球も小さくなったと思う。

漢字읽기

めぐ 恵む	ほうふ 豊富	ざいりょう 材料	い 生かす	や にく 焼き肉	かくべつ 格別	たいりく 大陸	いちりゅう 一流	うで 腕	きそ 競う
だいにじたいせん 第二次大戦	せいよう 西洋	たいせんご 大戦後	くわ 加わる	かっこく 各国	こくさいみほんいち 国際見本市	えん 縁	とない 都内
よんせんげん 四千軒	かなら 必ず	したまち 下町	そうぎょう 創業	なんびゃくねん 何百年	でんとう 伝統	ほこ 誇る	わ 割り	むり 無理
かん 肝じん	こ 粉	ぜんぜん 全然	いつわ 偽り	かんばん 看板	しんしゅう 信州	ていしゃ 停車	ほんば 本場	ちゅうか 中華	いぜん 以前
あいこう 愛好	よふ 夜更け	まちどお 待ち遠し	えどこ 江戸っ子	きしょう 気性	こうぶつ 好物	にぎ 握る	たぐ 立ち食い	つう 通
かてい 家庭	ふい 不意	らいきゃく 来客	でまえ 出前	す 済む	ひゃっけん 百軒	ふはい 腐敗	ふせ 防ぐ	お 押し	す 酢
の 載せる	かんたん 簡単	いちにんまえ 一人前	しゅうぎょう 修業	えどまえ 江戸前	さいこう 最高	みなみたいへいよう 南太平洋	ちきゅう 地球

제27과　도쿄의 음식

도쿄만큼 음식이 풍족한 곳은 없다고 말을 듣지만 과연 듣고 보면 그럴런지도 모른다. 풍부한 재료를 가지각색으로 살려서 만드는 일본 요리, 불고기의 맛이 특별한 한국 요리, 대륙에서 건너 온 일류의 요리사가 솜씨를 겨루는(자랑하는) 중국요리, 프랑스·독일·이탈리아·러시아 등 제 2 차 대전 전부터 있는 서양 요리, 그리고 또 대전 후 합세한 것이 인도·인도네시아·타이·필리핀·베트남·멕시코·스페인·헝가리·스위스 등의 각국 요리이고, 일일이 열거하면 끝이 없다. 그 중에는 일본인의 입에 맞춘 것도 있지만, 마치 맛의 국제 견본 시장이다.

그런데 옛날부터 있는 도쿄의 음식이라면 뭐라고 해도「메밀 국수」와「초밥」을 들어야 마땅할 것이다. 어느 쪽이나 도쿄인의 생활하고는 끊을래야 끊을 수 없는 인연이 있다. 도쿄내의 음식점 중에서는 메밀 국수집이 가장 많고, 4,000채나 있다는 이야기다. 어디를 걸어도 메밀 국수집의 포렴이 반드시 라고 해도 좋을 정도로 눈에 들어온다. 점심 때의 메밀 국수집은 어디나 샐러리맨으로 가득 차 있다. 저지대의 마을 쪽으로 가면 창업 몇 백년의 전통을 자랑하는 오래된 가게도 몇 채인가 있지만, 그 중에는 오래된 상점의 이름에 비하면 맛이 대단치 않은 가게도 있다. 대체로 메밀 국수는 요즈음 맛이 없어졌다. 무리도 아니다. 가장 중요한 메밀 가루가 손에 넣기 힘들다고 한다. 심해지면 메밀 가루를 전혀 쓰지 않은「메밀 국수」라는 것이 있다. 간판에 거짓이 있다(겉보기와는 딴판이다)라는 것이다(라고나 할까). 그 점에 있어서는 신슈 부근을 여행하면서 짧은 정차 시간에 플랫폼에서 급히 먹는 메밀 국수의 맛은 과연 본고장이라서 그런지 각별하다.

메밀 국수라면 중국식 국수도 이전부터 젊은 사람들에게 애호되고 있다. 요사이는 심야의 거리를 돌아다니는 중국식 국수집의 차르멜라 소리가 전혀 들리지 않게 되었다. 이전에는 밤 늦게까지 공부하고 배가 고팠을 때 등은 그 차르멜라 소리가 들려오는 것을 기다렸던 것이다.

초밥은 싱싱한 점이 에돗코(도쿄출신 사람)의 깔끔한 기질에 맞아서일까? 옛날부터 에돗코가 즐기는 음식이었다. 면전에서 만드는 것을 손으로 집어 먹는 다치구이(서서 먹는 일)야말로 도통한 사람이 먹는 방법이다. 가정에서는 무슨 일만 생기면 초밥, 뜻밖에 온 손님의 대접도 초밥을 배달하게 해서 때우는 집이 많아졌다. 집이 100채 있으면 초밥집 1채는 채산이 맞아 장사가 된다고 말하여지는 것도 반드시 거짓말은 아닌 것 같다.

초밥이란 것은 원래는 부패를 막기 위한 지혜였다. 그것은 오시즈시(초밥의 일종)와 같은 것이었던 모양이다. 지금은 식초로 간을 맞춘 밥 위에 재료를 올려놓은 것 뿐인 간단한 것이고, 누구라도 만들 수 있을 것 같은데, 그렇게는 안 된다. 전문가가 되려면 10년의 수업이 필요하다는 이야기다. 초밥집의 간판에 자주 「에도마에(에도식)」라고 씌어 있는데, 그것은 에도(도쿄)앞 바다에서 잡힌 싱싱한 재료를 사용하는 것이 최고로 정해지는 점에서 온(유래한) 것이다. 그런데 요즘 일본인의 입에 들어가는 「다랑어」랑 「오징어」는 멀리 남태평양・인도양 부근에서 잡힌 것이라고 한다. 정말로 지구도 작아졌다고 생각한다.

═낱═말═풀═이═

た (食)べもの(物) : 몡 음식, 먹을 것

めぐ (恵)まれる : 자하1 풍족하다

なるほど : 뷔 과연

ほうふ (豊富)だ : 형동 풍부하다

ざいりょう (材料) : 몡 재료

さまざまだ : 형동 가지각색이다

い (生)かす : 타5 살리다

や (焼)きにく(肉) : 몡 불고기

うまさ : 몡 맛있음

かくべつ (格別)だ : 형동 유별나다, 특별나다

たいりく (大陸) : 몡 대륙

わた (渡)る : 자5 건너다

いちりゅう (一流) : 몡 일류

うで (腕) : 몡 ① 팔　② 솜씨

きそ (競)う : 자타5 다투다, 겨루다

だいにじたいせん (第二次大戦) : 몡 제2차 대전

たいせんご (大戦後) : 몡 대전 후

くわ (加)わる : 자5 가해지다

かっこく (各国) : 몡 각국

いちいち : 뷔 일일이

かぞ (数)えあ (上)げる : 타하1 열거하다, 하나하나 세다

きり : 몡 한도

あ (合)わせる : 타하1 맞추다

まるで : 뷔 마치

あじ (味) : 몡 맛

こくさい (国際) : 몡 국제

みほんいち (見本市) : 몡 견본 시장

そば : 몡 메밀 국수

すし : 몡 초밥

せいかつ (生活) : 몡 생활

き (切)る : 타5 자르다

き (切)ってもき (切)れない : 자를래야 자를 수 없다

えん (縁) : 몡 인연

とない (都内) : 몡 도쿄도내

そばや (屋) : 몡 메밀 국수 가게

のれん : 몡 포렴

かなら (必)ず : 뷔 반드시, 꼭

め (目)にはい (入)る : 눈에 들어오다

サラリーマン (salaried man) : 몡 샐러리맨

したまち (下町) : 몡 도시의 저지대로 상・공업 지대

そうぎょう (創業)：명 창업

でんとう (伝統)：명 전통

ほこ (誇)る：타5 자랑하다

わ (割)り：명 비례, 비함

たい (大)した：연체 엄청난, 대단한

たい (大)したこともない：별 것 아니다, 대단치도 않다

いったいに：부 대체로

まずい：형 맛없다

かん (肝)じん：명 가장 중요함

そばこ (粉)：명 메밀 가루

て (手)にはい (入)る：손에 넣다

ぜんぜん (全然)：부 전혀

かんばん (看板)：명 간판

いつわ (偽)り：명 거짓

かんばん (看板)にいつわ (偽)りあり：겉 보기와는 딴판이다

そこへいくと：그 점에 있어서는

しんしゅう (信州)：명 일본의 지명, 신슈

ていしゃ (停車)：명 정차

かきこむ：타5 급히 먹다

さすが：부 역시, 정말이지

ほんば (本場)：명 본고장

ちゅうか (中華)そば：명 중국식 국수

いぜん (以前)：명 이전

あいこう (愛好)：명 애호

よふ (夜更)け：명 야심 (夜深)

なが (流)す：타5 (손님을 찾아 거리를) 돌아다니다

チャルメラ (포 chalamela)：명 차르멜라

さっぱり：부 ① 전혀, ② 산뜻한 모양

ま (待)ちどお (遠)しい：형 오래 기다리고 있다

い (生)き：명 싱싱함

い (生)きがいい：싱싱하다

さっぱりする：자サ 산뜻하다, 담백하다

きしょう (気性)：명 기질, 천성

あ (合)う：자5 맞다

えど (江戸)っこ (子)：명 도쿄나기

こうぶつ (好物)：명 즐기는 음식

にぎ (握)る：타5 ① (주먹밥 등을) 만들다 ② 쥐다, 잡다

つまむ：타5 (손가락으로) 집다

た (立)ちぐ (食)い：명 서서 먹음

つう (通)：명 멋과 물정에 환한 사람

かてい (家庭)：명 가정

ふい (不意)：명 돌연, 뜻밖

らいきゃく (来客)：명 내객

もてなし：명 대접

でまえ (出前)：명 주문한 요리를 배달하는 일 또는 그 사람

でまえ (出前)をとる：요리를 주문해서 가져오게 하다

す (済)ませる：타하1 때우다

な (成)りた (立)つ：자5 ① 이루어지다 ② (채산이 맞아 장사가) 된다

まんざら：부 (아래를 부정하는 말에 따라서) 반드시는, 그다지

うそ：명 거짓말

もともと：부 본디부터, 원래

ふはい (腐敗)：명 부패

ふせ (防)ぐ：타5 방지하다, 막다

ちえ (知恵)：명 지혜

お (押)しずし：명 (네모 난 나무 상자

에 밥을 담아 그 위에 간을 맞춘 생선 따위를 얹고, 뚜껑으로 누른 다음 적당한 크기로 썬)초밥의 한가지

す(酢) : 몡 식초

きかせる : 타하1 (특성과 효능을) 잘 살리다

す(酢)**をきかせる** : 식초로 간을 잘 맞추다

たね : 몡 (요리의)재료

の(載)**せる** : 타하1 위에 놓다, 얹다

かんたん(簡単)**だ** : 형동 간단하다

そうはいかない : 그렇게는 안 된다

いちにんまえ(一人前) : 몡 제구실을 할

나이, 제구실을 할 수 있게 됨

しゅうぎょう(修業) : 몡 수업

えどまえ(江戸前) : 몡 (낚시에서) 도쿄만에서 잡히는 물고기

とれる : 자하1 잡히다

さいこう(最高) : 몡 최고

まぐろ : 몡 다랑어

いか : 몡 오징어

みなみたいへいよう(南太平洋) : 몡 남태평양

つくづく : 부 마음 속 깊이 느끼는 모양. 절실히

ちきゅう(地球) : 몡 지구

한자풀이

材 { ザイ : 材木(ザイモク) 재목
人材(ニンザイ) 인재 }

格 { カク : 格式(カクシキ) 격식
コウ : 格子(コウシ) 격자 }

陸 { リク : 陸地(リクチ) 육지
着陸(チャクリク) 착륙 }

腕 { うで : 腕(うで) 팔
ワン : 腕章(ワンショウ) 완장 }

競 { きそう : 競(きそ)う 겨루다
せる : 競(せ)る 다투다
キョウ : 競技(キョウギ) 경기
ケイ : 競馬(ケイバ) 경마 }

縁 { ふち : 縁(ふち) 가장자리
エン : 血縁(ケツエン) 혈연
ネン : 因縁(インネン) 인연 }

誇 { ほこる : 誇(ほこ)る 자랑하다
コ : 誇示(コジ) 과시 }

肝 { きも : 肝(きも) 간
カン : 肝臓(カンゾウ) 간장 }

偽 { いつわる : 偽(いつわ)る 거짓말하다
にせ : 偽(にせ) 가짜
ギ : 偽名(ギメイ) 위명 }

華 { カ : 華美(カビ) 화미
ケ : 香華(コウゲ) 향화 }

愛 { アイ : 愛情(アイジョウ) 애정
恋愛(レンアイ) 연애 }

腐 { くさる : 腐(くさ)る 썩다
フ : 腐心(フシン) 부심 }

敗 { やぶれる : 敗(やぶ)れる 패하다
ハイ : 敗北(ハイボク) 패배 }

防 { ふせぐ : 防(ふせ)ぐ 막다
ボウ : 防備(ボウビ) 방비 }

酢 { す : 酢(す) 식초
サク : 酢酸(サクサン) 초산 }

板 {
いた：板(いた) 판자
ハン：鉄板(テッパン) 철판
バン：黒板(コクバン) 흑판
}

載 {
のせる：載(の)せる 올려놓다
のる：載(の)る 얹히다
サイ：記載(キサイ) 기재
}

簡 {
カン：簡易(カンイ) 간이
　　　書簡(ショカン) 서간
}

単 {
タン：単独(タンドク) 단독
　　　簡単(カンタン) 간단
}

修 {
おさめる：修(おさ)める 수양하다
おさまる：修(おさ)まる 닦아지다
シュウ：修飾(シュウショク) 수식
シュ：修行(シュギョウ) 수행
}

球 {
たま：球(たま) 공
キュウ：球形(キュウケイ) 구형
}

해 설

■ ～てみれば

「動詞의 連用形＋て＋みれば」의 꼴로 「～해 보니」의 뜻이 된다.

言われてみれば, そうかもしれません।

(말을 듣고 보니 그럴지도 모릅니다.)

起きてみれば, 銀世界でした。(일어나 보니 은세계였읍니다.)

聞いてみれば, 一々もっともです。(들어 보니 하나하나 지당합니다.)

■ 会話의 경우에는, 특히 친한 사이일 때는 줄인 말을 많이 쓰는데, 그 重要한 것 몇 가지를 들면 다음과 같다.

① ～ては　→～ちゃ

　　行ってはいけない　→行っちゃいけない

② ～では　→～じゃ

　　読んではならない　→読んじゃならない

③ ～てしまう　→～ちまう　→～ちゃう

　　書いてしまう　→書いちまう　→書いちゃう

④ ～でしまう　→～じまう　→～じゃう

　　飲んでしまう　→飲んじまう　→飲んじゃう

⑤ ～ている　→～てる

　　食べている　→食べてる

⑥ ～れば　→～りゃ

　　なければ　→なけりゃ

　　見れば　→見りゃ

　　すれば　→すりゃ

⑦ ～ておく　→～とく

言っておく　→ 言っとく

読んでおく　→ 読んどく

■ まるで

「まるで〜ようだ」또는「まるで〜だ」의 꼴로「마치 〜인 것 같다」「마치 〜이다」
의 뜻을 나타내고「まるで〜ない」의 꼴로「まるで」다음에 부정하는 말이 따라
서「전혀 〜하지 않는다」라는 뜻을 나타낸다.

まるで夢のようだ。(마치 꿈 같다)

あの子はとてもおとなしくて, まるで人形のようです。

(그 애는 대단히 얌전해서 마치 인형과 같습니다.)

彼はまるで商売人だ。(그는 마치 장사꾼이다)

まるで話がちがいます。(전혀 이야기가 다릅니다.)

彼は日本語がまるで話せない。

(그는 일본어를 전혀 말하지 못한다)

まるで元気がありません。(전혀 기운이 없습니다.)

■ 〜べき (助動詞)

「べき」는「べし」의 連体形이다.

「べき」의 뜻은「〜하지 않으면 안 된다, 〜해야 마땅하다, 〜할만한〜」등을 나
타낸다.

「べき」는 動詞의 終止形에 연결된다. 단,「する」의 경우는「するべき」 또는
「すべき」라고 한다.

「べき」는「べき＋名詞・べき＋だ (です, だった, でした, だろう, でしょう,
ではない) 」등과 같이 쓰여진다.

悪いことをしたのは君だから, あやまるべきだ。

(나쁜 짓을 한 것은 너니까 사과해야 마땅하다.)

学生はまず第一に勉強すべき (するべき)だ。

(학생은 우선 첫째로 공부해야 당연하다.)

あなたもきのうは行くべきでした。

(당신도 어제는 갔어야 했읍니다.)

言うべきことははっきり言わなければならない。

(해야 할 말은 확실히 말하지 않으면 안 됩니다.)

守るべき規則はたくさんあると思います。

(지켜야 할 규칙은 많다고 생각합니다.)

「べき」의 기본형인「べし」도 쓰여지기는 하나 광고문, 간판, 주의 사항 등을

나타낼 때에만 주로 쓰고 「～할 것」이라는 뜻을 나타낸다.

　　　　汽車に注意すべし。

　　　　(기차에 주의할 것.)

■ **～割りに** (連語)

　　「～割りに(は)」의 꼴로 「～에 비해서, ～에 비하면」이라는 뜻을 나타낸다.

　　　　この酒は, 値段の**割りに**おいしい。

　　　　(이 술은 값에 비해서 맛있다.)

　　　　韓国は狭い**割りに**人口が多い。

　　　　(한국은 좁은 것에 비해서 인구가 많다.)

　　　　この冬は寒かった**割りに**はかぜをひく人は少なかったです。

　　　　(이 겨울은 추웠던 것에 비하면 감기 든 사람이 적었읍니다.)

■ 「**いったい＋に**」의 꼴로 「대체로, 전반적으로」의 뜻을 나타낸다.

　　　　成績はいったいによい。(성적은 대체로 좋다.)

　　　　ことしはいったいに寒い。(올해는 대체로 춥다.)

　　　　この作品はいったいにおもしろくない。(이 작품은 대체로 재미 없다.)

　　　　児童の健康はいったいに向上している。(아동의 건강은 대체로 향상되어

　　　　　있다.)

　　　　彼らはいったいに乱暴である。(그들은 전반적으로 난폭하다.)

■ **さっぱり**

　　「**さっぱり～ない**」의 꼴로 「전혀 ～하지 않는다」의 뜻을 나타낸다.

　　　　今日の試験はとてもむずかしくて, **さっぱり**分からない。

　　　　(오늘 시험은 대단히 어려워서 전혀 모르겠다.)

　　　　星が**さっぱり**見えません。

　　　　(별이 전혀 보이지 않습니다.)

　　「**さっぱり＋(と)する** (주로 した～)」의 꼴로 「산뜻한～, 담박한, 깔끔한～」등
의 뜻을 나타낸다.

　　　　さっぱりとした身なり。(산뜻한 몸차림.)

　　　　かみを洗ったら, 頭が**さっぱり**した。

　　　　(머리를 감았더니, 머리가 시원하다.)

　　　　あの人は**さっぱり**した性質です。(그 사람은 깔끔한 성격입니다.)

　　　　さっぱりした味が好きです。(담백한 맛을 좋아합니다.)

■ **済ませる**

　　「**名詞＋で＋すませる**」의 꼴로 「～로 때우다」의 뜻을 나타내고 「動詞의 連用形

＋て＋すませる」의 꼴로「～로(해서) 때우다(해결하다)」의 뜻을 나타낸다.

昼ご飯はパンで**済ませ**ました。(점심은 빵으로 때웠읍니다.)

月に２万円で**済ませる**ことができますか。

(월 ２만엔으로 때울(해결할) 수가 있읍니까？)

笑って**済ませる**問題ではありません。

(웃음으로 해결할 문제가 아닙니다.)

■**入りにくい**……손에 넣기 힘들다.

「動詞의 連用形＋にくい」의 꼴로「～하기 어렵다, ～하기 거북하다, ～좀처럼 ～않다」의 뜻을 나타낸다.

① ～하기 어렵다.「することがむずかしい」와 같은 뜻.

歩き**にくい**道。(걷기 어려운 길.)

書き**にくい**。(쓰기 어렵다.)

見**にくい**。(보기 어렵다.)

意味が分かり**にくい**。(의미를 이해하기 어렵다.)

② ～하기 거북하다. 「することがつらい」와 같은 뜻.

言い**にくい**。(말하기 거북하다.)

扱い**にくい**男だ。(다루기 거북한 사나이다.)

読み**にくい**本だ。(읽기 거북한 책이다.)

③ 좀처럼 ～않다.「なかなか～しない」와 같은 뜻.

こげ**にくい**。(좀처럼 눋지 않다.)

よごれ**にくい**。(좀처럼 때가 타지 않다.)

■「**成り立つ**」의 여러 가지 뜻

商談が**なりたつ**。(상담이 이루어지다.)

契約が**なりたつ**。(계약이 성립되다.)

交渉が**なりたった**。(교섭이 이루어졌다.)

この大学は４学部から**なりたつ**。(이 대학은 ４학부로 구성된다.)

店が**なりたつ**。(장사가 된다.)

この商売は**なりたたない**。(이 장사는 안된다.)

生活が**なりたたない**。(생활이 안된다.)

■**まんざら**

「まんざら～ない」의 꼴로「반드시(꼭) ～은 아니다」라는 뜻을 나타낸다.

彼の言うことは**まんざら**うそでもない。

(그가 하는 말은 반드시 거짓말도 아니다.)

まんざらいやではない。 (꼭 싫은 것은 아니다.)

まんざら悪くもありません。(그다지 나쁘지도 않습니다.)

■ ～とのことだ

「～との」は 助詞として「～이라는～」의 뜻을 나타낸다.

あす, 母が上京するとの知らせがありました。

(내일 어머님이 상경한다는 소식이 있었습니다.)

授業は十時からとのことです。

(수업은 10시부터라는 말입니다.)

あしたは用事があるから, 学校を休むとの話でした。

(내일은 볼일이 있어 학교를 쉰다는 이야기였습니다.)

■ ～とされる

「～と＋する(される)」의 꼴로「～로 생각하다, ～로 치다, ～로 삼고 있다」등

의 뜻을 나타낸다.

ここは仕事を第一とされる会社です。

(여기는 일을 제일로 삼고 있는 회사입니다.)

1月 31 日の消し印のあるものまで受け付けることにする。

(1월 31일의 소인이 있는 것까지 접수하기로 한다.)

ıııııııııııııııı 연습문제 ıııııııııııııııı

Ⓐ 次の韓国語を日本語に訳しなさい。

1. 요리는 재료의 맛을 살리는 것이 중
   요하다고 본다.

2. 세계에 알려진 한국의 음식이라면
   뭐라 해도 김치일 것이다.

3. 외국인으로 한국의 음식에 대해서
   도통한 사람은 꽤 많다.

4. 싱싱한 생선은 초밥의 재료로서는
   가장 좋을 것이다.

5. 외국어는 배우기만 하면 누구에게
   라도 곧 말할 수 있을 것 같은데 그
   렇게는 안 되는 모양이다.

Ⓑ 次の言葉を使って文章を作ってごらんなさい。

1. 言われてみれば

2. 腕を競う

3. きりがない

4. 切っても切れない

5. さすが

6. 待ち遠しい

7. さっぱりした気性

8. 何かといえば

9. もともと

10. つくづく

◁ 해답 ▷

A

1. 料理は材料の味を生かす方が大切だと思う。쥐 「～고 본다」의 경우 「～とみる」보다는 「～と思う」쪽이 좋다.   2. 世界に知られた韓国の食べ物なら，なんといっても，それはキムチだろう。   3. 外国人で韓国の食べ物について通な人はかなり多い。   4. 生きのいい魚はすしのたねとしてはもっともいいだろう。   5. 外国語は習えさえすればだれにでもすぐ話せそうだが，そうはいかないようだ。

B

1. これからの人間は百才まで生きられるそうです。そう言われてみれば，可能かも知れませんね。(앞으로의 인간은 백 살까지 살 수 있답니다. 그 말을 듣고 보니 가능할런지도 모르겠군요.)   2. 料理をうまく作ろうと腕を競っています。(요리를 맛있게 만들려고 솜씨를 겨루고 있읍니다.).   3. あの人が話し出すと，きりがないです。(그 사람이 말하기 시작하면, 한이 없읍니다.)   4. 夫婦の関係は切っても切れないものです。(부부 관계는 끊을래야 끊을 수 없는 것입니다.)   5. さすが彼は，先生をしているだけあって，英語が上手です。(역시 그는 선생을 하고 있는만큼 영어를 잘 합니다.)   6. 国へ帰る日がとても待ち遠しいです。(고향에 돌아갈 날이 몹시 기다려집니다.)   7. あの人は さっぱりした気性を持っています。(그 사람은 깔끔한 성질을 가지고 있읍니다.)   8. 彼は，何かといえばすぐお金のことを考えます。(그는 무슨 일만 생기면(무슨 말만 하면) 곧 돈에 대한 것을 생각합니다.)   9. 私はもともと数学がきらいでした。(나는 원래 수학을 싫어했읍니다.)   10. 机の前にすわってつくづくと これからの我が国について考えました。(책상 앞에 앉아 곰곰이 앞으로의 우리 나라에 대해서 생각했읍니다.)

第二十八課　遠足の下相談

　　早川さんたちは今度の日曜日に友だち五六人と近くの山へ遠足に行く
ことにしてその下相談をしています。

早川　　「毎日うっとうしくていやな天気だな。」

鳥山　　「なんて変な天気なんでしょう。ほんとにいやになっちまうわ。」

早川　　「本当だ。こう毎日ふられちゃ，やり切れないよ。」

鳥山　　「まったく。それにくらべて，この前の日曜はなんといういいお
　　　　　天気だったんでしょう。今度の日曜もあんなだといいのに。」

早川　　「今度の日曜ごろは大丈夫だろう。月曜からまる三日もふりつづ
　　　　　いたんだから，きっといい天気になるよ。」

鳥山　　「ちょっと心配ね。もし雨だったら，どうする？　やめようか。」

早川　　「いや，雨でもかまわずに行こうじゃないか。」

鳥山　　「じゃ，なん時にお宅へ行けばいい？」

早川　　「なるべく早く来いよ。そうだな，七時ごろまでに来て。もし雨だ
　　　　　ったら，七時半までに直接駅へ来る？わざわざぼくの所へ寄るの
　　　　　はやっかいだろうから。」

鳥山　　「じゃ，ふらなければ，七時までにまちがいなくお宅へ行くつも
　　　　　りだけど，万一おくれたら気にしないで先に行って。」

早川　　「じゃ，七時までに来なかったら，駅で会おう。」

鳥山　　「外の人たちはどうなの？」

早川　　「小川さんと原田さんをのぞいてはみんな行くって言ってたよ。
　　　　　飯田さんは用事があって行けないかもしれないって言ってたな。
　　　　　でも，もう一度電話で行けるかどうか聞いてみよう。」

鳥山　　「おねがいね。大島さんはおとといかぜを引いたと見えて，頭痛

がするとか言ってたけれど行くかしら。」

早川　「行くとも。ハイキングは飯よりも好きだからどんなことがあっ
　　　ても行くと言ってたよ。」

鳥山　「でも，具合が悪いなら行く訳にはいきますまい。」

早川　「そりゃそうだけど，なあに，大したことないんだろうから，す
　　　ぐなおるよ。ふだんあんなに丈夫なんだもの。」

鳥山　「彼は丈夫なことは丈夫だけれど，無理をさせちゃだめよ。」

早川　「御心配はいらないよ。それに，彼は用心ぶかいから，具合が悪
　　　いなら行きはしないよ。」

鳥山　「そうね。確かに彼は用心ぶかいことは用心ぶかいわね。ただ，
　　　おととい会った時，あんまり顔色が悪かったので，ちょっと心配
　　　になったの。」

早川　「そうか。用心にこしたことはないから，もし具合が悪かったら
　　　見合わせる方がいいな。」

鳥山　「そうよ。ときに，ひるご飯はどこにするの？」

早川　「湖の近くになんとかいうきれいな店があるだろう。あすこがい
　　　いじゃないか。」

鳥山　「そうそう。なんていったっけね。えーと。ああ，有明よ。でも
　　　あそこは早く予約しておかないとへやが無いかも知れないわよ。」

早川　「すぐ電話でへやを取っておこう。人数はみんなで七人というこ
　　　とにしておこう。」

鳥山　「それがいいわ。じゃ，よろしくね。」

漢字읽기─────────────

| 遠足 | 下相談 | 早川 | 直接 | 小川 | 原田 | 飯田 | 飯 | 好き | 用心 |
| えんそく | したそうだん | はやかわ | ちょくせつ | おがわ | はらだ | いいだ | めし | すき | ようじん |

| 湖 | 有明 | 予約 | 無い | 人数 |
| みずうみ | ありあけ | よやく | ない | にんずう |

제28과　소풍에 대한 사전 의논

하야카와 씨들은 이번 일요일에 5, 6명의 친구와 가까운 산으로 소풍 가기로 하고 그 사전 의논을 하고 있습니다.

하야카와 : 「매일 음울하고 지겨운 날씨군.」

도리야마 : 「참말 이상한 날씨군요. 정말로 기분이 나빠져요.」

하야카와 : 「정말이다. 이렇게 매일 비가 와서는 견딜 수 없어.」

도리야마 : 「참말. 그것에 비해서 요전 일요일은 얼마나 날씨가 좋았어요. 이번 일요일도 그랬으면 좋을텐데.」

하야카와 : 「이번 일요일 쯤은 염려없겠지. 월요일부터 꼬박 사흘이나 계속해서 비가 왔으니, 틀림없이 날씨가 좋아지겠지.」

도리야마 : 「좀 걱정이에요. 만약 비가 오면 어떻게 하지 ? 그만둘까 ?」

하야카와 : 「아니야, 비가 와도 상관하지 말고 가요.」

도리야마 : 「그럼 몇 시에 댁으로 가면 돼요 ?」

하야카와 : 「될 수 있는 한 빨리 와요. 가만있자, 일곱 시경까지 와요. 만약 비가 오면 일곱 시 반까지 직접 역으로 올래요 ? 일부러 우리 집에 들르는 것은 성가실테니.」

도리야마 : 「그럼, 비가 오지 않으면 일곱 시까지 틀림없이 댁으로 갈 생각이지만, 만일 늦거든 신경쓰지 말고 먼저 가요.」

하야카와 : 「그럼, 일곱 시까지 오지 않으면 역에서 만나자.」

도리야마 : 「다른 사람들은 어때요 ?」

하야카와 : 「오가와 씨와 하라다 씨를 제외하고는 모두 간다고 말하고 있었어. 이다 씨는 용건이 있어서 가지 못할지도 모른다고 말하고 있었어. 하지만, 다시 한 번 전화로 갈 수 있는지 어떤지 물어 보지.」

도리야마 : 「부탁해요. 오시마 씨는 그저께 감기가 든 것처럼 보여서 두통이 난다든가 말하고 있었는데 갈지 몰라.」

하야카와 : 「가고말고, 하이킹은 밥보다도 좋아하므로 어떤 일이 있어도 가겠다고 말하고 있었어.」

도리야마 : 「하지만, 건강이 나쁘면 갈 수가 없겠지.」

하야카와 : 「그건 그렇지만, 뭐 대단치는 않을테니까 곧 회복될 거야. 평상시 그렇게도 튼튼한걸.」

도리야마 : 「그는 튼튼하기는 하지만, 무리하게 하면 안 돼요.」

하야카와 :「걱정은 필요없어. 그리고 또, 그는 조심성이 많으므로 건강이 나쁘면 가지는 않아.」

도리야마 :「그래요. 분명히 그는 조심성이 많기는 많아요. 다만 그저께 만났을 때, 너무나 얼굴색이 나빴었기 때문에 좀 걱정이 되었어요.」

하야카와 :「그래? 조심하는 것이 제일이니까. 만약 건강이 나쁘면 보류하는 것이 좋을 거야.」

도리야마 :「그래요. 그런데 참 점심은 어디로 정해요?」

하야카와 :「호수 근처에 무엇이라던가 하는 깨끗한 음식점이 있지. 거기가 좋지 않느냐(좋아).」

도리야마 :「그래 그래. 뭐라고 했더라. 저 아, 아리아케요. 하지만, 거기는 빨리 예약해 두지 않으면 방이 없을지도 몰라요.」

하야카와 :「곧 전화로 방을 잡아 두지. 인원수는 모두해서 7명이라는 것으로 해 두지.」

도리야마 :「그것이 좋아요. 그럼 부탁해요.」

═날═말═풀═이═

えんそく (遠足) : 명 소풍

したそうだん (下相談) : 명 미리 해 두는 의논

うっとうしい : 형 음울하다, 찌무룩하다, 마음이 개운치 않다

いやなてんき (天気) : 기분 나쁜 날씨, 지겨운 날씨

なんて変な天気なんでしょう : 이 무슨 이상한 날씨일까, 참으로 이상한 날씨구나

いやになっちまうわ : 기분이 나빠지고 말아요

やりきれない : 형 견딜 수 없다

あんなだといいのに : 그랬으면 좋은데

まる : 명 꼬박, 만

なるべく : 부 될 수 있는 한

ちょくせつ (直接) : 명 직접

わざわざ : 부 일부러

やっかいだ : 형동 귀찮다, 성가시다

まちがいなく : 틀림없이

き (気)にする : 신경쓰다

さき (先)に : 부 먼저

のぞ (除)く : 타5 빼다, 제외하다

かぜをひいたとみえる : 감기가 든 것처럼 보인다

い (行)くかしら : 갈지 몰라

い (行)くとも : 가고 말고

ぐあい (具合) : 명 상태, 형편

い (行)くわけにはいくまい : 갈 도리는 없겠지, 갈 수는 없겠지

めし (飯)：❸ 밥

そりゃ：「それは(그것은)」의 준말

じょうぶ (丈夫) なことは丈夫だけれど：
　튼튼하기는 튼튼하지만

かれ (彼)：❸ 그 남자

ようじん (用心) ぶかい：❷ 조심성이
　많다

たし (確) かに：❹ 분명히

ようじん (用心) にこしたことはない：
　조심하는 것 이상은 없다. 조심하는

것이 제일이다

みあ (見合) わせる：［他下1］ 보류하다, (사
　정을 고려하여) 실행을 미루다

ときに：❺ 참 그런데

みずうみ (湖)：❸ 호수

よやく (予約)：❸ 예약

へやをとる：방을 잡다, 방을 예약하
　다

にんずう (人数)：❸ 사람수

|||||||| 한 자 풀 이 ||||||||

彼 {
　かれ：彼(かれ) 그 남자
　かの：彼女(かのジョ) 그 여자
　ヒ：彼岸(ヒガン) 열반에 달함
}

接 {
　つぐ：接(つ)ぐ 이어대다
　セツ：接待(セッタイ) 접대
}

해 설

■ **なんて変な天気でしょう**……이 얼마나 이상한 날씨일까!

　「なんて～でしょう(だろう)」의 形으로 감탄했을 때에 사용하는 말로서 「얼
마나 ～일까, 참 ～이구나」의 뜻이 된다. 「なんて」는 「なんという」의 압축된
말씨이다.

　　なんてきれいな花(はな)でしょう。(참 예쁜 꽃이군요.)

　　なんてよい景色(けしき)だろう。(참 좋은 경치구나.)

　　なんて親切(しんせつ)な人なんでしょう。(참 친절한 사람이군요.)

■ **いやになっちまう**……기분 나쁘게 되어 버린다.

　「～ちまう」는 「～てしまう」의 준말로서 「動詞의 連用形[1]＋ちまう」의 形으로
「～해 버리다」의 뜻이다.

　　食(た)べちまう＝食べてしまう……먹어 버리다

　　来(き)ちまった＝来てしまった……와 버렸다

　　忘(わす)れちまいます＝忘れてしまいます……잊어 버립니다

　　死(し)んじまう＝死んでしまう……죽어 버리다

────────────

1) 「五段活用動詞는 連用形의 音便形＋ちまう」가 된다.

切っちまいましょう＝切ってしまいましょう……잘라 버립시다

書いちまった＝書いてしまった……써 버렸다

■ あんなだといいのに……그랬으면[2] 좋겠는데.

「こんな」「そんな」「あんな」「どんな」에「だ」를 연결시켜,

こんなだ……이렇다　　　　　そんなだ……그렇다

あんなだ……저렇다　　　　　どんなだ……어떠하냐?

■「まる」의 用例

隣の中がまる見える。(이웃 집안이 다 보인다.)

骨ごとまる煮る。(뼈째로 고스란히 삶다.)

まる1日かかる仕事。(꼬박 하루가 걸리는 일.)

まる裸。(온통 벗음.)

まるもうけ。(고스란히 벎.)

■ 七時ごろまでに来て

「動詞의 連用形＋て」로 文章을 끝내고 命令의 뜻을 나타낸다. 즉「動詞＋て」다음에「くれ, ちょうだい, ください」가 생략된 표현이다.

ちょっと待って。(잠깐 기다려라.)

あした必ず来てね。(내일 꼭 와요.)

早く読んでよ。(빨리 읽어요.)

■ かぜをひいたと見えて……감기가 든 것 같이 보여서.

「〜と見える」의 形으로「〜인 것같이 보인다, 〜인 모양이다」라는 뜻을 나타낸다.

彼はよほどバナナがすきと見えて, いつもよく食べている。

(그는 매우 바나나를 좋아하는 모양으로 늘 잘 먹고 있다.)

顔色がよくないのを見ると, 彼は病気と見えます。

(얼굴색이 좋지 않는 것을 보니 그는 병인 것 같습니다.)

妹はほめられてもうれしくないと見える。

(누이동생은 칭찬받아도 기쁘지 않은 모양이다.)

■ 〜かしら (助詞)……文의 끝에 연결된다.

① 의심이나 수상쩍은 마음가짐으로 자기 자신에게 묻는 뉘앙스를 나타낼 때에 사용한다.「〜인지 몰라」의 뜻.

かぜをひいたのかしら。(감기가 들었는지 몰라.)

_____

2)「저랬으면」의 뜻이 될 경우도 있다.

これ, だれの忘れ物かしら。

(이것, 누가 잊은 물건인지 모르겠네.)

何と言ったら, いいのかしら。

(뭐라고 말하면 될는지 몰라.)

② 의심이나 수상쩍은 마음으로 상대방에 가볍게 묻는 뜻을 나타낸다. 「～일까?」의 뜻.

この本, あなたのじゃないかしら。

(이 책, 당신 게 아닌지 모르겠어.)

あなたご存じかしら, 金先生のお所。

(당신 아실는지, 김 선생님의 주소.)

あなた, これ, どうかしら。

(당신 이것 어떨는지?)

③ 否定의 助動詞「ない」다음에 붙여서 희망의 기분을 나타낸다. 「～했으면」의 뜻.

早くバスが来ないかしら。(빨리 버스가 안 오나?)

だれかやってくれないかしら。(누군가 해 주지 않으려나?)

少しお金を貸していただけないかしら。(돈을 좀 빌려 주었으면 하는데.)

④ 「かしら」는 主로 여자가 많이 쓰고 남자의 경우는 「かなあ」라고 하는 것이 보통이다.

■ **行く訳には行くまい**……갈 도리가 없겠지, 갈 수는 없겠지.

「～訳にはいかない」의 形으로 「(그렇게 간단히) ～할 수는 없다」의 뜻을 나타내고 「訳」 앞에는 動詞의 連体形이 온다.

移る訳にはいかない。(옮길 수는 없다.)

来る訳にはいきません。(올 수는 없습니다.)

遊ぶ訳にはいきません。(놀 수는 없습니다.)

いくら親しいあなたでも, この時計をあげる訳にはいきません。

(아무리 친한 당신이라도 이 시계를 드릴 순 없습니다.)

■ **丈夫なことは丈夫だけれど**……튼튼하기는 튼튼하지만.

「～ことは～けれど(が)」의 形으로 「～하기는 ～하지만」의 뜻을 나타내며「こと」 앞에는 活用語의 連体形이 오고3), 「けれど(が)」 앞에 같은 活用語의 終止形이 온다.

---

3) 「活用語의 連体形＋こと」의 形으로 名詞化된 것이라고 볼 수 있다.

静かなことは静かだ**けれど（が）**（조용하기는 조용하지만）

悲しいことは悲しいです**けれど（が）**（슬프기는 슬픕니다만）

ひきうけることはひきうけます**けれど（が）**（떠맡기는 떠맡겠읍니다만）

帰ったことは帰りました**けれど（が）**（돌아가기는 돌아갔읍니다만）

■ **～ぶかい**……～이 많다, ～이 깊다

　「名詞＋ぶかい」의 꼴로 形容詞를 만든다.

　　欲**ぶかい**。(욕심이 많다.)

　　情**ぶかい**。(인정이 많다.)

　　奥**ぶかい**。(깊숙하다.)

　　興味**ぶかい**。(흥미가 깊다.)

■ **用心にこしたことはない**……조심하는 것보다 더 좋은 일은 없다, 조심하는 것이 제일이다.

　「～**にこしたことはない**」의 形으로 「～보다 더 좋은 일은 없다, ～하는 것이 제일 낫다」의 뜻을 나타낸다.

　　それ**にこしたことはない**。(그보다 더 좋은 일은 없다.)

　　やって見る**にこしたことはありません**。(해 보는 것이 제일 낫습니다.)

　　多い**にこしたことはない**でしょう。(많은 것보다 더 좋은 일은 없겠지요.)

‖‖‖‖‖‖‖‖‖‖‖‖‖‖‖**연습문제**‖‖‖‖‖‖‖‖‖‖‖‖‖‖‖

次の日本語を韓国語に訳しなさい。

1. きょうは忙しいので，遊んでいるわけにはいきません。

2. 私は母のことを心配しないわけにはいかない。

3. 明洞はにぎやかなことはにぎやかですが，あまりこみすぎていやなんです。

4. あなたに頼まれたものはできたことはできましたが，今すぐあげるわけにはいきません。

5. 分らないものがあったら，聞いてみるにこしたことはありません。

6. お金は多いにこしたことはないが，あまり多すぎるのもこまる。

7. 一月十万円の給料ではとてもやりきれません。

8. あんなにばかにされてはやりきれないでしょうよ。

9. そういえば，あの日は雨が降っていたっけ。

10. 何度言われても，私はそれが正しいと思っているんですもの。

◁ 해답 ▷

1. 오늘은 바쁘기 때문에 놀고 있을 수는 없읍니다.   2. 나는 어머님 일을 걱정하지 않을 수는 없다.   3. 명동은 번화하기는 번화합니다만 너무 지나치게 붐벼서 싫습니다.   4. 당신이 부탁한 것은 되기는 되었읍니다만 지금 곧 드릴 수는 없읍니다.   5. 모르는 것이 있으면 물어보는 것이 제일 낫습니다. 6. 돈은 많은 게 제일이지만, 너무 지나치게 많은 것도 곤란하다.   7. 한 달 10만엔의 급료로는 도저히 견딜 수 없읍니다.   8. 저렇게 바보 취급 당하면 견딜 수 없겠지요.   9. 그러고 보니 그날은 비가 내리고 있었지.   10. 몇 번 말해도 나는 그것이 옳다고 생각하는 걸요.

第二十九課　三人一両の損

　むかし江戸のお茶の水に長吉さんという職人が住んでいました。ある年のくれの二十五日，仕事に行った帰りに道具箱を右肩にかついで，神田の小川町のお寺の前を通りかかりました。

　ひょいと見ると，足もとに小さなふろしき包みが落ちておりました。なんだろうと思いながら，拾い上げてあけてみると，木綿のさいふがあって，中にお金が三両はいっていました。外には紙一枚はいっていません。

　「お正月までもう五六日しか無いのにこんな大金を落としてはさぞ困るだろう。どうかして落とした人を見つけて返してあげたいものだ。」と思いながら，さいふを見ると，すみの所に「大新」と書いてあります。

　「これは大工の新さんという人にちがいない。だが，広い江戸のことだから，なかなか分からないかもしれないが，とにかくさがせるだけさがしてみよう。」と思って，お上さんの止めるのも聞かず，その翌日からべんとうを持って出かけました。

　「大工の多いのは神田だ。神田からはじめよう。」と神田から下谷，浅草，日本橋とたずねて歩きました。大工のかしらの家へ行って聞いたり，とこ屋でたずねたり，お湯屋で聞いたりしましたが，なかなか見つかりませんでした。ところが，丁度三日目の夕方，日本橋の小田原町のとこ屋で，横町の魚屋のうらに大工の新太郎さんという正直な人が住んでいるということを聞きました。長吉さんは大よろこびですぐたずねて行きました。

　「もしもし，ちょっとうかがいますが，大工の新太郎さんという人のお宅はこゝですか。」

　お上さんが出て来て，

「うちですが，あなたはどなたですか。」

「わたしは長吉というものですが，新太郎さんは居ますか。」

「新太郎はわたしですが。」

と言って大工さんも出て来ました。

「あんたはこないだ神田で何か落としはしませんか。」

「えゝ，落としました。金が三両ばかりはいっているふろしき包みを。」

「あゝ，それでやっと安心しました。それを私が拾ったんです。それで，落とした人にわたしたいと三日ばかりさがして歩いたんですが，やっと見つかってこんなにうれしいことはありません。さあ受け取って下さい。」

「あゝ，そうですか。それは御親切にありがとうございます。ですが，私はこの金をもらう訳はありませんから，どうぞ持って帰って下さい。」

「自分の金を受け取らないなんておかしいですね。それは一体どういう訳ですか。」

「お金を落としたのは私の運が悪いんで，拾ったあんたが運がいいんです。そのお金はもうわたしの物じゃないんですから，受け取る訳にはいきません。」

「そんなことを言っちゃ困ります。それじゃ今まで三日の間，一生けんめいさがして歩いた骨おりがむだになってしまいます。どうぞ受け取って下さい。」

「あんたもこの金で三日損をしたんでしょう。そのお金はぜひとも持って帰って下さい。」

「そんな事をするくらいなら，こんなに一生けんめいさがして歩きはしませんよ。この金はあんたの物なんだから，あんたが取るのがあたりまえですよ。」

と言いながら，長吉さんは金の包みを家の中へなげこんで，どんどん帰りかけました。

　短気の新太郎さんは大変おこって,

「人の家へこんな物をなげこんで行くなんて, ひどいやつだ。」

　と長吉さんのあとをおいかけて行ってけんかをはじめました。 お上さんはびっくりして, 止めようとしましたが, 女では止められませんので, 大家さんをよんで来ました。しかし二人とも聞き入れませんので, 大家さんもとうわくして, とうとうこのことを大岡様に申し上げました。

　大岡様はそのころ有名な裁判官でした。大岡様は二人をおよびになって, 双方の言い分を聞いていろいろ取りしらべてみますと, 大工さんは,

「お金を落としたのは私の運が悪いからです。 それに, 職人が三日も仕事を休めば, ずい分損だから, どうしてもこのお金は受け取れません。おことわりします。」

　と言いますし, 長吉さんは,

「拾った金を落とした人に返すのはあたりまえのことで, だれがなんと言ってもわたしは受け取ることはできません。」

　と言います。

　大岡様はめずらしい人たちだとお思いになって,

「いつまで同じことを言っていても仕方がない。ではそのお金はこちらへ取り上げることにするからそう思え。それなら二人とも差しつかえはないだろう。しかしお前たちはめずらしい正直者だから, おれが二両ずつほうびをやる。それはほうびだから, そのつもりで受け取れ。」

　とおっしゃると, 二人はふしぎそうな顔をして,

「三両お取りになって, 二両ずつ下さると, 一両損をなさるではございませんか。」

　大岡様はわらって,

「そうだ。 だが新太郎も三両落として二両受け取れば一両の損, 長吉も三両拾って二両もらえば一両の損, おれもお前たちの正直に感心して

一両自分で出すから一両の損，三人共一両ずつ損をするのだ。」

とおっしゃいました。それで二人はありがたく二両ずつ頂いて家に帰りました。

漢字읽기

<ruby>一両損<rt>いちりょうそん</rt></ruby>   <ruby>長吉<rt>ちょうきち</rt></ruby>   <ruby>職人<rt>しょくにん</rt></ruby>   <ruby>仕事<rt>しごと</rt></ruby>   <ruby>道具箱<rt>どうぐばこ</rt></ruby>   <ruby>右肩<rt>みぎかた</rt></ruby>   <ruby>神田<rt>かんだ</rt></ruby>   <ruby>小川町<rt>おがわちょう</rt></ruby>   <ruby>寺<rt>てら</rt></ruby>
<ruby>ふろしき包み<rt>づつ</rt></ruby>   <ruby>木綿<rt>もめん</rt></ruby>   <ruby>大金<rt>たいきん</rt></ruby>   <ruby>大新<rt>だいしん</rt></ruby>   <ruby>大工<rt>だいく</rt></ruby>   <ruby>お上さん<rt>かみ</rt></ruby>   <ruby>止め<rt>と</rt></ruby>   <ruby>翌日<rt>よくじつ</rt></ruby>   <ruby>下谷<rt>したや</rt></ruby>
<ruby>浅草<rt>あさくさ</rt></ruby>   <ruby>お湯屋<rt>ゆや</rt></ruby>   <ruby>小田原町<rt>おだわらちょう</rt></ruby>   <ruby>横町<rt>よこちょう</rt></ruby>   <ruby>魚屋<rt>さかなや</rt></ruby>   <ruby>正直<rt>しょうじき</rt></ruby>   <ruby>骨<rt>ほね</rt></ruby>   <ruby>包み<rt>つつ</rt></ruby>   <ruby>短気<rt>たんき</rt></ruby>   <ruby>大家<rt>おおや</rt></ruby>
<ruby>大岡様<rt>おおおかさま</rt></ruby>   <ruby>裁判官<rt>さいばんかん</rt></ruby>   <ruby>双方<rt>そうほう</rt></ruby>   <ruby>仕方<rt>しかた</rt></ruby>   <ruby>正直者<rt>しょうじきもの</rt></ruby>   <ruby>感心<rt>かんしん</rt></ruby>   <ruby>三人共<rt>さんにんとも</rt></ruby>

제29과   세 사람 한 냥씩 손해

옛날 에도의 오차노미즈에 조키치 씨라는 미장이가 살고 있었읍니다. 어느 연말의 25일, 일하러 갔다 돌아오는 길에 도구 상자를 오른쪽 어깨에 메고 간다의 오가와 동 절 앞을 마침 지나갔읍니다.

무심히 힐끗 본즉 발밑에 작은 보자기로 싼 물건이 떨어져 있었읍니다. 무었일까 하고 생각하면서 주워 들어 열어 보니 무명 지갑이 있고, 속에 돈이 세 냥 들어 있었읍니다. 그 외에는 종이 한 장 들어 있지 않습니다.

「설까지 이제 5, 6일 밖에 없는데 이런 대금을 떨어뜨리면 필시 곤란할 것이다. 어떻게든지 해서 떨어뜨린 사람을 찾아내어 돌려 주었으면 좋겠다.」하고 생각하면서 지갑을 보니 구석 부분에 「다이신」이라고 씌어 있읍니다.

「이것은 목공인 신 씨라는 사람이 틀림없다. 그렇지만, 넓은 에도의 일이니 좀처럼 알 수 없을지도 모르지만, 하여튼 찾을 수 있는 데까지 찾아 보아야지.」하고 생각하고, 아내가 말리는 것도 듣지 않고 그 다음날부터 도시락을 가지고 나갔읍니다.

「목공이 많은 곳은 간다이다. 간다로부터 시작하자.」하고 간다로부터 시타야, 아사쿠사, 니혼바시까지도 찾아 다녔읍니다. 목공의 우두머리 집에 가서 묻기도 하고 이발소에서 묻기도 하고 대중탕에서 묻기도 했읍니다만 좀처럼 발견되지 않았읍니다. 그랬는데, 꼭 3일 째의 저녁때 니혼바시의 오다와라 동의 이발소에서, 골목길의 생선 가게 뒤에 목공인 신타로 씨라는 정직한 사람이 살고 있다는 말을 들었읍니다. 조키치 씨는 대단히 기뻐하고 곧 찾아갔읍니다.

「여보세요, 잠깐 여쭈어 보겠는데, 목공인 신타로 씨라는 사람의 댁은 여기 입니까?」

부인이 나와서,

「우리 집인데, 당신은 누구십니까?」

「나는 조키치라는 사람인데 신타로 씨는 있읍니까?」

「신타로는 전데요.」 하고 말하고 목공도 나왔읍니다.

「당신은 요전날 간다에서 무엇인가 떨어뜨리지 않았읍니까?」

「예, 떨어뜨렸읍니다. 돈이 세 냥쯤 들어 있는 보자기 꾸러미를.」

「아, 이제야 겨우 안심하였읍니다. 그것을 내가 주웠읍니다. 그래서 떨어뜨린 사람에게 건네주고 싶어 사흘쯤 찾아 다녔는데, 겨우 발견되었으니, 이런 기쁜 일은 없읍니다. 자, 받으십시오.」

「아, 그렇습니까? 그건 친절하게도 감사합니다. 그렇지만, 나는 이 돈을 받을 이유가 없으니 어서 가지고 돌아가 주십시오.」

「자기 돈을 받지 않다니 이상하군요. 그것은 도대체 무슨 이유입니까?」

「돈을 떨어뜨린 것은 내 운이 나쁜 것이고 주운 당신이 운이 좋습니다. 그 돈은 이미 내 것이 아니니까 받을 수 없읍니다.」

「그런 말을 하면 곤란합니다. 그러면 지금까지 3일간 열심히 찾아 다닌 수고가 헛되게 되어 버립니다. 어서 받아 주십시오.」

「당신도 이 돈으로 3일 손해를 보았지요. 그 돈은 무슨 일이 있어도 가지고 돌아가 주십시오.」

「그런 짓을 할 정도면 이렇게 열심히 찾아 다니지는 않아요. 이 돈은 당신 것이니 당신이 받는 것이 당연해요.」

하고 말하며 조키치 씨는 돈 꾸러미를 집 안으로 던져넣고 부리나케[1] 돌아가기 시작했읍니다.

성미가 급한 신타로 씨는 대단히 화가 나서,

「남의 집에 이런 것을 던져 놓고 가다니 지독한 놈이다.」

하고 조키치 씨의 뒤를 쫓아가 싸움을 시작했읍니다. 부인은 깜짝 놀라서 말리려고 했지만, 여자로서는 도저히 말릴 수가 없기 때문에 셋집 주인을 불러 왔

---

1) 직역하면 「자꾸자꾸」 「잇따라」이지만, 여기서는 「뒤도 돌아보지 않고 부리나케」란 뜻이다.

읍니다. 그러나 두 사람 다 들어 주지 않기 때문에 셋집 주인도 어찌할 바를 몰라서, 드디어 이 일을 오오카 씨에게 말씀드렸읍니다.

오오카 씨는 그 당시 유명한 재판관이었읍니다. 오오카 씨는 두 사람을 부르시어 쌍방의 주장을 듣고 여러 가지를 자세히 조사해 본 즉, 목공은

「돈을 떨어뜨린 것은 내 운이 나쁘기 때문입니다. 게다가 미장이가 3 일이나 일을 쉬면 매우 손해이니 암만해도 이 돈은 받을 수 없읍니다. 거절하겠읍니다.」

하고 말하고, 조키치 씨는

「주은 돈을 떨어뜨린 사람에게 돌려 주는 것은 당연한 일로, 누가 뭐라고 해도 나는 받을 수 없읍니다.」

하고 말합니다.

오오카 씨는 드물게 보는 사람들이라고 생각하시고,

「언제까지 같은 말을 하고 있어도 하는 수가 없다. 그러면 그 돈을 이쪽에서 몰수하기로 하겠으니 그렇게 생각하라. 그러면 두 사람 다 지장이 없겠지. 그러나 너희들은 드물게 보는 정직한 사람들이므로, 내가 두 냥씩 상을 주겠다. 그것은 상이니 그렇게 생각하고 받아라.」

하고 말씀하시니, 두 사람은 이상한 듯한 표정을 짓고

「세 냥 몰수하시고 두 냥씩 주시면 한 냥 손해를 보시지 않습니까?」

오오카 씨는 웃고 나서,

「그렇다. 그렇지만 신타로도 세 냥 떨어뜨리고 두 냥 받으면 한 냥 손해, 조키치도 세 냥 주워서 두 냥 받으면 한 냥 손해, 나도 너희들의 정직에 감동하여 한 냥 내가 내므로 한 냥 손해, 세 사람 다 한냥씩 손해를 보는 것이다.」

하고 말씀하셨읍니다. 그래서 두 사람은 감사히 두 냥씩 받고 집으로 돌아갔읍니다.

═🈀═🈁═🈂═🈃═

いちりょう (一両) : 명 한 냥 (りょう (両)
　: 명 옛날 화폐의 단위)

そん (損) : 명 손해

えど (江戸) : 명 지금의 東京. 에도

しょくにん (職人) : 명 목수, 미장이,
　이발사 등 손으로 하는 기술자

とし (年) のくれ : 연말

どうぐばこ (道具箱) : 명 도구 상자

みぎかた (右肩) : 명 오른쪽 어깨

おてら (寺) : 명 절

かつ (担) ぐ : 타5 메다

とお (通) りかかる : 자5 마침 지나가다

ひょいと：副 무심히, 힐끗

あしもと (足元)：名 발밑

ふろしきづつみ：名 보자기로 싼 물건

ひろ (拾) いあ (上) げる：他下1 주워 들다

もめん (木綿)：名 무명

おしょうがつ (正月)：名 설

たいきん (大金)：名 대금, 큰 돈

どうかして：어떻게든지 해서

かえ (返) す：他5 돌려주다

すみ：名 구석

だいく (大工)：名 목공

だが：接 그렇지만

とにかく：副 하여튼

おかみ (上) さん：名 남의 아내 (주로 상인의 아내), 여주인

と (止) める：他下1 말리다, 멈추다

よくじつ (翌日)：名 다음날

かしら：名 우두머리 (좁은 뜻으로는 匠人 (장인) 의 우두머리를 가리킴)

とこや (床屋)：名 이발소

おゆや (湯屋)：名 목욕탕

よこちょう (横町)：名 골목

しょうじき (正直) だ：形動 정직하다

うちですが：우리 집인데

やっと：副 겨우

あんしん (安心)：名 안심

それで：接頭 그래서

うん (運)：名 운, 재수

いっしょうけんめい (一生懸命) だ：形動 아주 열심이다

ほねお (骨折) り：名 노력, 수고

むだだ：形動 쓸데없다, 보람없다

ぜひとも：副 꼭, 무슨 일이 있어도 (ぜひ의 힘준 말)

つつ (包) み：名 보따리, 싼 물건

な (投) げこ (込) む：他5 던져 넣다

かえ (帰) りかける：自下1 돌아가기 시작하다

たんき (短気)：名 성미가 급함

ひどいやつだ：지독한 놈이다

おいかける：他下1 쫓아가다

けんか：名 싸움

おおや (大家) さん：名 셋집의 주인

き (聞) きい (入) れる：他下1 들어 주다

とうわく (当惑) する：自サ 어찌 할 바를 모르다, 당황하다

そうほう (双方)：名 쌍방, 양쪽

い (言) いぶん (分)：名 주장, 할말

と (取) りしらべる：他下1 취조하다

こと (断) わる：他5 거절하다

めずら (珍) しい：形 보기 드물다, 진귀하다

と (取) りあ (上) げる：他下1 빼앗다, 몰수하다

しょうじきもの (正直者)：名 정직한 사람

おれ：名 나 (남자들이 쓰는 말)

ほうび (褒美)：名 포상, 상

かんしん (感心) する：自サ 감탄하다

ありがたい：形 고맙다, 감사하다

〓〓〓〓〓 한 자 풀 이 〓〓〓〓〓

損
- そこなう：損(そこ)なう　손상하다
- そこねる：損(そこ)ねる　파손하다
- ソン：損失(ソンシツ)　손실

吉
- キチ：吉日(キチニチ)　길일
- キツ：不吉(フキツ)　불길

職
- ショク：職業(ショクギョウ)　직업
　　　　就職(シュウショク)　취직

肩
- かた：肩(かた)　어깨
- ケン：比肩(ヒケン)　비견

担
- かつぐ：担(かつ)ぐ　메다
- になう：担(にな)う　담당하다
- タン：担当(タントウ)　담당

寺
- てら：寺(てら)　절
- ジ：寺院(ジイン)　사원

綿
- わた：綿(わた)　솜
- メン：綿密(メンミツ)　면밀

折
- おる：折(お)る　꺾다
- おり：折(おり)　때, 시기
- おれる：折(お)れる　꺾이다
- セツ：折衷(セッチュウ)　절충

駄
- ダ：駄作(ダサク)　졸작
　　無駄(ムダ)　헛됨

岡
- おか：岡(おか)　언덕

双
- ふた：双子(ふたご)　쌍둥이
- ソウ：双肩(ソウケン)　양 어깨

褒
- ほめる：褒(ほ)める　칭찬하다
- ホウ：褒章(ホウショウ)　포장

─┤ 해　설 ├────────────

■ ～かかる

　「動詞의 連用形＋かかる」의 形으로「막 ～하다, 막 ～하게 되다」의 뜻을 나타낸다.

　　通(とお)りかかる (막 지나게 되다)
　　落(お)ちかかる (떨어져 가다)
　　死(し)にかかる (막 죽어 가다)

■ さぞ

　「さぞ～だろう(でしょう)」의 꼴로「필시 ～겠지(겠지요)」의 뜻을 나타내고, 「さぞ」다음에는 반드시 推測을 나타내는 말이 온다.

　　さぞ困(こま)るだろう。(필시 곤란할 것이다.)
　　さぞ楽(たの)しいだろう。(필시 즐거울 것이다.)
　　さぞ満足(まんぞく)したでしょう。(필경 만족했겠지요.)
　　さぞお疲(つか)れのことでしょう。(필시 피곤하셨겠지요.)

■「どうかして～たい」「어떻게든지 해서 ～고 싶다」의 뜻을 나타낸다.

　　どうかして一度(いちど)は日本(にほん)へ行きたいものです。

(어떻게든 해서 한 번은 일본에 가고 싶습니다.)

ことしはどうかして智異山に登りたいと思います。

(금년에는 어떻게든 해서 지리산에 오르고 싶다고 생각합니다.)

あしたまでにはどうかしてこの服を作りたいと言っていた。

(내일까지는 어떻게든 해서 이 옷을 만들고 싶다고 말하고 있었다.)

■ さがせるだけさがしてみよう

「찾을 수 있는 데까지 찾아 보자.」의 뜻으로 助詞「だけ」는 정도를 나타낸다.
「〜만큼, 〜한〜데까지」의 뜻이 된다.

どうぞ, お好きなだけ, めしあがってください。

(어서, 잡숫고 싶은만큼 잡수십시오.)

お金がある時には, あるだけ使ってしまいます。

(돈이 있을 때에는 있는 대로 써 버립니다.)

持って行けるだけ持って行きましょう。

(가지고 갈 수 있는 데까지 가지고 갑시다.)

■「수량을 나타내는 말＋ばかり」의 꼴로「정도, 쯤, 가량」의 뜻을 나타낸다.

3年ばかり。(3년 정도.)

2時間ばかり休んだ。(2시간쯤 쉬었다.)

100人ばかりひきつれて行く。(100명 정도 인솔하고 가다.)

コップに半分ばかりの水。(컵에 절반 가량의 물.)

1,000円ばかり貸してくれませんか。(1,000엔 정도 빌려 주시지 않겠읍니

까.)

■「訳」의 用例

言葉の訳を字引で調べる。(말뜻을 사전으로 조사하다.)

何を言っているのか訳が分らない。

(무슨 말을 하고 있는지 뜻을 알 수 없다.)

何か訳があるにちがいない。

(무엇인가 이유가 있는 것이 틀림없다.)

どういう訳ですか。(어떤 이유입니까?)

それとこれと訳がちがう。

(이것과 그것과는 사정이 다르다.)

訳の分った男だと思っていた。

(사리를 아는 사나이라고 생각하고 있었다.)

仕事がいやだという訳ではない。

(일이 싫다는 것이 아니다.)

熱が四十度もあるのですから，苦しい訳です。

(열이 40도나 되므로 괴로운 것도 당연합니다.)

それなら笑う訳です。(그렇다면 웃을 만도 합니다.)

私があやしいという訳ですね。(내가 수상하다는 셈이군요.)

そんなことは訳がありません。(그런 일은 문제가 없읍니다.)

きょうは忙しいので，遊んでいる訳にはいかない。

(오늘은 바쁘기 때문에 놀고 있을 수는 없다.)

■ ～かける

「動詞の 連用形＋かける」의 形으로「～하기 시작하다」또는「아직(미처 못
끝내다」의 뜻을 나타낸다.

帰りかける (돌아가기 시작하다.)

立ちかける (일어서기 시작하다.)

くさりかける (썩기 시작하다.)

読みかけた本 (아직 다 못 읽은 책.)

立てかけた家 (짓다 만 집.)

‖‖‖‖‖‖‖‖‖‖ 연습문제 ‖‖‖‖‖‖‖‖‖‖

Ⓐ 次の言葉を使って文章を作りなさい。

1. どうかして
2. とにかく
3. 一体
4. ぜひとも
5. そのつもりで

Ⓑ 次の文の敬語の使い方は正しくない。間違った所を選んで正しくなおしなさい。

1. あなたもその絵を拝見しましたか。
2. 母がそのようにおっしゃっていました。
3. お口にあいますまいが，よかったら，いただいてください。
4. 金さん，おりましたら事務室までおいでください。
5. 他のお客様が御迷惑いたしますから，お静かに願います。
6. お帰りの時は，忘れ物しませんように御注意ください。
7. もう少し物価が下がってくださるとね。
8. その件についてはあちらでうかがってください。
9. お宅の奥さんが申されたのですよ。
10. 父もあなたのことをよく御存じです。

◁ 해답 ▷

A

1. あのかわいそうな人をどうかして助けてやりたいものだ。 (저 불쌍한 사람을 어떻게든 해서 도와 주고 싶구나.)　**2.** できるかできないか知らないけど, とにかくやってみよう。 (할 수 있는지 할 수 없는지 모르지만 하여튼 해 보자.)　**3.** そこで一体何をかくしているのか。 (거기서 도대체 무엇을 숨기고 있느냐?)　**4.** ぜひともこれだけはしてほしいんです。 (무슨 일이 있어도 꼭 이것만은 해주기를 바랍니다.)　**5.** あした旅行に行く。そのつもりでしたくしろ。 (내일 여행 간다. 그렇게 생각하고 준비해라.)

B

1. 拝見し ──→ ごらんになり ㈜ (拝見する)는 겸양어이므로 여기서는 존경어「ごらんになる」를 使用해야 옳다.　**2.** おっしゃって ──→ 申して ㈜ 자기 어머니의 경우는 존경어를 쓰지 않고 겸양어를 써야 한다.「おっしゃる」는 존경어,「申す」는 겸양어.　**3.** いただいて ──→ めしあがって ㈜「いただく」는 겸양어이다. 여기서는 존경어「めしあがる」를 써야 한다.　**4.** おり ──→ いらっしゃい ㈜「おる」는 겸양어이므로「いらっしゃる」라는 존경어를 써야 한다.　**5.** いたし ──→ なさい ㈜「いたす」는 겸양어. 존경어를 써야 하므로「なさる」가 된다.　**6.** し ──→ なさい ㈜「する」는 보통어로서 이 문장 자체로는 하자가 없는것 같으나 처음부터 존경어의 表現이 되어 있으므로「なさる」로 고치는 것이 좋다.　**7.** くださる ──→ くれる ㈜ 話題의 対象이 사람이 아니고 사물이므로 사물을 존경어로 말하는 것은 이상하다. 그러므로 보통어「くれる」로 고쳐야 한다.　**8.** うかがって ──→ お尋ねになって (또는 お聞きになって) ㈜「うかがう」는 겸양어이다. 여기서는 존경어「おたずねになる」또는「おききになる」로 고쳐야 한다.　**9.** 申され ──→ おっしゃっ ㈜「申される」는「申す」가 겸양어이고 겸양어에다 존경을 나타내는 助動詞「れる」를 연결시켜 존경어로 쓴 것은 잘못이다. 존경어「おっしゃる」로 고쳐야 한다.　**10.** 御存じです ──→ 存じています。 ㈜ 2번과 마찬가지 이유로 자기 아버지의 경우는 존경어를 쓰지 않는다.「御存じです」는 존경어이고 겸양어는「存じる」이다. 이럴 경우는「存じます」라고 하지 않고「存じています」라고 해야 한다.

第三十課　帰国を前にして

森下　「いよいよ帰国とのお話ですが，いつお立ちですか。」

トマス　「船の出帆は来月中旬です。それで，まだかなりひまがあるから，その前に少し見物して歩こうかしらと考えているところです。」

森下　「あゝそうですか。どちらへおいでになる計画ですか。」

トマス　「まだはっきりしたことは決まっていませんが，京阪地方から中国の方にかけて見物してまわろうと思っています。」

森下　「トマスさんは関西地方は今度が始めてですか。」

トマス　「いゝえ，以前，冬休みに京都と奈良へ行ったことがあるから，一通りは見物したんですが，この前には，あいにく天気が悪かったり，旅行先で病気になったりしたので，今度はゆっくり見物して歩こうと思うんです。」

森下　「気候はいゝし，旅行には今ごろが一番いゝ時期ですね。して，いつごろお出かけの予定ですか。」

トマス　「たゞ今のところ，くわしいことは未定ですが，できれば今月中旬に立って，下旬にいったん帰京して，また月末から月初めにかけて東北の方へ行ってみようかしらと思っています。」

森下　「私も東北の方はまだですが，どちらの方へおいでですか。」

トマス　「気まぐれでわがまゝ者の私のことですから，気の向いた所へ行くので，別にこれという予定がある訳じゃないんです。今のところでは，松島から青森までで帰ろうと思っていますが，場合によったら，計画を少し変更して，北海道へ先に行こうとも考えています。」

森下　　「北海道の夏はなかなかいゝそうですね。」

トマス　「そうですってね。しかし長くてもせいぜい一週間の旅行だか
　　　　ら，大した期待はできないでしょうが…。」

森下　　「そうでもないでしょう。私の教会の牧師は永くアメリカで勉
　　　　強した人ですが，この人の話によると，北海道の気候はアメリ
　　　　カみたいだそうですね。」

トマス　「アメリカといっても広いから，　いちがいにも言えませんが，
　　　　私の知り合いで，礼幌(さっぽろ)に住んでいたことのある宣教
　　　　師も同じようなことを言っていましたよ。」

森下　　「そういう所に行くと，やっぱり故郷を思い出すでしょうね。」

トマス　「ある程度まではそうかもしれませんが，　私などは一人者で，
　　　　転任には，慣れているから，さほどでもありませんね。」

森下　　「お国ではさぞみなさんがお待ちかねでしょうね。」

トマス　「えゝ，私も母が待っているので帰国したいんですが，そうで
　　　　なければどこにいたって同じことですよ。」

森下　　「さあ，余りおじゃまをしないうちに，そろそろおいとましま
　　　　しょうか。」

トマス　「まあいゝでしょう。もう少し話していらっしゃいな。」

森下　　「有り難うございますが，今日はこのくらいにしておきましょ
　　　　う。いずれ御出帆の時にはお見送りにうかゞいますが，またそ
　　　　の前にお目にかゝる機会があるでしょうね。」

トマス　「ありますとも。関西から帰ったら，四五日東京に居りますが，
　　　　そのころはおいそがしいでしょうか。」

森下　　「いや今のところ，別に約束もありません。」

トマス　「それじゃ，その時御一緒に御飯でも食べましょう。そして湯
　　　　浅さんや赤羽さんも，御招待することにしましょう。」

森下 　「そうですか。じゃまた…。」

トマス 　「さよなら。」

森下 　「さよなら。」

漢字読み

帰国	森下	出帆	中旬	計画	京阪	地方	関西	以前	一通り
きこく	もりした	しゅっぱん	ちゅうじゅん	けいかく	けいはん	ちほう	かんさい	いぜん	ひととおり

気候	時期	予定	未定	下旬	帰京	月末	月初め	東北	松島
きこう	じき	よてい	みてい	げじゅん	ききょう	げつまつ	つきはじめ	とうほく	まつしま

青森	場合	見物	変更	北海道	期待	教会	牧師	永く	宣教師
あおもり	ばあい	けんぶつ	へんこう	ほっかいどう	きたい	きょうかい	ぼくし	ながく	せんきょうし

故郷	程度	一人者	転任	慣れる	有り難う	機会	湯浅
こきょう	ていど	ひとりもの	てんにん	なれる	ありがとう	きかい	ゆあさ

赤羽	招待
あかばね	しょうたい

제30과 귀국을 앞두고

모리시타 : 「드디어 귀국하신다는 말씀이신데, 언제 떠나십니까?」

토머스 : 「배의 출항은 내달 중순입니다. 그래서 아직 꽤 시간이 있으므로 그 전에 좀 구경하며 다닐까 하고 생각하고 있는 중입니다.」

모리시타 : 「아, 그렇습니까? 어디로 가실 계획이십니까?」

토머스 : 「아직 확실한 것은 정해져 있지 않습니다만 게이한 지방에서 주고쿠 쪽에 걸쳐 구경하며 돌아다닐 생각을 하고 있읍니다.」

모리시타 : 「토머스 씨는 간사이 지방은 이번이 처음입니까?」

토머스 : 「아닙니다. 이전 겨울 방학에 교토와 나라에 간 적이 있으므로 대충은 구경했읍니다만, 요전에는 공교롭게 날씨가 나쁘기도 하고 여행 간 곳에서 병이 들기도 했기 때문에 이번에는 천천히 구경하며 다닐 생각입니다.」

모리시타 : 「기후는 좋고 여행하기에는 지금쯤이 제일 좋은 시기군요. 그래 언제쯤 떠나실 예정이십니까?」

토머스 : 「지금으로서는 상세한 것은 미정입니다만 가능하면 이달 중순에 떠나서 하순에 일단 귀경하고, 또 월말에서 월초에 걸쳐 도호쿠 쪽으로 가 볼까 하고 생각하고 있읍니다.」

모리시타 : 「나도 도호쿠 쪽은 아직입니다만 어느 쪽으로 가십니까?」

토머스 : 「기분내키는 대로 이랬다 저랬다 하고 제멋대로 하기 좋아하는 사람인

제가 하는 일이므로, 마음이 내키는 곳으로 가기 때문에 특별히 이렇다 할 예정이 있는 것이 아닙니다. 지금 형편으로는 마쓰시마에서 아오모리까지 가서 돌아오려고 생각하고 있습니다만, 경우에 따라서는 계획을 조금 변경해서 홋카이도에 먼저 가려고도 생각하고 있습니다.」

모리시타：「홋카이도의 여름은 매우 좋다더군요.」

토머스 ：「그렇다더군요. 그러나, 길어야 고작 1주일의 여행이므로 그리 대단한 기대는 할 수 없을 테지만…….」

모리시타：「그렇지도 않겠지요. 우리 교회의 목사는 오래 미국에서 공부한 사람인데, 이 사람의 이야기에 의하면 홋카이도의 기후는 미국 같다던데요.」

토머스 ：「미국이라고 해도 넓기 때문에 일률적으로 말할 수도 없습니다만, 내가 아는 사람으로 삿포로에 살았던 적이 있는 선교사도 그 같은 말을 하고 있었습니다.」

모리시타：「그러한 곳에 가면 역시 고향을 생각해 내겠지요.」

토머스 ：「어느 정도까지는 그럴지도 모릅니다만 나같은 사람은 독신이고 전임에는 익숙해져 있으므로 별로 그렇지도 않아요.」

모리시타：「당신의 고국에서는 필시 여러분이 고대하고 있겠지요？」

토머스 ：「예, 나도 어머니가 기다리고 있기 때문에 귀국하고 싶지만, 그렇지 않다면야 어디에 있든 마찬가지지요.」

모리시타：「자, 너무 방해를 하기 전에 슬슬 작별할까요？」

토머스 ：「무얼 괜찮아요. 좀더 이야기하다 가시지요.」

모리시타：「감사합니다만 오늘은 이쯤 해 두지요. 아무래도 출항할 때에는 전송하러 올 테지만, 또 그 전에 만나 뵐 기회가 있겠지요.」

토머스 ：「있고말고요. 간사이에서 돌아오면 4, 5일 도쿄에 있는데, 그 때는 바쁘실까요？」

모리시타：「아니오. 지금 형편은 별로 약속도 없습니다.」

토머스 ：「그러면 그 때 함께 식사라도 합시다. 그리고 유아사 씨나 아카바네씨도 초대하기로 합시다.」

모리시타：「그렇습니까？ 그럼 다시…….」

토머스 ：「안녕히 가십시오.」

모리시타：「안녕히 계십시오.」

＝＝[낱]＝[말]＝[풀]＝[이]＝＝

きこく (帰国)：[명] 귀국

まえ (前)にして：앞에 두고

いよいよ：[부] 드디어

た (立)つ：[자5] 떠나다

しゅっぱん (出帆)：[명] 출항

ちゅうじゅん (中旬)：[명] 중순

けんぶつ (見物)：[명] 구경

けいかく (計画)：[명] 계획

はっきりする：[자サ] 확실하다.

けいはんちほう (京阪地方)：[명] 일본의 京都, 大阪 지방

ちゅうごく (中国)：[명] ① 일본 広島(히로시마) 일대의 지방　② 중국

～にかけて：～에 걸쳐서

かんさいちほう (関西地方)：[명] 일본 京都, 大阪 부근 지방의 총칭

いぜん (以前)：[명] 이전

ひととお (一通)り：[명] 대강, 대충

りょこうさき (旅行先)：[명] 여행간 곳

きこう (気候)：[명] 기후

して：[접] 그래서

よてい (予定)：[명] 예정

ただいまのところ：지금으로서는

くわ (詳)しい：[형] 상세하다

みてい (未定)：[명] 미정

げじゅん (下旬)：[명] 하순

いったん：[부] 일단

ききょう (帰京)：[명] 귀경(도쿄에 돌아옴)

げつまつ (月末)：[명] 월말

つきはじ (月初)め：[명] 월초

とうほく (東北)：[명] 일본 북동쪽에 있는 仙台(센다이)를 중심으로 한 지방의 총칭

き (気)まぐれだ：[형동] 변덕스럽다

わがままもの：[명] 제멋대로 하기를 좋아하는 사람

き (気)がむ (向)く：마음이 내키다

べつ (別)に：[부] 특별히, 별로(부정을 수반함)

あるわけじゃない：있는 것(셈)이 아니다.

ばあい (場合)：[명] 경우

ばあい (場合)によったら：경우에 따라서는

へんこう (変更)：[명] 변경

そうですってね：그렇다지요

せいぜい：[부] 기껏해야

きたい (期待)：[명] 기대

きょうかい (教会)：[명] 교회

ぼくし (牧師)：[명] 목사

いちがいに：[부] 일률적으로, 통틀어서

せんきょうし (宣教師)：[명] 선교사

こきょう (故郷)：[명] 고향

やっぱり：[부] 역시

おも (思)いだ (出)す：[타5] 생각해 내다.

ていど (程度)：[명] 정도

ひとりもの (一人者)：[명] 독신

てんにん (転任)：[명] 전임

さほどでもありません：그다지 그렇지도 않습니다

ま (待)ちかねる：[타하1] ① 고대하다

② 더 기다릴 수 없다

きかい (機会)：图 기회

しょうたい (招待)：图 초대

いずれ：图 근간, 일간

한·자·풀·이

帆　{ ほ：帆 (ほ) 돛
　　 ハン：帆船 (ハンセン) 범선

京　{ キョウ：上京 (ジョウキョウ) 상경
　　 ケイ：京阪 (ケイハン) 京都・大阪

阪　{ さか：大阪 (おおさか) 오사카
　　 ハン：京阪 (ケイハン) 京都・大阪

初　{ はじめ：初 (はじ) め 처음
　　 はつ：初雪 (はつゆき) 첫눈
　　 うい：初々 (ういうい) しい 어리고
　　　　　　 숫되다.
　　 そめ：書初 (かきぞ) め 신춘 휘호
　　 ショ：初期 (ショキ) 초기

奈　{ ナ：奈落 (ナラク) 지옥, 나락
　　　　 奈良 (ナラ) 나라 (지명)

良　{ よい：良 (よ) い 좋다
　　 リョウ：良好 (リョウコウ) 양호

候　{ そうろう：候文 (そうろうブン) 편
　　　　　　 지문 (고문)
　　 コウ：候補 (コウホ) 후보

期　{ キ：期間 (キカン) 기간
　　 ゴ：最期 (サイゴ) 임종

未　{ ミ：未来 (ミライ) 미래
　　　　 未亡人 (ミボウジン) 미망인

牧　{ まき：牧場 (まきば) 목장
　　 ボク：牧場 (ボクジョウ) 목장

故　{ ゆえに：故 (ゆえ) に 까닭에
　　 コ：故意 (コイ) 고의

郷　{ キョウ：郷里 (キョウリ) 향리
　　 ゴウ：近郷 (キンゴウ) 가까운 마을

해 설

■ 上旬　中旬　下旬

■ ～から～にかけて

「から～にかけて」의 形으로 「～에서 ～에 걸쳐서」의 뜻을 나타낸다.

秋から冬にかけて晴れた日が多いです。

(가을에서 겨울에 걸쳐 맑은 날이 많습니다.)

釜山から慶州にかけて見物して歩きました。

(부산에서 경주에 걸쳐 구경하고 다녔읍니다.)

三月下旬から四月上旬にかけて桜の花が咲きます。

(3월 하순에서 4월 초순에 걸쳐서 벚꽃이 핍니다.)

■ ～先

「～先」는 접미어처럼 쓰여져서 「～할 장소 곧, 행선지」의 뜻을 나타낸다.

旅行先(여행처)

勤め先(근무하는 곳, 근무처)

送り先(보낼 곳)

■「かしら」의 用例

何を買おうかしら。(무엇을 살까.)

こんなにしあわせでいいのかしら。(이토록 행복해서 괜찮은 것인지 몰라.)

あしたは雪かしら。(내일은 눈이 올까.)

あの本はどこにおいたのかしら。(그 책은 어디에 놓았을까.)

この水，きれいかしら。(이 물, 깨끗할까.)

本当かしら。(정말인지 몰라.)

■「なかなか」의 用例

山頂はまだなかなか遠い。(정상은 아직 상당히 멀다.)

今日はなかなか暑い。(오늘은 꽤 덥다.)

彼はなかなかの実業家だ。(그는 상당한 실업가다.)

これはなかなかのできだ。(이것은 상당한 성과다.)

なかなかの利口者だ。(상당히 영리한 자다.)

仕事がなかなかはかどらない。(일이 좀처럼 진척되지 않는다.)

バスがなかなか来ない。(버스가 좀처럼 오지 않는다.)

聞いてみてもなかなか教えてくれない。(물어봐도 좀처럼 가르쳐 주지 않는다.)

なかなかうまくできない。(좀처럼 잘 되지 않다.)

なかなかできることではない。(도저히 될 수 있는 일이 아니다.)

■「せいぜい」의 用例

この品はせいぜい1,000円ぐらいだろう。(이 물건은 기껏해야 1,000엔 쯤
일 게다.)

少女はせいぜい9歳だったと思う。(소녀는 고작 아홉 살 정도였다고 생각
한다.)

続いてもせいぜい3日だ。(계속해 봤자 고작 사흘이다.)

■「べんきょう(勉強)」의 여러 가지 뜻

① 勉強の時間。(공부 시간.)

まだ勉強が足りない。(아직 공부가 부족하다.)

勉強を怠ける。(공부를 태만이 하다.)

　　　熱心に**勉強**する。(열심히 공부하다.)

　　②**勉強**になる。(공부가 되다.)

　　　君にとって, いい**勉強**だ。(너에게 있어서, 좋은 경험이다.)

　　③100円**勉強**しておきます。(100엔 싸게 팝니다.)

　　　もう少し**勉強**出来ませんか。(좀더 싸게 해 줄 수 없습니까?)

　　　せいぜい**勉強**させていただきます。(아주 싸게 해드립니다.)

■ **しないうちに**……「채 하기도 전에」란 뜻으로「動詞의 未然形＋ないうちに」의 꼴로「채 ～하기 전에」란 뜻을 나타낸다.

　　　暗くならないうちに帰りましょう。

　　　(어두워지기 전에 돌아갑시다.)

　　　1年も経たないうちに日本語が上手になりました。

　　　(채 1년도 지나기 전에 일본어가 능숙해졌읍니다.)

　　　日が出ないうちに起きることはほとんどありません。

　　　(해가 뜨기 전에 일어나는 일은 거의 없읍니다.)

■ **話していらっしゃいな**……이야기 하다 가시지요.

　　「～な」는 助詞로서 敬語의 命令을 나타내는 말에 붙어 그 어조를 부드럽게 하는 기분을 나타낸다.

　　　あれをくださいな。(저것을 주시지요.)

　　　勉強しなさいな。(공부하시지요.)

　　　私にも一つちょうだいな。(나에게도 하나 주어요.)

‖‖‖‖‖‖‖‖‖‖‖‖ 연습문제 ‖‖‖‖‖‖‖‖‖‖‖‖

Ⓐ 次の言葉を使って文章を作ってごらんなさい。

1. いよいよ
2. 一通り
3. せいぜい
4. やっぱり
5. さだめし
6. そろそろ

Ⓑ 次の韓国語を日本語に訳しなさい。

1. 이 계획은 결코 일시적인 기분으로 세운 것이 아니다.

2. 그 외아들은 제멋대로 길러지기 때문에 버릇이 없다.

3. 우리들이 살아가는 데는 경우에 따라서는 거짓말도 어쩔 수 없을 때가 있다.

4. 그는 마음이 내키면 몇 시간이라도 공부를 계속합니다.

5. 서울 생활에 점점 익숙해지게 되었읍니다만 한국말만은 아직도 먼 것 같습니다.

◁解答▷

Ａ

1. いよいよ試験が近づいたので，勉強せねばならない。(드디어 시험이 다가왔으므로 공부해야 한다.)　　**2.** あなたのくださった本は一通り読みました。(당신이 주신 책은 대충 읽었읍니다.)　　**3.** 私にはせいぜいこれぐらいしかできません. (나에게는 기껏해서 이 정도밖에 할 수 없읍니다.)　　**4.** 私を助けてくれたのは，やっぱり父だったのか。(나를 구해 준 것은 역시 아버지였단 말인가?)　　**5.** 彼はさだめしお母さんに会いたいだろう。(그는 필시 어머님을 만나고 싶겠지.)　　**6.** そろそろ暗くなって来ましたね。(이제 슬슬 어두워지기 시작하는군요.)

Ｂ

1. この計画は決して一時の気まぐれで立てたものじゃない。㋐ 일시적인 기분 … 一時の気まぐれと言う.　計画を立てる … 計画を立てる。　**2.** そのひとりっ子はわがままに育てられるので，行儀が悪い。㋐ 외아들 … ひとりっ子。버릇이 없다 …行儀が悪い (예절이 나쁘다)　**3.** 私たちが生きて行くには，場合によってはうそもしかたのないときがある。　**4.** 彼は気が向くと，何時間でも勉強を続けます。　**5.** ソウル の生活にだんだん慣れてきましたが韓国語だけはまだまだのようです。　㋐ 아직도 먼 것 같다 … まだまだのようだ。

解説 索引

＊「～」표시는 낱말 뒤에 붙으면 조동사·조사·접미어이고,
앞에 붙으면 접두어임.
문법 용어는 한자로 표기 했음.

▌약력

저자 | 박성원

일본 동경(東京)여자대학 졸업
전 한국 외국어대학교 부교수 · 일본어과 학과장
[저서] 표준 일본어교본 1 · 2
　　　표준 일본어교본 자습서 1 · 2
　　　해설된 표준 일본어교본 1 · 2
　　　박성원 표준 일본어회화

주해자 | 원영호

일본 메이지(明治)대학 졸업
한국 외국어대학교 대학원 졸업
청주대학교 일어일문학과 교수
현 동덕여자대학교 일어일문학과 교수

해설된 표준 일본어교본2

초판 인쇄 | 1988년 06월 01일
16쇄발행 | 2018년 10월 30일

저   자 | 박성원
발 행 인 | 안광용
발 행 처 | ㈜진명출판사
등   록 | 제10-959호 (1994년 4월 4일)
주   소 | 서울특별시 마포구 동교동 165-8 LG팰리스빌딩 1601호
전   화 | 02) 3143-1336~7 / FAX 02) 3143-1053
홈페이지 | http://www.jinmyong.com
이 메 일 | book@jinmyong.com
마 케 팅 | 이애자,박용철

정가 15,000원